Für

Cornelia und Peter

möge es euch gelingen

persönliche Machtspiele

zu überwinden

G. Müller

♡ für meine liebe Cornelia und
auch für Peter

Inge Habricht-Häusler

2019

Machtspiele waren gestern /

Gertrud Müller

—

MACHT-
SPIELE
WAREN
GESTERN

Inspirationen für ein
selbstbestimmtes und
kooperatives Leben

COPYRIGHT/ © Dr. Gertrud Müller
April 2019, München
www.tools4life.eu

ERSTES LEKTORAT/ Silvia Tauchmann und Inge Halrid
ABSCHLIESSENDES LEKTORAT/ Petra Hammer
COVERBILD UND MALEREIEN/ Inge Halrid
GESTALTUNG UND SATZ/ Janne Zech
DRUCK UND BINDUNG/ Kastner AG,
Wolnzach www.kastner.de
Alle Fotos, mit Ausnahme des Fotos auf S.334,
stammen von der Autorin.
Printed in Germany
ISBN 978-3-945296-71-4

Dieses Buch widme ich Ihnen allen mit Ihren jeweiligen Kompetenzen und Ihren Schwächen. Und ich widme das Buch der ganzen Menschheit mit ihrem Risiko von Irrtum und Versagen. Mögen die menschlichen Fähigkeiten und eine gemeinsame Verantwortung dazu beitragen, die Herausforderungen des Zusammenlebens zu meistern.

Ganz bewusst schließe ich dieses Buch als unvollkommenes Werk ab. Ich bitte Sie liebe Leser über die ein oder andere Schwäche hinweg zu sehen. Ich möchte zeigen, jeder Mensch und jedes Werk hat seine Stärken und hat seine Schwächen. Schwächen haben auch positive Seiten: Sie stärken unsere Fähigkeit der Güte und Großzügigkeit, sie fördern unsere Wachsamkeit, ermöglichen eigene Interpretationen, ermöglichen kreative Leistungen und mildern unsere Hybris, die Annahme wir seien selbst ohne Schwachstellen. Natürlich ist mit bewusst, dass wir uns je nach Verantwortungsbereich mehr oder weniger Fehler leisten können. Gerade deshalb ist es wichtig individuelle und persönliche Fähigkeiten und Schwächen zu achten. Ich bitte Sie, die nur angerissenen Thesen selbstständig weiter zu denken, zu vervollkommnen. Genau wie in der Natur sind wir nicht als Einzelwesen vollkommen, sondern viel mehr in der Möglichkeit uns gegenseitig zu ergänzen. Gerade durch gegenseitiges Unterstützen und die Möglichkeit voneinander zu lernen werden geniale Lösungen möglich.

Inhalt

Machtspiele waren gestern / Inhalt

Vorwort

Wie sich Machtspiele auf unser Denken, Fühlen und Handeln auswirken

Zu Beginn dieses Buches lade ich Sie in die Phantom-Welt der Machtspiele ein, eine irrationale Welt, die so spannend ist wie James Bond, so irreal ist wie Harry Potter, eine Welt, die real spürbar ist, wie der Boden unter den Füßen und uns so märchenhaft verzaubern kann wie Aschenputtel, Rotkäppchen und Schneewittchen. Eine Welt, die wir aus Romanen und Krimis kennen, Szenen, die sich aus Geschichten und Filmen in unserer Erinnerung wiederfinden, mit Helden, die uns so vertraut erscheinen wie ein Winnetou und zugleich nebelhaft verborgen bleiben wie die Helden der griechischen Mythologie oder die Dämonen der Unterwelt. Machtspiele betören die Menschen und ihre Weltbilder; Weltbilder, in die wir uns selbst immer wieder verirren. Wie Gefangene wandeln wir zeitweise im Labyrinth der Mächte, der Machtspiele und suchen verzweifelt nach dem Ausgang. Machtspiele zeigen sich in berühmten Opern, in der realen Politik, im Krieg, in elitären und ganz einfachen Schichten, in Königspalästen und dunkelsten Kerkern. Macht-spiele hinterlassen Spuren in unserem Denken, belasten oder beflügeln unsere Gefühle und sind die Grundlage unseres Handelns. Mit diesen Erfahrungen formen wir unsere Beziehungen, im Innen und Außen, weltweit. Sind Machtspiele unser kollektives Schicksal?

Ich lade Sie auf eine Reise ein, die Brücken baut zwischen den irdischen Machtspielen und unseren Möglichkeiten mit diesen Mäch-ten umzugehen, eine Reise die durch Geschichte und Kulturen führt, durch Religionen und Epochen durch reale Wissenschaft und irreale Märchen und Traumwelten. Diese Reise kann jedoch für manche Leser zu anstrengend sein, deshalb möchte ich Sie darauf hinweisen, dass dieses Buch Sie verunsichern kann, Ängste auslösen oder Aggressio-nen wecken kann. Wenn Sie diese Risiken vermeiden möchten, dann lesen Sie dieses Buch nur etappenweise, legen Sie dieses Buch immer wieder eine Zeit zur Seite oder auch ganz weg und lassen sich von anderen über das Happy End erzählen, das am Ende wie bei jeder guten Geschichte und jedem Märchen auf Sie wartet. Ich möchte Sie als Lese-rin und Leser bitten, dieses Buch mit eigenen Gedanken und Thesen zu erweitern, angeregt durch Fragen, die gestellt werden. Möglicherweise wird Ihr bisheriges Weltbild etwas erschüttert werden und Sie werden vielleicht manches in neuen und anderen Zusammenhängen betrachten. Mein Wunsch ist, dass wir als Menschen neue Wege finden und alte destruktive Machtspiele hinter uns lassen, die wir seit tausenden von Jahren kultivieren. Abgesehen davon vermute ich, dass sich die Erde von einer Spezies Mensch befreien wird, die sich dauerhaft als Parasit entpuppt und ihren Wirt, die Erde, gnadenlos ausbeutet. Ich hoffe, dass wir Menschen aus den Alpträumen der Machtspiele aufwachen und ich glaube, dass sich dadurch andere Gedanken, andere Gefühle auch andere Möglichkeiten eröffnen, mit denen wir die bisherige Welt neu entdecken und gestalten können. Ich bin überzeugt, es gibt Wege und Möglichkeiten, dass es uns Menschen miteinander und mit der Natur gut gehen kann und ich bin mir sicher, wenn wir an dieses Ziel glauben und gemeinsam daran arbeiten, werden wir diese Wege und Möglichkeiten finden. Sie glauben das nicht? Was glauben Sie? Was können oder sollen wir tun? Einfach weitermachen wie bisher? Sollten wir uns keine Gedanken machen, keine Wünsche und Ziele formulieren, keine Fragen stellen? Die Verantwortung anderen überlassen, zusehen und abwarten? Oder sollen wir neue Kriege führen, jeden Abend zusehen, wie sich Menschen gegenseitig umbringen? Vermutlich haben Sie Recht mit Ihren Bedenken, es wird keine Patentlösung geben. Dennoch können wir uns auf die Suche machen, forschen, probieren, Neues wagen. Die Menschen hätten kein Auto, keine Eisenbahn, keinen Computer und keine Flugzeuge erfunden, wenn nicht vorher die Idee gewesen wäre: Die Idee es könnte möglich sein, zu fahren zu fliegen sich zu vernetzen.

Und es gibt auch die Idee, dass wir Menschen friedlich leben und zusammenleben könnten: Mahatma Gandhi und Nelson Mandela versuchten den Frieden in ihren Ländern zu kultivieren, Mutter Theresa brachte den Frieden zu den Ärmsten und Kranken. Martin Luther King begründete die ersten Ansätze die Machtspiele der Rassen zu überwinden, Lady Di versuchte die Menschen von den Landminen zu befreien, Cicely Saunders und Elisabeth Kübler-Ross brachten Frieden zu den Sterbenden. Frederick Leboyer engagierte sich für sanfte Wege in der Geburtshilfe, um nur einige derer zu nennen, die sich öffentlich für ein friedlicheres und liebevolleres Zusammenleben der Menschen engagierten. Ganz zu schweigen von den großen Vordenkern und Religionsgründern der Christen, der Hindus, der Buddhisten, des Islams und vieler anderer Religionen und Gruppen, die sich engagieren für ein gutes Zusammenleben. Viele Organisationen wie Greenpeace, Ärzte ohne Grenzen, Human Rights Watch, Amnesty International, und viele mehr versuchen die Menschen zu einem guten Zusammenleben zu bewegen. Warum schaffen wir es trotz unzähliger Beispiele des Friedens und der Liebe nicht auf destruktive Machtspiele zu verzichten? Warum verirren sich die Religionen und Kulturen, die einst so viel Gutes versuchten, in ähnlichen Machtspielen, wie all die Gruppen vorher. Vielleicht liegt das

Problem daran, dass wir Ursachen im Innen oder im Außen, in Personen und Institutionen suchen, jedoch nicht dazwischen. In der Chemie, in der Astrophysik und der Biologie wird immer mehr erkannt, dass es die Kräfte zwischen den Teilchen, zwischen den Organen sind. Es wird immer mehr erkannt, dass es die Energien zwischen den Planeten sind, die Veränderungen oder stabile Gleichgewichte der Kräfte aufbauen. Vielleicht ist es im Zusammenleben der Menschen ähnlich. Vielleicht sind es nicht die Menschen, die einzelnen Personen, die verantwortlich sind, ob es uns gut geht oder schlecht, vielleicht sind es die Interaktionen, die Spiele, die Spielregeln, die Schachzüge, die unser Leben prägen. Oder ist es unser Handeln, sind es unsere Gefühle, die entscheiden, ob unsere Spiele gut oder schlecht verlaufen. Wir wissen es noch nicht, ich genauso wenig wie Sie, gerade deshalb lade ich Sie ein mit mir auf die Suche zu gehen, den Spuren der Machtspiele zu folgen, um mit etwas Glück den Schatz zu finden, der hinter diesen Machtspielen steckt, den Schatz, den die Dämonen der Machtspiele hüten. Die Dämonen der Machtspiele, sind die Kräfte, die wir in Kriegen, Verbrechen, Krankheit und Katastrophen spüren, Kräfte, die wir in ihrer Dynamik noch nicht verstehen und kaum zähmen können. Wenn wir diese Kräfte besser kennen lernen, besser einordnen und einschätzen können, vielleicht lassen sie sich dann von uns gemeinsam bewältigen, so dass wir den Schatz bergen können, einen Schatz, der uns alle nährt. Wenn wir unseren gemeinsamen Schatz finden, kann es gelingen neue Spiele zu spielen, neue Spielregeln zu gestalten, bei denen keiner Täter oder Opfer ist, keiner Sieger oder Verlierer, ein Spiel bei dem jeder mitspielen darf und bei dem alle gewinnen. Das gibt es nicht meinen Sie?

Bisher sicher nicht, aber wir wissen, was es bisher nicht gibt, kann Mann und Frau erfinden. Im Paradies, so wird erzählt, haben sich Mann und Frau entzweit, weil jeder glaubte zu wissen was Gott will. Eva glaubte, Menschen dürften Äpfel essen, Adam glaubte das nicht und die Schlange streute Zwietracht. Wer weiß, vielleicht wäre die Geschichte anders verlaufen, wenn Eva die Schlange mit dem Apfel gefüttert hätte, wenn Sie gemeinsam Apfelmus gekocht hätten, wenn sie die Schlange gezähmt hätten, wenn sie mit den Samen neue Apfelbäume gepflanzt hätten oder miteinander ein Baumhaus in die Äste gebaut hätten. Wir wissen nicht wie wir heute leben würden, wenn Adam und Eva anno dazumal anders entschieden und gehandelt hätten. Aber was wir wissen ist, dass wir diese Paradiesgeschichte seit Jahrtausenden überliefern und weitererzählen ohne zu hinterfragen, ob es andere Möglichkeiten gegeben hätte. Im Paradies bleiben oder die Möglichkeiten, wieder ins Paradies zurück zu kehren? Klingt das für Sie wie Unsinn, Frevel, Frechheit, frivol, ketzerisch oder empfinden Sie es als Zeitverschwendung so zu denken? Paradies hin oder her, lassen wir die Paradiesgeschichte lieber beiseite, sie könnte neuen Stoff für Machtspiele und Recht, oder Unrecht haben bieten.

Schauen wir lieber, wie mancher Photograph oder Filmemacher auf das aktuelle Leben und in die ungewöhnlichen Perspektiven der unterschiedlichen Welten und Weltsichten, die uns Menschen trennen und verbinden können. Die Anmut der Welt lässt sich nicht nur in den Höhen des Lebens erahnen, sondern auch, oder gerade, in so manchen Abgründen. <u>Ähnlich wie ein Bergsteiger möchte ich Sie mit meinen Worten entlang führen an Höhen, Graten und den Abgründen unserer sehr menschlichen Gefühle, Gedanken und Geschichten.</u> Ich möchte Sie zu den Höhen und Graten unseres wertvollen Handelns begleiten und ich möchte Ihnen so viel Sicherheit vermitteln, dass Sie es wagen mit mir in die Schluchten und Höhlen unserer Tabuthemen einzusteigen. Die unsichtbare geistige, soziale und emotionale Welt ist eine Reise wert, eine Reise, von der einige Menschen glauben sich zu verlieren und dabei die Chance übersehen ihr Leben wieder zu gewinnen. Den meisten Menschen wird gar nicht bewusst, dass sie auch in andere Perspektiven des Denkens und Fühlens vordringen könnten, weil die Ablenkungen im Außen ihre gesamte Aufmerksamkeit erfordert: Die Empörung über Terroristen, Gesetzesbrecher, Betrüger und Schwindler, die Bösen da draußen. Der Ärger über die Nachbarin, die zu laut ist, über den Chef der gar nicht anerkennt, was geleistet wird und die Wut auf den Finanzmenschen, dessen mitfühlende Augen durch den Dollarblick kaum mehr zu erkennen sind. Manche ärgern sich auch über die Faulheit, Unfähigkeiten und Dummheit ihrer Mitmenschen. Das Motto all dieser Vorstellungen lautet, die anderen sind schuld an meinem Ärger, meiner Wut, meinen Gefühlen.

Ich freue mich, wenn ich Sie zu neuen Perspektiven des Denkens, Fühlens und Handelns inspirieren kann, wenn neue Diskussionsgrundlagen entstehen für das Zusammenleben von uns Menschen und für mögliche wissenschaftliche Arbeiten der Zukunft. Sind Sie bereit sich einer neuen Weltsicht zu öffnen? Dann lesen Sie beruhigt weiter.

Informationen, Fragen, Stil

In diesem Buch finden Sie Informationen, abwechselnde Fragestellungen und unterschiedliche Stilrichtungen, es werden Standpunkte aus bekannten wissenschaftlichen Theorien, aus Märchen, Mythen, und religiösen Texten aufgegriffen und in all dem nach Gemeinsamkeiten gesucht, Unvereinbarkeiten entdeckt, Überschneidungen erforscht. Ich möchte mit diesem Buch ein Buch für alle Menschen schreiben und versuche deshalb Elemente der Wissenschaft mit ganz alltäglichen Beispielen und Geschichten so zusammenzufügen, dass es für viele Menschen nützlich und verständlich sein kann.

Mit diesem Buch mache ich dem Leser ein Angebot, die bisherige bekannte Welt noch mal ganz neu zu überdenken und zu entdecken. Und ich werde in diesem Buch ganz bewusst eigene Meinungen äußern, da ich mir wünsche, dass die Wissenschaft der Zukunft nicht nur objektive Thesen vertritt, sondern auch subjektive Phänomene, sprich Gefühle, Erfahrungen, subjektive Hypothesen und Wertvorstellungen erforscht und diskutiert. Selbst wenn diese Vorgehensweise momentan noch sehr gewöhnungs- und entwicklungsbedürftig erscheint. Ich wage es, diese neuen Aspekte als Möglichkeit der Wissenschaft einzubringen. Zudem möchte ich Sie in die Irrationalität des menschlichen Denkens entführen, sie zur Lust und Freude der Phantasie und zur Kreativität verführen und Sie einladen eine neue schöpferische Welt zu betreten. Wir sind nicht nur Geschöpfe der Natur, des Universums, eines oder mehrerer Götter, so genau wissen wir das ja nicht, wir sind selbst Schöpfer und Gestalter unseres Lebens. Die meisten Menschen glauben zwar heute noch an die Anpassung an Gesellschaft, Systeme, Kulturen und Religionen, es gibt jedoch auch zahlreiche Menschen, die uns in der Vergangenheit bewiesen und heute noch beweisen, dass in der menschlichen Existenz auch eine schöpferische Veranlagung steckt. Wenn wir Zugang zu unseren schöpferischen Fähigkeiten finden, sind wir als Menschen nicht mehr Opfer der Schöpfung, nicht mehr Mitläufer einer Gesellschaft, Religion oder Kultur, dann sind wir weder Täter noch Opfer in einer Welt der Ausbeutung. Wir versuchen nicht mehr uns ängstlich wie Adam und Eva zu fragen was Gott uns erlaubt oder nicht, was wir dürfen oder was wir nicht dürfen, wir glauben nicht mehr, dass wir untertan sind, noch glauben wir, dass uns andere Menschen, Tiere oder die Natur untertan sein müssen. Für schöpferische Menschen hören Machtspiele auf.

Wenn die Rationalität des Denkens und die Irrationalität des Fühlens zusammen spielen, ist es, wie wenn Kohlenstoff sich in der Struktur des Diamanten anordnet. Schöpferische Menschen sind zur richtigen Zeit am richtigen Ort und sie finden Gold und Schätze mitten im Alltag. Die schöpferischen Kräfte sind es, die uns Menschen den Traum vom Fliegen bescherten, die Vorstellung von wunderschönen Gärten, Palästen und Romanen. Alle Erfindungen stammen aus den schöpferischen Fähigkeiten der Menschen. So wie die Welt der Mathematik die irrationalen Zahlen braucht um Phänomene des Kreises, der Unendlichkeit oder der Transzendenz darzustellen, so wie die Physik die Relativität braucht um Interdependenzen und Zusammenhänge von Kraftphänomenen, Energien und Raum-Zeit-Zusammenhänge darzustellen, so kann die Irrationalität des Denkens bisher unvorstellbare Verbindungen und unerklärte Dimensionen des Denkens erschließen: Das Verstehen von Sein und Werden, die Dichotomie von bleibenden und vergänglichen Strukturen, die Zusammenhänge von Wissen,

Erkenntnisse und Interpretation. Das menschliche Denken, das mit der Irrationalität der Gefühle verknüpft wird, umfasst Dimensionen einer neuen Welt, die wir bisher weder verstehen noch erahnen können.

Natürlich ist mir bewusst, dass sich gerade in der Welt der Wissenschaft, der Politik, der Finanzmärkte und der Pädagogik durch die Beachtung der Irrationalität des Denkens neue Formen der Machtspiele entzünden können, auch die Entdeckung der irrationalen Zahlen und die Erforschung der Relativitätstheorie haben erbitterte Diskussionen und Grundlagenkrisen ausgelöst.

»Wenn die Rationalität
des Denkens und
die Irrationalität des
Fühlens zusammen
spielen, ist es wie
wenn Kohlenstoff sich
in der Struktur des
Diamanten anordnet.«

Was bedeutet die Irrationalität des Denkens?

Sie werden sich jetzt vielleicht fragen was die Irrationalität des Denkens ist. Irrationalität des Denkens bedeutet, dass das Denken bei weitem nicht so objektiv und rational ist, wie wir es gern hätten oder wie es uns in Schulen und Universitäten gelehrt wird. Viel mehr zeigt die Irrationalität des Denkens, wie relativ und abhängig sich unser Denken durch soziale Beziehungen beeinflussen lässt, wie irrational wir Begegnungen interpretieren und gestalten und auch welche grandiosen Erfindungen und höllischen Wahnsinn wir durch Phantasien, Einbildungen, Kreativität und Fehlschlüsse erzeugen können. Die neuesten Erkenntnisse des Konstruktivismus und der Neuroplastizität zeigen uns, dass unser Gehirn kein festgelegtes System ist, kein einfaches Speicherorgan, sondern viel mehr ein Organ, das uns ständig hilft, uns an die Umweltbedingungen anzupassen. Die ständige Verwobenheit von Denken und Gefühlen und die daraus entstehenden Wünsche, Konflikte und Missverständnisse erzeugen erst die Wirklichkeit, die wir zu sehen glauben, eine relativ irrationale, teilweise wahnsinnige Wirklichkeit, die wir durch Beobachtung als objektive Realität zu erkennen glauben. Der Mensch, der sich längere Phasen seines Lebens mit der Vielfalt der menschlichen Existenz beschäftigt, erkennt, dass bei aller Gleichmacherei von Nationalstaaten, Kulturen, Religionen, Parteien und

Gruppen die Individualität der einzelnen Menschen unverwechselbar ist, selbst eineiige Zwillinge unterscheiden sich noch beträchtlich.

Die Annahme, dass wir genetisch festgelegte Wesen sind hat sich mit den Erkenntnissen der Epigenetik deutlich gewandelt. Anhand von Beispielen lassen sich diese erwähnten theoretischen Konstrukte anschaulicher darstellen und besser verstehen: Bisher trennen wir sprachlich und diagnostisch zwischen Wahn und Wirklichkeit, zwischen wahr und gelogen, zwischen Wirklichkeit und Phantom, zwischen Traum und Wachzustand, zwischen Trance und Klarheit. Können wir das wirklich trennen? Wo fängt die Fiktion an und wo hört die Realität auf? Ist der Gedanke $1 + 1 = 2$ realer als der Gedanke, ich wünsche mir Frieden? Ist der Alptraum weniger bedrückend, weil ich am Morgen sagen kann: War ja nur ein Traum; und der Wunschtraum weniger beglückend, weil er sich am Morgen (noch) nicht erfüllt hat? Sind nicht alle Wünsche, Gedanken, und Strategien Produkte unseres Gehirns und unseres Denkens? Ist nicht alles was wir denken ein Gemisch aus Gedanken und Gefühlen, ein Verweben von real Erlebtem und phantastisch konstruierten Gedanken, ein Zusammenwirken von Wünschen, Wahrnehmungen, Erfahrungen, Erinnerungen, Erlebnissen und Möglichkeiten. Verdeutlicht werden kann die Umständlichkeit unserer Gedankenkonstrukte durch eine Strophe des Liedes: »Die Gedanken sind frei«.

»Ich denke, was ich will,
und was mich beglücket,
doch alles in der Still,
und wie es sich schicket.
Mein Wunsch und Begehren
kann niemand verwehren,
es bleibet dabei:
die Gedanken sind frei.«

Der Absatz: »...doch alles in der Still und wie es sich schicket«, bedeutet ja, so wie ich diesen Text verstehe, dass ich zwar alles denken kann, aber diese Gedanken nicht aussprechen darf, weil es sich nicht schicket. Nehmen wir ein Beispiel: Wenn eine Frau und ein Mann verheiratet sind darf sie/er zwar denken: Ich möchte mit diesem Partner nicht mehr zusammen sein oder bleiben, aber niemand spricht es aus, weil es sich nicht schickt.

Wo beginnt hier Wahrheit und wo die Lüge? Ist der Gedanke: Ich möchte nicht mit diesem Partner zusammen sein gelogen? Welche Erfahrungen bringen diesen Gedanken zum Vorschein, was ist in der Wirklichkeit? Ist das Zusammenleben so wenig zufriedenstellend, dass dieser Gedanke auftaucht? Oder ist der Gedanke, der auftaucht nicht wahr? Wäre es gelogen, wenn der Gedanke ausgesprochen wird? Auch wenn das Zusammenleben schwierig ist, möchte man den Partner dennoch nicht kränken oder verlieren, da der Partner in vielen Lebensbereichen sehr nützlich ist. Ist so eine Partnerschaft Liebe? Ist diese Partnerschaft verlogen, ist dieses Paar nur auf Grund von äußerem Schein zusammen oder aus Gewohnheit? Meinen Sie, es ist einfacher nicht über solche Probleme nachzudenken, diese Phänomene nicht anzusprechen? Ich kann Sie trösten, Sie liegen im Mainstream, die meisten Menschen denken heute und seit tausenden von Jahren nach dem Schema: Nur nicht zu viel erfahren über das Innenleben, über das Denken und Fühlen. Dadurch entsteht genau das, was Freud als das Unbewusste beschrieben hat. Wir weigern uns über bestimmte Bereiche des Lebens nachzudenken, weil es uns zu unbequem, zu schwierig und zu gefährlich erscheint. Und da das Gehirn wie alles in der Natur sehr ökonomisch arbeitet, gewöhnt sich das Gehirn daran unbequeme und unliebsame Gedanken nicht mehr zu beachten und mit der Zeit ganz zu vergessen. Ein großer Teil der Gedanken und Gefühle verschwinden somit im Nirwana des Unbewussten, sie tauchen manchmal in Träumen auf, melden sich bei Liebeskummer, schwerer Krankheit oder Lebenskrisen. Wir spüren unsere Gefühle möglicherweise auch bei Empörung.

Wenn jemand es wagt anders zu denken oder in Sehnsuchtsfilmen und Romanen regen sich Gefühle: Wir leiden mit den Protagonisten und ihrem Liebeskummer, wir sind von den Heldentaten mutiger Schauspieler zu Tränen gerührt oder zahlen viel Geld um uns mitreißen zu lassen von Fantasy, Krimi, Dramen, Serien, Politik und Promigeschichten. Endlich gibt es wieder Gesprächsstoff, die eigenen Gedanken können und dürfen ja nicht aus- und angesprochen werden. Dank all der Geschichten der anderen, der Filme, der Dramen sind wir in der Lage über Personen, Geschichten, Gefühle und Erlebnisse der anderen zu erzählen.

Spüren Sie gerade was Sie fühlen? Ist es Ablehnung, Empörung, Interesse, Langeweile, Müdigkeit, Unverständnis...? Oder fühlen Sie gar nichts? Keine Sorge, auch das ist ganz normal. Wir leben heute kaum noch direkt verbunden mit unseren Gefühlen. Wir leben in den Geschichten der anderen mit, wir leiden und fühlen mit Ihnen. Filme, Krimis, Serien, Soaps und Promigeschichten ermöglichen uns Gefühle anderer zu spüren, ermöglichen uns eine Kommunikation über Gefühle anderer. Trotz der weitverbreiteten Unfähigkeit Gefühle bewusst wahrzunehmen und trotz der relativen Unfähigkeit ehrlich miteinander über die eigenen Gefühle zu sprechen, werden die Gefühle der Anderen thematisiert, oder sagen wir: Besser wir thematisieren, was andere Menschen fühlen könnten, was wir glauben, dass sie fühlen. Wir leben ein Ersatzleben und führen Ersatzgespräche. Wir haben ja gelernt, man spricht über diese Gefühlsthemen nicht. Allzu persönliche Themen werden in der rationalisierten »Funktionswelt« als peinlich empfunden, es schickt sich nicht darüber zu sprechen.

Auch heute noch gibt es Wissenschaftler, die der Meinung sind, dass diese rationalisierte Denkwelt, welche Emotionen und Gefühle ins Unbewusste verschiebt, normal sei, schicksalhaft determiniert und damit festgelegt. Genau deshalb leben wir emotional/sozial noch heute in archaischen Denk- und Handlungsmustern der Alphatiere und Underdogs, so wie in der Steinzeit: Natürlich gibt es auch Menschen, die auf

Augenhöhe miteinander kommunizieren, sich gut verstehen, die nett und freundlich miteinander umgehen, Eltern die ihre Kinder lieben und achten, Paare die respektvoll zusammen leben, Lehrer, die ihre Schüler wertschätzen und ihnen wertvolle Inhalte beibringen. Es gibt Ärzte und Pflegepersonal, die sich trotz der gesellschaftlichen verordneten Hektik Zeit nehmen und die Gefühle der Patienten achten. Aber sind wir ehrlich, ist das wertschätzende Gespräch die Ausnahme oder die Regel? Was erleben Sie häufiger: Wertschätzende Gespräche auf Augenhöhe oder abwertende hierarchische Kommunikation zwischen rangniedrigen oder ranghöheren Personen, oder Personen, die glauben über- oder unterlegen zu sein? Vermutlich werden einige Leser häufiger Gespräche auf Augenhöhe erleben und andere mehr hierarchische Gespräche, je nach Umfeld in dem Sie leben und arbeiten. Auch wenn Menschenwürde in so mancher Verfassung verankert ist, ausgerottet ist das feindselige Denken der Über- und Unterordnung, Machtgefälle und Ungerechtigkeiten noch lange nicht. Gewalt gilt auch heute noch als gesellschaftsfähig, ja sogar notwendig um sich zu verteidigen. Es gibt auch heute noch Menschen, die Kriege führen, die ausgebildet werden um gegen andere Menschen zu kämpfen, andere Menschen zu töten und zu vernichten. Trotz vieler Gesetze, die das menschliche Leben ordnen sollen, gibt es Menschen, die sich belügen und betrügen, Menschen die sich bekämpfen, sich jagen, Menschen, die sich gegenseitig, offen oder versteckt diffamieren. Und es gibt Konflikte, die so eskalieren bis sich Menschen umbringen. Es gibt trotz aller Bildung Menschen, die Verbrechen begehen, sich gegenseitig einsperren und einsperren lassen. Menschen erklären sich in ihrer Feindseligkeit und ihrer Hilflosigkeit gegenseitig für krank oder verrückt und verfolgen sich gegenseitig, privat und politisch. Meinen Sie das ist normal? Ja, vielleicht werden Missstände als normal betrachtet, wenn wir uns daran gewöhnen und glauben keinen Einfluss zu haben. Mord und Totschlag kommen jeden Tag im Fernsehen vor, also ist es für uns und andere sichtbar. Was im Fernsehen häufig gezeigt und angesehen wird, empfindet unser Gehirn mit der Zeit als Norm, als Gegebenheiten und als real. Auf diese Weise empfinden wir auch Mord und Totschlag als wirkliche Realität, während die Sehnsucht nach gesundem und friedlichem Zusammenleben als irrationale Spinnerei von Hippies und Gutmenschen belächelt wird. Wir dürfen nicht vergessen, auch in der Geschichte gewöhnte sich die Bevölkerung mit der Zeit an die Hexenverbrennung, an den Holocaust und an zahlreiche Grausamkeiten unter Völkern. Selbst wenn von der Allgemeinheit Gewalt als normal betrachtet wird, empfinde ich das Wegschauen und Verharmlosen von Gewalt als eklatanten Missstand. Noch fataler ist jedoch, dass wir als globalisierte Menschenfamilie nicht erkennen, dass jede Gewalt dazu neigt neue Gewalt hervorzurufen, unabhängig davon, ob es sich um Gewalt in Familien, in Institutionen, im privaten oder öffentlichen oder medialen Raum handelt. Wenn wir als Gesellschaft all diese Machtspiele nicht durchschauen und durch Bildung und Vorbeugen nicht verringern können, werden wir weitere Gewaltherde schüren. Es sind jedoch nicht nur Gewaltherde da draußen, wahrscheinlich ist die versteckte Gewalt noch weitaus schlimmer. Als ich 1977 erzählte, dass ein Patient von einem sexuellen Missbrauch berichtete, wurde ich belächelt, »wer glaubt denn schon so was« hieß es. Auch die Dunkelziffern und Dunkelfeldanalysen der Wissenschaftler lassen da wenig Gutes ahnen. Wir haben uns an Familiendramen in der täglichen Zeitungslektüre gewöhnt, an die allabendlichen Toten aus Kriegsgebieten in unseren Wohnzimmern und die Flüchtlingsschiffe, die immer wieder kentern, sie werden von vielen nur mehr als Kollateralschäden der Absicherung von Nationalstaaten betrachtet. Ich will mit diesen Zeilen niemanden anklagen oder verantwortlich machen für diese Geschehnisse, im Gegenteil: Ich möchte anerkennen, dass auch in diesem Bereich sehr viel Gutes getan wird um Menschen zu helfen und Verbrechen zu bekämpfen; außerdem kann ich selbst viel zu wenig beurteilen, welche Maßnahmen helfen könnten um Gewalt in der ganzen Menschenfamilie signifikant und nachhaltig zu verhindern. Gesetze, Verbote, Strafen, ja sogar Todesstrafen und Kriege wurden jetzt schon seit Jahrtausenden angewendet und haben bisher jedenfalls nicht zur signifikanten Reduzierung von Gewalt beigetragen, das ist offensichtlich. Ich beobachte, dass wir in der funktionierenden Welt gegenüber Gewalt abstumpfen, dass wir immer weniger Mitgefühl erlebt und gezeigt wird. Es gibt keine Studien darüber, dennoch ist es spürbar – die Achtsamkeit sinkt mit Tempo und übereilter Bewältigung von Aufgaben. In der ökonomisierten Welt müssen Tätigkeiten immer schneller und mit weniger Personal bewältigt werden. Wenn Sie das bezweifeln, beobachten Sie das Verhalten im Verkehr. Wie oft lassen Sie einen anderen Autofahrer einfädeln, wie oft bremst ein rücksichtsvoller Autofahrer, wenn eine ältere Damen oder eine Frau mit Kinderwagen am Straßenrand steht? Wie oft bieten Menschen einander in der U-Bahn noch einen Platz an, oder helfen etwas aufzuheben, wenn jemandem die Einkaufstasche auf den Boden fällt? Natürlich Sie haben Recht, das ist »nur« Achtlosigkeit und keine Gewalt. Aber Achtlosigkeit ist der Anfang! Aus Achtlosigkeit wird Respektlosigkeit, aus Respektlosigkeit, Unverschämtheit und wenn Menschen sich unverschämt verhalten, dann glauben viele sie könnten sich mit rabiatem Verhalten wehren. Genau das sind Gewaltspiralen, die sich aufschaukeln und schnell Fortsetzung finden.

Ich persönlich empfinde dieses »normale« Denken und Verhalten, das Gewalt verharmlost, beschönigt oder sogar als Wirtschaftsfaktor instrumentalisiert als irrational, abartig, vorsintflutlich und krank. Wie kann es sein, dass Universitäten, die ganze Sozialforschung, die Wirtschaft und die Politik wegschauen, obwohl Unsummen für Krankenbehandlung, für neue Kriege, Umweltzerstörung gezahlt werden müssen? Wie kann es sein, dass sich niemand interessiert und alle einfach so tun als gäbe es diesen Wahnsinn der gewaltsamen Machtspiele nicht. Schlimmer noch, viel zu viele spielen bei Machtspielen, die zuerst harmlos beginnen und dann zu Mengen von Toten führen, mit. Jede Seuche versucht man zu bekämpfen, bei der Seuche der Gewalt, bei der Millionen Menschen sterben, werden alle Augen zugedrückt. Gewalt ist eine Seuche, die Unmengen Geld verschlingt, Probleme mit Gewalt werden kaschiert mit der Tarnkappe des »weil nicht sein kann, was nicht sein darf«. Irrationale Machtspiele wirken sich auch im Bereich Umwelt aus.

Lieber sehenden Auges die Städte vergiften als unliebsame politische Entscheidungen treffen, nur nicht die Wähler verschrecken und die Zusammenarbeit mit Lobbyisten stören, ist die Devise. Natürlich ist es schwer, gewachsene Strukturen zu verändern, den Wählern zu sagen, wir müssen vieles verändern. Rechtfertigt die Angst vor Verlust der Wählerstimmen, dass schädigende Folgen ausgeblendet werden? Empfinden Sie dieses Taktieren als rational durchdachtes Handeln? Wenn Menschen in der Lage sind mit Computern die ganze Welt zu vernetzen, auf den Mond landen können, ja sogar zum Mars fliegen wollen, dann frage ich mich: Warum schaffen wir es nicht als Menschheit gesund und in Frieden zusammen zu leben? Offensichtlich sind Menschen in der Lage einen Bereich des Lebens weiter zu entwickeln, während sie in einem anderen Bereich weit zurückbleiben. Der technische Bereich hat in den letzten Jahrhunderten und Jahrzehnten eine gigantische Entwicklung hervorgebracht, während der soziale und emotionale Bereich, die Gesundheit und liebevolle Beziehungen bis in die höchsten politischen und gesellschaftlichen Ebenen noch heute mit Angst, Hilflosigkeit und defizitorientierten Denkmustern besetzt sind.

Die Gesellschaft funktioniert mit Abhängigkeitsmustern und Alphatierstrategien, wie in der Steinzeit. Staatsoberhäupter, Geheimdienste, Religionsführer, Psychiater, Juristen und andere irdische Mächte haben sehr viel Macht und arbeiten mit Angststrukturen um das Volk, die Massen gefügig zu machen, Ordnungsstrukturen aufrecht zu erhalten. Sind wirklich nur einige mächtige Menschen in der Lage Verantwortung zu übernehmen? Ich wünsche mir für meine persönliche und für die kollektive Zukunft, dass nicht Angst der Wegweiser durchs Leben ist. Ich glaube es ist möglich, dass jeder mehr Verantwortung übernehmen kann und ich hoffe, dass die liebevollen Kräfte zum Wegweiser unseres Lebens werden. Ich wünsche mir zutiefst, dass ich eines Tages von dieser Erde gehen kann und sich bis dahin Strukturen etabliert haben, die ein freudvolles, friedliches und gesundes Miteinander lehren. Und auch ich muss, genau wie wir alle, noch viel lernen, bis wir dieses Ziel gemeinsam erreichen können.

In Märchen wandeln sich die Geschichten, es werden ungeliebte Kinder zu Helden, böse Schwiegermütter und Hexen werden entmachtet, die Guten werden die Helden, schaffen die ganzen unlösbaren Aufgaben zum Teil durch sehr einfache Maßnahmen. Ich wünsche mir das für alle Kinder dieser Welt. Ich wünsche mir, dass wir neue Spielregeln finden, neue Spiele erfinden, die diese kranken Machtspiele ablösen. Sie könnten jetzt fragen, warum die Angst schlecht sein sollte und zu Recht sagen, auch die Liebe ist eine irrationale Kraft unseres Lebens. Ich stimme Ihnen zu, vor allem deshalb, weil auch im Namen der Liebe Gewalttaten begangen werden, Machtspiele gespielt werden, weil die Liebe mit all ihren Dramen und ihrer Leidenschaft, ihrer Gier und Unerfülltheit Stoff für unzählige Frustrationen geworden ist, Geschichten Mythen, Märchen, Opern... sind daraus entstanden. Es gibt nicht ein Gefühl das gut ist und ein anderes das böse ist. Der Arzt Paracelsus im Mittelalter sagte: »Allein die Dosis machts, daß ein Ding kein Gift sei.« Und genau so ist es auch mit Gefühlen und dem irrationalen Denken: Wenn ein Mensch bei Gewitter in eine Bergschlucht steigt ohne Angst zu haben, kann das ein tödliches Überhören der Angst sein. Als Sophie Scholl in der LMU Flugblätter verteilte war das eine märtyrerische Liebe für Menschen, die unter einem unsäglichen Regime litten. Beide haben mit Ihren Handlungen, das eigene Leben riskiert und verloren. Sowohl die Gefühle der Angst, als auch die Gefühle der Liebe wollen unser Leben schützen. Sophie Scholl konnte zwar ihr eigenes Leben nicht schützen, sie schützt jedoch posthum viele Menschen; in ihrer Warnung, sinnlose und tödliche Macht nicht weiter zu unterstützen. Wir lernen zu wenig, dass wir unsere Gefühle spüren dürfen, dass wir sie achten dürfen. Würden wir das zusätzlich zu unseren kognitiven Ausbildungen lernen, dann könnten wir lernen Gefühle zu achten. Hat der Bergsteiger gelernt seine Gefühle zu spüren, dann kann er umkehren, wenn er Angst spürt. Hätten die Menschen in den dreißiger Jahren in den Schulen Achtsamkeit gelehrt und gelernt, statt feindseliger Ideologien, hätte Sophie Scholl mit all ihrer Liebe als Kindergärtnerin arbeiten und im Unterricht von Biologie und Philosophie den Menschen achtsame und liebevolle Werte vermitteln können.

Durch Machtspiele verlernen wir Menschen unsere Gefühle zu spüren, wir lernen zu kämpfen, wir können Gefühle nicht mehr zu unserem gegenseitigen Schutz einsetzen; wir überschätzen uns, glauben uns wehren zu müssen, organisieren uns in Abhängigkeitsbeziehungen usw. und bezahlen teilweise mit dem eigenen Leben den Preis der Machtspiele. Wie viele Menschen sterben auf diesem Planeten wegen irrationaler Machtspiele, wegen Überforderung, wegen Verzweiflung und Hoffnungslosigkeit, Gewalt und ungerechter Verteilung der Güter? Wie viele Menschen und Tiere leiden darunter, wie zerstören wir den Planeten mit unseren Machtspielen? Ist es nicht Zeit das zu überdenken?

Vielleicht ist es Ihnen jetzt schon ein bisschen zu heiß geworden mit all den Themen und den irrationalen Gefühlen, dem irrationalen Denken, vielleicht ist es ganz gut das Buch wieder mal wegzulegen und ein paar Tage nur Gefühle und Gedanken zu beobachten, eigene Gefühle und Gefühle von anderen. Vielleicht können Sie auch mal mit anderen sprechen, über Macht und Machtspiele. Vielleicht beobachten Sie Machtspiele in ihrer Familie, in ihrer Arbeit, in ihren Erinnerungen der Schulzeit oder im Supermarkt um die Ecke. Machtspiele sind ein dankbares Beobachtungsobjekt, wir finden es flächendeckend und nahezu überall.

Machtspiel im Kopf oder bewusstes Leben

Wenn Sie selbst nicht mehr so unbewusst in diese Machtspiele mit einbezogen werden wollen oder nicht mehr mitspielen wollen, dann ist es hilfreich, sich nicht mehr dauernd abzulenken, sonst werden die alten bekannten Muster aktiv; Gedanken werden verdrängt, schnell ins Unbewusste geschoben oder schnell wieder mit viel Ablenkung, Arbeit, wichtigen Dingen überdeckt, so dass der innere Denker wieder so tun kann, als hätte er seine Gefühle gar nicht wahrgenommen. Die meisten Menschen sind Opfer ihres Verstandes, der denkt was er will. Das sind die Machtspiele in unserem Kopf, wir sind auf Autopilot geschaltet, reagieren wie automatisiert und sind im Nachhinein entsetzt: Was habe ich da gesagt, getan, warum habe ich so gehandelt?

Wir können jedoch lernen, heute den ersten Schritt in ein bewussteres Leben zu wagen, wir können beginnen den eigenen Gedanken zuzuhören: Was denke ich den lieben langen Tag? Es ist ein spannendes Abenteuer, wenn wir den eigenen Gedanken zuhören. Was tauchen da alles für Gedanken auf? Der Ärger über den Mitarbeiter, die Sehnsucht nach einem neuen Sexabenteuer, der Termin, den ich nicht verpassen darf, der Kontostand und dazwischen der Urlaub vom letzten

Jahr. Gedanken eines ungeübten Geistes sind meistens sehr wirr und durcheinander. Wenn ein Mensch lernt, seinen Gedanken zuzuhören, kann er mit der Zeit entscheiden, Gedanken vorbeifließen zu lassen, andere aufzunehmen, Gedanken zu filtern und langsam spüren, welche Gedanken tun mir gut und welche Gedanken schaden mir oder anderen. Wenn ich an Gespräche denke, die nicht so gut gelaufen sind, könnte ich mich in Gedanken selbst beschuldigen: Warum hab ich so was Dummes gesagt, warum ist mir nicht der richtige Gedanke eingefallen? Genauso könnten Gedanken auftauchen, die den anderen beschuldigen, »warum ist der immer so anklagend, so unfreundlich und diese Anspruchshaltung«. Diese Gedanken sind nicht hilfreich, es sind klagende Gedanken und führen nicht in die Richtung, die ich erreichen möchte. **Unser Gehirn kann uns jedoch maximal helfen unsere Situationen zu verbessern.**

Im ersten Schritt können wir genau prüfen, ob unsere Gedanken hilfreich oder schädlich für uns oder andere sind; wir können mit unserem Gefühl spüren, ob sich etwas gut oder nicht gut anfühlt.

Als Zweites können wir analysieren, was es genau ist, das uns stört: Ist mir der Gesprächspartner unsympathisch, was gefällt mir nicht, ist es eine erinnerte Geschichte, die mich stört, weil mich früher schon Menschen schlecht behandelten? Oder stört mich, dass er/sie mich jetzt nicht ausreden lässt, dass er/sie mich hetzt oder höre ich einen abwertenden Ton, eine abfällige Bemerkungen. Wenn wir lernen, unsere Gedanken so zu analysieren, werden uns mit der Zeit unsere eigenen Widerstände und Bedürfnisse immer bewusster.

Im dritten Schritt kann ermittelt werden: Was möchte ich, was brauche ich? Wenn ich Wert darauf lege, dass Menschen mich wertschätzend behandeln, kann ich das erkennen und immer mehr dafür sorgen, dass andere Menschen mich wertschätzend behandeln.

Im vierten Schritt kann ich überlegen: Wie erreiche ich, wertschätzende Gespräche zu führen? Zum Beispiel: Ich kann anderen sagen, wie ich behandelt werden möchte, ich kann Gespräche abbrechen, wenn ich mich nicht wertschätzend behandelt fühle oder ich kann Gespräche mit nicht wertschätzenden Personen vermeiden. Vielleicht bekomme ich auch Lust, selbst zu lernen, wie wertschätzende Kommunikation funktioniert und in der Folge diese anderen Menschen lehren.

Aus dem Beobachten der eigenen Gedanken und Gefühle entsteht die Möglichkeit, das Leben in bessere Fahrwasser zu steuern. Ich habe Menschen kennengelernt, die erzählen seit dreißig Jahren, ich hab halt Schwierigkeiten mich aufzuraffen. »Ich möchte gerne etwas verändern, aber ich schaffe es nicht.« Genau dieser Satz verhindert eine Veränderung, aber das ist dieser Person nicht bewusst. Ich frage in solchen Situationen gern: »Möchtest du denn wirklich was verändern?« Meistens kommt die Antwort: »Ja natürlich, aber ich kann nicht.« Ja es stimmt, wenn eine Person nicht daran glaubt, dass sie etwas verändern kann, dann wird sich auch nichts verändern. Es wäre schon eine große Hilfe, wenn dieser Satz angezweifelt werden könnte. Stimmt es, was ich mir immer wieder sage, dass ich nichts verändern kann? Könnte diese Person ihren Gedanken zuhören und ihre Gedanken prüfen, ob die Gedanken dem entsprechen, was sie möchte, dann würde sehr schnell klar, niemand möchte sich dauernd um etwas bemühen, das nicht zu schaffen ist. Entweder ist in diesem Fall das Ziel zu ändern oder zu konkretisieren, die Person könnte ihre Motivation oder ihr Durchhaltevermögen prüfen, oder es erfordert ein Eingeständnis, dass man sich nicht gern für etwas anstrengt. Auch ein gemütliches Leben ist ein gutes Leben. Eine Person, die ihren Gedanken zuhört und diese analysieren kann, kommt der Destruktivität von hoffnungslosen Gedanken schnell auf die Schliche. Diese destruktiven Sätze stammen oft nicht von der Person selbst, sondern von Personen in der Kindheit. Von schwierigen Beziehungen oder von traumatischen Lebenserfahrungen. Vielen Kindern werden sehr abwertende Sätzen gesagt: Du bist dumm, du bist faul, das kannst du nicht, dir passiert alles Schreckliche... Diese Sätze fressen sich oft tief in unsere Empfindungen und hindern uns über Jahrzehnte, das Leben zu leben, das wir selbst gern leben möchten. Die Märchen sprechen von einem verwünschten Prinzen, einer verwunschenen Prinzessin, wenn wir dieses Gift unserer inneren Sätze nicht erkennen können. Es gibt aber auch die Menschen, die denken: Ich muss der Beste sein, ich muss die Drecksarbeit machen. Oder ich bin die Größte und der Schönste, ich kann alles. Alle diese Sätze kommen aus unserem Unterbewusstsein und zeigen ihre Wirkung, weil die Personen selbst lernen, daran zu glauben. Wenn ich immer der Größte und die Schönste sein möchte, werden die anderen diese Arroganz erkennen; wenn ich mich innerlich ausgenützt fühle, werde ich mich möglicherweise weiter ausnützen lassen, andere werden den nörgelnden und unzufriedenen Ton in der Stimme wahrnehmen. Und natürlich können wir uns vorstellen welches Leben und welche Beziehungen eine Person erleben wird, die sich ständig vorstellt: ich kann nichts, ich bin nichts wert...

Ich machte vor einigen Jahren eine Schlössertour, schaute mir alle Schlösser König Ludwigs an. Was hat dieser Mann wohl gedacht, als er diese Schlösser erbauen ließ? Er baute die Schlösser nicht für eine Familie und auch nicht als Wohnsitz für sich selbst, wenn er kaum darin wohnte. Ich vermute es bewegte ihn ein außergewöhnliches ästhetisches und harmonisches Bedürfnis. Sieht man die Schlösser und liest über ihn, fällt der außergewöhnliche Schönheitssinn auf, der Wunsch Formen, Farben in eine wunderbare Einheit mit der umgebenden Natur zu bringen. Und er kombinierte diesen Sinn für Schönheit zusätzlich mit einer Vorliebe für Technik. König Ludwig, wird erzählt, spielte schon als Kind am liebsten mit Bauklötzen. Vielleicht wäre sein Leben ganz anders verlaufen, wenn die Machtspiele ihn nicht in eine Königsrolle gedrängt hätten, für die er viel zu jung und nicht besonders begabt war. Wäre König Ludwig Architekt für Märchenschlösser geworden, wäre sein Leben möglicherweise ganz anders verlaufen. Er wäre ein gefeierter internationaler Star geworden und hätte mit entsprechenden wirtschaftlichen Beratern viel Geld generieren und Gutes damit tun können. Warum können wir oft so wenig spüren, was wir gern machen und was wir gut können? Warum ergreifen wir nicht die Berufe nach unseren Begabungen, nach unserer Leidenschaft? Einer der Hauptgründe, warum wir uns immer wieder in Machtspiele begeben, ist die Angst, nicht mehr dazu zu gehören, die Drohung unehrenhaft aus der Gruppe oder der Familie verstoßen zu werden. Wir beugen uns den Machtspielen im Kopf, wir versuchen gar nicht mehr zu handeln, wenn die Angst vor Ausgrenzung zu groß wird. Menschen würden fast alles geben nur um den Kontakt zu einer Gruppe nicht zu verlieren. Wir passen das Verhalten an die Gruppennormen an, wir verleugnen manchmal die eigene Meinung, die eigenen Bedürfnisse, wir tragen Kleidung, die uns nicht gefällt, die nicht zu uns passt, nur um modern und »in« zu sein. Manche Menschen fahren an Urlaubsorte, die ihnen nicht gefallen, nur um dabei zu sein. Ganz zu schweigen von der Politik: mit dem Fraktionszwang stimmen Politiker gegen ihre eigenen Überzeugungen ab, um der Partei zu dienen. Wünschenswert wäre, wenn sich die Menschen mehr danach richteten, was ihnen selbst wichtig ist, was sie gerne tun würden. Aus dieser Orientierung könnten sich völlig neue Formen des Denkens, des Fühlens und eine kooperative Struktur individuellen Handelns entwickeln, die sowohl gesellschaftlich als auch wirtschaftlich mehr Toleranz und Akzeptanz findet. Haben Sie schon erlebt, wie gut es sich anfühlt, wenn Sie sich selbst wertschätzen können? Und wenn Sie zugleich Anerkennung von anderen finden für Ihr Verhalten, für eine Überzeugung, die Ihnen wichtig ist? Die meisten Menschen haben sich schon so angepasst an das, was von Ihnen erwartet wird, dass sie einfach wie eine Maschine funktionieren, sie machen was zu tun ist, egal, ob es sich gut oder schlecht anfühlt. Ihre echten Gefühle spüren die meisten Menschen nicht mehr. Wen wundert es dann, wenn bei dem Gehorsamsexperiment von Milgrim über 60 % der Menschen bereit sind einer anderen Person tödliche Stromschläge zu verpassen, weil der Versuchsleiter sagt: »Machen sie weiter.« Wir trauen uns nicht »Nein« zu sagen, weil es sich nicht gehört, weil wir eine andere Person nicht enttäuschen wollen. Dieses Verhalten tritt in der Peergroup genauso wie im Seniorenheim auf. Dieses sich Anpassen an die erwarteten Strukturen, findet sich in allen Schichten, Familien und Kulturen in allen Aufzeichnungen der Geschichtsschreibung. Ich möchte damit nicht sagen, dass es richtig ist immer zu opponieren oder einfach den eigenen Willen ohne Rücksicht auf andere zu leben. Ich möchte damit ausdrücken, es ist wichtig sich selbst zu spüren, sich selbst zu erkennen, erst dann können wir sinnvoll und reflektiert handeln. Angeblich stand schon über dem Orakel von Delphi die Inschrift: »Erkenne dich selbst.«

Menschen neigen dazu, bei einer Gruppe zu bleiben, sich so zu verhalten, dass sie von der Gruppe angenommen werden, auch dann, wenn sie die eigenen Gedanken verleugnen müssen. Mafiabosse fügen sich genauso wie Ingenieure, die Bomben erfinden. Generäle, die sinnlose Kriege führen, fügen sich genauso, wie Frauen in Somalia, wenn sie die Beschneidung ihrer Töchter weiter tradieren. Schädliches, sinnloses, gewalttätiges Verhalten wird tradiert aus Angst, aus der Gruppe ausgegrenzt zu werden. Den meisten Menschen ist nicht bewusst, welche Motive sie bewegen. Sie reagieren wie gefordert, wenn Strafen drohen. Nicht weil Strafen so wirksame Methoden sind, sondern weil sie Angst vor Strafe und Ausgrenzung haben. Könnten sich Menschen vor Strafen schützen oder hätten keine Furcht vor Strafen, würden Strafen schnell wirkungslos. Angst ist eines der wenigen Gefühle, die nicht so leicht verdrängt werden können und trotz Hektik und Stress gespürt werden. Angst ist ein Gefühl, das als Kind erlaubt ist, teilweise sogar gewünscht ist, um das Kind vor Gefahren zu schützen. Später dient die Angst in der sozialen Machtspielwelt dazu, andere gefügig zu machen. Natürlich gibt es auch Psychopathen, die selbst kaum Gefühle von Angst spüren und deshalb angstfrei, möglicherweise völlig skrupellos handeln. Ohne gute Wertehaltung kann der Psychopath zum Massenmörder werden, der in der Lage ist, Helfer für seine grausamen Absichten zu instrumentalisieren und kann so tausende, ja Millionen von Menschen vernichten.

Ein anderes Machtspiel im Kopf ist das Konkurrenzspiel. Ich muss besser, schöner, potenter, klüger sein als alle anderen. Dieses Spiel beginnt im Wettstreit der Eltern und in der Beurteilung, wie gut ihre Kinder sind, dieser Wettstreit wird fortgesetzt im Notensystem der Schulen und später an den Universitäten und bei der Partnerwahl. Es ist die Frage: Wer bekommt den besten, reichsten, hübschesten... Partner? Eine never ending story. Loriot war in der Lage, die grotesken Machtspiele von uns Menschen auf sehr witzige Weise darzustellen. In dem Sketch »Die Ente bleibt draußen« oder »Zwei Herren im Bad« zeigt er auf sehr humorvolle Weise die kindlich anmutenden Konkurrenzspiele von erwachsenen, intellektuellen Männern. Das heißt jedoch keineswegs, dass nicht auch Frauen in der Lage sind zu konkurrieren.

Sicher gibt es auch sinnvolle und konstruktive Formen von Konkurrenzdenken bei der Optimierung von Fragestellungen und Problemlösungen, es gibt jedoch Phasen der Entwicklung, der Beobachtung, des Lernens und der Prozessbegleitung, in denen Zusammenarbeit wesentlich förderlicher ist als Konkurrenzkampf. Wir haben uns so sehr an den Konkurrenzkampf gewöhnt, dass wir dieses Verhaltensmuster auch in ungünstigen Situationen anwenden. Wenn Personen ständig nur ein Verhaltensmuster abspulen, nicht wählen und nicht abwechseln im Denken und Verhalten, dann werden diese Denk- und Verhaltensmuster zur Routine, zur Normalität; die Verhaltensmöglichkeiten der Personen bleiben damit sehr eingeschränkt. Das ist mit einem Handwerker zu vergleichen, der nur einen Schraubenzieher hat, um damit alle Handwerksarbeiten zu erledigen. Im handwerklichen Kontext erscheint es uns völlig klar, dass wir unterschiedliche Werkzeuge brauchen, im sozialen und emotionalen Bereich machen wir jedoch uns keine Gedanken darüber. Wir erlernen ein paar wenige Verhaltensweisen für alle Wechselfälle des Lebens und wundern uns, wenn wir in ungewohnten Lebenssituationen scheitern.

Sie sehen vielleicht, dass dieses Thema »Machtspiele« nahezu in allen Lebensbereichen eine Rolle spielt. Wenn Sie bis hierher gelesen haben, scheinen Sie ein gewisses Interesse an dem Thema zu haben. Verspüren Sie schon den Wunsch, ihre eigenen Machtspiele zu hinterfragen und zu lösen, ihre machtbesetzten Beziehungen zu verbessern? Vielleicht empfinden Sie auch Ähnlichkeiten zu meinem Interesse an dem Thema: mich interessiert das Thema Machtspiel nicht nur als Wissenschaftlerin, sondern auch als Bürgerin eines Landes, in dem freie Meinungsäußerungen erlaubt sind und ich empfinde die Möglichkeiten, Neues zu denken, als spannend. Ich liebe die Freiheit meiner Kreativität und ich genieße das Privileg, anders denken zu dürfen. Ich freue mich, dass ich mit vielen lieben Mitmenschen die Möglichkeit erfahre Gedanken, Erfahrungen und Gefühle auszutauschen, und dass ich alle möglichen und unmöglichen Themen an- und aussprechen darf. Aus freier Meinungsäußerung und subjektiven Phänomenen ergeben sich nicht nur neue Diskussionsgrundlagen, sondern auch eine Erweiterung der individuellen Chancen von Menschen und deren Zusammenleben in einer freiheitlichen Grundordnung. Ich bewege mich in meinem Leben, in diesen Texten und in vielen Gesprächen zwischen Wirklichkeiten, Interpretationen, Träumen, Forschungen, Wissenschaft, Religion, Politik und dem ganz konkreten, einfachen, pragmatischen und alltäglichen Leben. Und ich glaube, wenn wir einen dieser Denk-, Fühl- und Lebensbereiche aussperren, dann fehlt etwas Entscheidendes. Wenn ich die Augen schließe, kann ich nicht sehen, wenn ich die Ohren zuhalte, kann ich nicht hören. Das gleiche gilt für unsere Gefühle, unsere sozial-emotionalen Wahrnehmungen, unsere Intuition und unsere geistigen Fähigkeiten; wenn wir diese Fähigkeiten nicht nützen fehlen uns wichtige Sinne des Lebens.

Wenn wir jedoch anfangen mit dem Herzen zu sehen, mit dem Körper zu hören, mit den Gefühlen zu tanzen, dann kann eine neue Form des Lebens beginnen und dieses Leben ist nicht verrückt, sondern reich an Möglichkeiten, so reich, dass wir bisherige Grenzen in

Frage stellen und überwinden können. Dieser Geist beflügelte die Seefahrer, die es wagten, die Meere zu befahren, obwohl alle warnten, sie würden am Ende der Erdscheibe hinunterfallen. Dieser Geist ist es, der schöpferische Menschen ermutigt, Neues zu wagen.

Im öffentlichen Leben in Institutionen und Fächern bleiben die wesentlichen Denk-, Gefühls- und Lebensbereiche getrennt. Wir ziehen Grenzen und Mauern zwischen Fächern, Parteien, Kulturen, Religionen, Nationalitäten, Institutionen, Familien, Schichten, Alter und Klassen. Durch Grenzen bauen wir innerliche Distanzen auf, Distanzen, die zu Feindseligkeiten, Abwertung und Konflikten führen. Distanzen, die Blockaden und Hindernisse in Gruppen und Beziehungen aufbauen, und wir trennen uns durch äußere Grenzen auch von inneren Anteilen unserer eigenen Gefühle und Möglichkeiten. Solange Abgrenzungen dem Schutz dienen, werden Grenzen als wohltuend erlebt, wenn Grenzen jedoch Menschen daran hindern, ihre Beziehungen zu pflegen, ihnen den Zugang zu Ressourcen und Chancen versperren, werden Grenzen als feindlich und destruktiv wahrgenommen.

Vielleicht wundert es Sie, dass ich immer wieder in Wir-Form spreche, obwohl ich natürlich weiß, dass jeder Mensch ein Individuum mit eigenen Vorstellungen und Erfahrungen ist. Die Wir-Form ermöglicht jedoch, einen Konsens anzustreben, in der Wir-Form gelingt es deutlicher darzustellen, was uns als Menschen verbindet und den Blick so, zumindest vorübergehend abzulenken, von all dem, was uns trennt. Wir Menschen haben Wünsche und Bedürfnisse, die wir erreichen möchten. Möglicherweise gelingt es in der Zukunft eine bedürfnisorientierte Gesellschaft zu gestalten, auch wenn wir uns das heute noch nicht vorstellen können. Wir werden eine bedürfnisorientierte Gesellschaftsform jedoch niemals durch Machtspiele, durch Formen der Gewalt, der Herrschaft oder der Revolution erreichen, sondern durch Entwicklung unserer eigenen Fähigkeiten und Potenziale. Empfinden Sie das als gewagte, utopische These? Ich nehme in Kauf, dass ich von dem einen oder anderen kritisiert oder (noch) nicht verstanden werde. Ich hoffe dennoch, dass Sie mit Nachsicht und Milde reagieren, wenn Ihre eigenen Meinungen nicht mit den genannten Thesen übereinstimmen, sich meine Erfahrungen nicht mit den Ihren decken und wenn mein Kenntnisstand mit dem Ihren unvereinbar erscheint. Ich glaube, genau darin liegt die Chance und die Kunst des Friedens, der Freiheit und der Liebe, dass wir einander immer wieder versuchen zu verstehen, auch oder gerade dann, wenn es uns schwer fällt. Wir können in Geduld und Achtsamkeit voneinander lernen und genau dadurch die Welt und unsere mitmenschlichen Beziehungen freundlicher und gelassener gestalten und erleben. Wir versuchen heute so vieles mit Gewalt zu erzwingen und möchten uns gegenseitig Meinungen aufdrücken, wir wollen Verstehensprozesse kontrollieren und diktieren, obwohl auch diese ganz organisch wachsen könnten. In einem asiatischen Sprichwort heißt es: »Das Gras wächst nicht schneller, wenn man daran zieht.«

In diesem Sinne wünsche ich uns allen Geduld und Milde für Prozesse der gegenseitigen Wertschätzung und Weiterentwicklung, die wir alle so dringend brauchen, für uns selbst und die Welt da draußen.

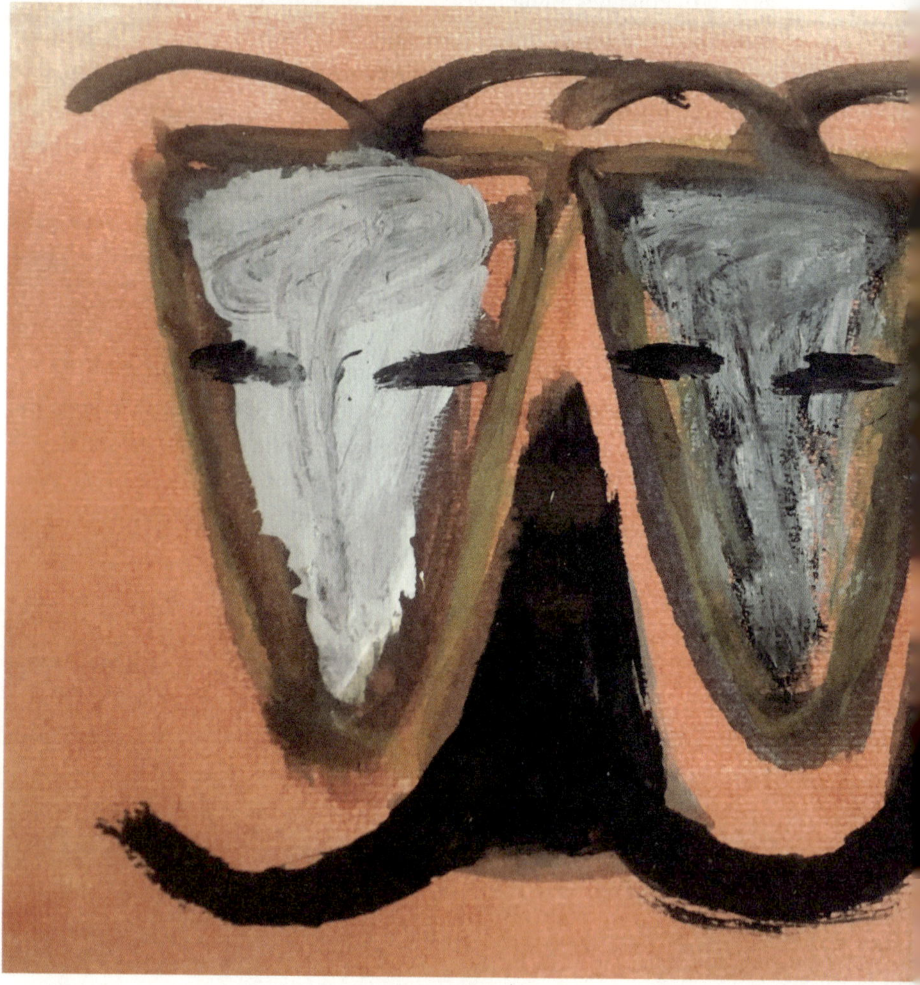

Macht und Ohnmacht

Wir Menschen sind gerade dabei, die Ökologie des ganzen Planeten empfindlich zu stören und sehen dabei zu, als ob es uns nichts anginge; mit dem Gefühl, keinen Einfluss darauf zu haben. Es ist sicher sinnvoll, über die eigene Macht und Ohnmacht als Bürger und Mitmensch, auf diesem Planeten nachzudenken.

Kann es sein, dass dieser Satz Ihre Empörung hervorruft? Vielleicht denken Sie gerade »Was sollen solche negativen Gedanken? Oder: So schlimm ist es doch gar nicht, uns geht es doch ganz gut.« Vielleicht denken Sie auch: »Was können wir schon ändern, warum sollen wir uns mit so etwas beschäftigen?« Falls Sie das denken, empören Sie sich meines Erachtens ganz zurecht, vielleicht ist es nicht unsere Aufgabe, uns als Menschen ins Leben und das Universum einzumischen, vielleicht sollten wir uns einfach unserem Schicksal ergeben, oder einfach vertrauen, dass schon immer alles gut gehen wird. »Nein, das gefällt Ihnen auch nicht? Wie hätten Sie es gern?« Nehmen wir an, Sie hätten Macht etwas zu verändern, was würden Sie - ja genau Sie - tun, wo würden Sie anfangen? Nein, dann wollen Sie doch lieber keine Macht haben, lieber doch den anderen die Verantwortung überlassen? Macht hin oder her, vielleicht ist es einfach sinnvoll, sich Gedanken zu machen, wie wir jetzt leben und wie wir in der Zukunft leben möchten. Wir wissen nicht, ob es besser ist, wenn wir planen, machen, tun, oder wenn wir die Zukunft einem höheren Wesen, der Natur, dem Schicksal überlassen. Welche Kräfte glauben Sie, steuern uns, wenn wir nicht eingreifen? Es gibt die religiösen Menschen, die glauben, Gott wird uns den Weg zeigen. Wissenschaftler berechnen, was zu tun ist, während die Gelassenen darauf vertrauen, dass sich alles zum Guten fügen wird. Manche glauben, dass die Klimakatastrophe bereits ihre deutlichen Spuren zeigt, andere wollen uns beweisen, dass es gar nicht so schlimm ist, und wieder andere wollen uns beweisen, dass es sich hier um Verschwörungstheorien handelt. Und was glauben Sie? Eines ist sicher, wir wissen nicht, was kommen wird, auch wenn Wissenschaftler Zahlen vorlegen, wenn uns Regierungschefs Sicherheiten versprechen und Propheten und Seher Entwicklungen voraussahnen. Es lässt sich dennoch nie vorhersagen, was kommen wird. Hier gelangen wir schon in die mystische Welt der Götter, der Feen, der Hexen, in die Welt der Helden und Zauberer, der Engel und Fabelwesen, in Bereiche der Astrologie und des Orakels. Von diesen Wesen, Überzeugungen und Vorhersagen erhoffen wir, dass sie schicksalhafte Ereignisse spielerisch und unerschrocken verändern können. Wir erhoffen uns zumindest, dass sie uns Hinweise geben werden. Wir schreiben unbekannten mystischen Kräften die Macht zu, dass sie Geschichten zum Guten wenden können. Ist das so? Wer hat die Macht? Wer lenkt, all das, was uns passiert? Ist es das Schicksal, sind es die Götter, die Mächtigen, oder haben wir auch selbst Einfluss?

In den Zeitungen lesen Sie meist nur über sichtbare Macht. Wir lesen die Geschichten, in denen Menschen das Schicksal von anderen beeinflussen. Über Politik, Geld, Einfluss oder von Menschen, die sich selbst und andere vernichten, zerstören oder gewaltsam schädigen. Auch wenn das nicht schön ist, so erweckt es doch ein Interesse, eine Neugier, befriedigt den Hunger nach Sensation und wir haben wieder Möglichkeiten uns zu empören. Oder gehören Sie zu den Menschen, die sich nicht empören? Fragen Sie doch mal Ihre Freunde, die werden Ihnen möglicherweise sagen, dass Sie sich auch schon über das eine oder andere empörten, das ist ja auch ganz menschlich. Es wäre ja fast schon besorgniserregend, wenn ein Mensch so abgeklärt wäre, dass ihn alles kalt ließe. Es kann kein menschliches Ziel sein, dass es uns nicht berührt, wenn sich Menschen gegenseitig im alltäglichen Leben mit Autos und Lastwagen töten und immer mehr und effektivere Waffen gebaut und verkauft werden, um andere zu vernichten und zu zerstören. Wir fühlen uns ohnmächtig und wissen nicht mehr, was für unser Zusammenleben hilfreich ist, wenn grausame Gewaltdarstellungen zunehmen, wenn diese Darstellungen den Menschen so viel Vergnügen bereiten, wenn Medien immer mehr Gewalt ausstrahlen um Einschaltquoten zu erhöhen, wenn Jugendliche und Kinder mit Gewaltvideos und pornographischem Internetmaterial überschwemmt werden, dass dadurch Verkaufszahlen steigen.

Was können wir als einzelne Bürger tun? Es kann nicht unser Ziel sein, dass wir die Qualität unserer zwischenmenschlichen Beziehungen zerstören, und im Ausgleich für unsere vermeintliche Sicherheit immer mehr Gelder in Rüstung, Videoüberwachung, in die Ausbildung von Soldaten, Geheimdienste und Guerillakämpfer stecken. Genau diese Gelder fehlen dann, wenn Menschen in Not geraten, junge Familien Unterstützung benötigen und wenn wir Eltern helfen könnten, ihre Kinder liebevoll zu unterstützen. Es kann weder der Wille der Politik, noch der Bürger sein, wenn ein Betrugsfall den anderen ablöst und danach niemand mehr davon gewusst haben will. Es kann nicht unser Ziel sein, Verbrechen im Nachhinein zu verfolgen und Menschen zu jahrzehntelangen Haftstrafen zu verurteilen, statt ihnen vorher ein Leben zu ermöglichen, das sie vor Straffälligkeit schützt. Die Arbeitswelt darf sich nicht damit zufrieden geben, wenn sich die Gewinne stetig steigern und gleichzeitig Korruptions- und Betrugsskandale zunehmen. Es darf nicht unser Ziel sein, dass sich die einen halb zu Tode arbeiten, während sich die anderen in ihren Tätigkeiten langweilen. Niemand wünscht sich, dass alte Menschen in Pflegeheimen ruhiggestellt werden, vor sich dahinvegetieren, weil die Anzahl der Pflegekräfte nicht ausreicht, um sie gut zu versorgen. Und wer kann beabsichtigen, dass wir aus Zeitmangel immer mehr Einwegprodukte konsumieren und Müll produzieren, den wir dann an arme Länder liefern, die am Gestank unseres Mülls kläglich zugrunde gehen. Wenn Dinge geschehen, die keiner will, läuft irgendetwas falsch, oder? Was läuft falsch und was können wir tun? Wenn sich alle so viel Mühe geben und immer versuchen alles richtig zu machen, wie kann es dann sein, dass so vieles falsch läuft? Es wird Zeit darüber nachzudenken und darüber zu sprechen, wie wir uns heute und in der Zukunft fühlen möchten, wie wir denken wollen und wie wir uns verhalten können. Wollen wir eine Welt gestalten, die impulsiv und gewaltsam, zerstörerisch auf alle möglichen Problemlagen reagiert und wollen wir in der Weltelite überhebliche, impulsive und gewaltsame Führungskräfte und Regierungen, die wir als Wähler mit Atomwaffen ausstatten? Wollen wir passiv abwartend den Kopf in den Sand stecken, so als hätten wir nicht bemerkt, dass unser Zusammenleben und unser ökologisches Leben immer mehr in Schieflage geraten? Oder wollen wir anfangen, einen besseren Weg zu suchen? Wir könnten hier und heute anfangen und können uns angewöhnen, uns gut zu behandeln, damit wir miteinander ein gutes Leben führen können. Ja klar, werden die meisten Leser jetzt sagen, wir führen bereits ein gutes Leben, wenn alle so wären wie ich, dann gäbe es keine Gewalt. Wirklich? Wo investieren Sie ihr Geld? Schauen Sie mal genau nach, sind da möglicherweise auch Aktien von Waffen in ihrem Depot, und leben Sie bereits ohne Streit und Wut? Kaufen Sie ein ohne Plastik zu verwenden? Schauen Sie mal auf die Seite »slaveryfootprint.org« nach, wie viele Sklaven für Sie arbeiten. Sind alle ihre Beziehungen so liebevoll, wie sie sich das wünschen? Wie wohl fühlen Sie sich in Ihrer Arbeit, mit Ihren Kollegen? Und in welchem Ehrenamt helfen Sie anderen Menschen? Kaufen Sie immer Fairtrade und Landeier oder essen Sie weitgehend vegetarisch, um die Umwelt und die Tiere zu schützen? Wir können uns getrost davor hüten, selbstgerecht zu sein, wir schaffen alle kein perfektes Leben. Das verlangt auch niemand. Deshalb brauchen Sie sich auch nicht angegriffen fühlen, wir sitzen alle im gleichen Boot und es wird nicht einer schaffen und glücklich werden und die anderen nicht. Oder möchten Sie vielleicht als einziger Überlebender nach einem Atomkrieg zurückbleiben? Nein, ich glaube das wünscht sich keiner. Entweder wir schaffen es miteinander oder eben nicht. Und wir brauchen uns auch nichts vorzuspielen und so tun, als lebten wir auf einer Insel der Glückseligen, nur weil wir gerade gesund sind, gerade keine Krisen erleben, weil wir weder verlassen noch gemobbt wurden, weil wir gerade einen guten Job haben und keinen lieben Menschen verloren haben. Unter uns leben so viele Menschen, die täglich bitteres Leid erleben, die ihre Existenz durch Wasserfluten und Firmeneinbrüche verlieren, genau das kann auch uns täglich treffen, wir schauen da viel zu wenig auf die Not der anderen, haben verdrängt, dass wir die nächsten sein könnten, die es trifft. Ja, auch bei uns in einem sicheren Land sind viele Menschen von Krankheit, den Folgen von Unfällen und Gewalt betroffen. Familiäre Gewalt und Gewalt gegen Kinder wird auch heute noch weitgehend tabuisiert und verleugnet, viele Menschen sind inzwischen selbst oder als Angehörige von Gewalt betroffen oder wurden als Hilfskräfte bei Amokläufen, Terroranschlägen und Kriegseinsätzen eingesetzt. Sehr viele Menschen werden täglich mit Leid in Kliniken, Senioren- und Behinderteneinrichtungen, in Gefängnissen, in der Seelsorge und Krisendiensten konfrontiert. Schaut man dort hin, wie viel wunderbare Arbeit hier geleistet wird, erkennen wir, wie menschlich und hilfsbereit wir Menschen auch sein können. Aber gerade Menschen, die in sozialen, lehrenden und schützenden Berufen arbeiten, sind überdurchschnittlich gefährdet körperlich und seelisch krank zu werden. Tägliche Überforderung in der aktuellen Lebens- und Arbeitswelt, der Zeitmangel, die unzureichende sozial-emotionale Unterstützung in diesen Berufen, die fehlende Achtung, Wertschätzung und eine ungenügende Bezahlung machen den Berufstätigen in sozialen Berufen besonders zu schaffen. Wir statten heute technische Berufe mit guten Arbeitsbedingungen und viel Geld aus, soziale Berufe hungern aus.

Abgesehen davon können sich Menschen in vielen herkömmlichen Berufen einen edlen Lebensstil und ein wirklich gutes Leben gar nicht leisten, zum einen wegen knapper Bezahlung. Es sind jedoch nicht nur die finanziellen Gründe, die Menschen belasten; viel mehr haben viele Menschen einfach nicht gelernt, auf ihre eigenen Bedürfnisse und ihre Werte zu achten. Zudem fällt es uns schwer, die Bedürfnisse und Gefühle anderer Menschen zu achten, den eigenen Sinn im Leben zu verstehen. Oberflächliche rollenbezogene Funktionssprache nimmt zu, während eine Sprache der Mitmenschlichkeit, Wärme und Fürsorge immer weniger zu hören ist. Die Kommunikation mit Mitmenschen bleibt deshalb vage, Isolierung nimmt zu und nicht selten finden sich Menschen dann in »sogenannter« schlechter Gesellschaft wieder. Soziale und emotionale Not wird in Alkohol ertränkt, in Drogen vergessen oder man überlegt gemeinsam, bewusst und unbewusst, wie man sich mit kriminellen Machenschaften durchschlägt oder sich an der bestehenden Ungerechtigkeit rächen kann. Andere Menschen stecken so im Hamsterrad von Leistung fest, lassen sich von 70 bis 100 Stundenwochen überrennen, sind von Zweit-und Drittjobs gefangen, so dass keine Ressourcen mehr bleiben um auf Lebens- und Beziehungsqualität zu achten. All die oben genannten Personen können mit großer Wahrscheinlichkeit nur sehr eingeschränkt für sich selbst und ein eigenes gutes Leben sorgen. Wo soll dann der Raum und die Kraft sein, um zusätzlich noch für ein gutes Leben der Anderen zu sorgen? Trotz dem allgegenwärtigen Leistungs- und Selbstdarstellungstrend gibt es auch heute noch Menschen, die authentisch, ehrlich, wertvoll und sinnvoll leben, die für ein gutes Leben sorgen, für sich selbst und ihre Mitmenschen. Es gibt Menschen, die auf den äußeren Schein verzichten, die zufrieden und dankbar sind mit dem, was sie in den jeweiligen Momenten haben und die darauf achten, dass ihr Geld durch eine ehrliche, authentische und sinnvolle Arbeit verdient wird. Es gibt sie noch die Menschen, die sich liebevoll um ihre Kinder und Familien kümmern, die sich nicht dauernd an den Vorstellungen der anderen messen, oder den jeweiligen teils fragwürdigen Moden folgen. Gerade weil wir uns für uns selbst und unsere Nachkommen ein gutes Leben wünschen, können wir heute damit beginnen, an diesem guten Leben zu arbeiten, einem guten Leben für uns selbst und andere. Momentan sieht es noch nicht danach aus, dass wir diese Trendwende schon bald für uns alle schaffen. Viel zu viele Menschen wägen sich noch in der egoistischen Vorstellung: I and Me first oder leben als Unterprivilegierte in der vagen Hoffnung, die Politik wird's schon richten. Die wenigsten glauben an die realisierbare und realistische eigene Verantwortlichkeit und erleben sich in der Folge dem großen Ganzen ziemlich hilflos ausgeliefert oder fühlen sich gezwungen, übermäßig verantwortlich für die Probleme dieser Welt. Fatalistisch und schicksalsergeben marschieren wir alle vier Jahre zur Wahl und erkennen mit Entsetzen, dass allein durch ein Kreuzchen alle vier Jahre wenig Einfluss zu gewinnen ist, weder auf die eigenen Lebensumstände, noch auf die Voraussetzungen in unserem Land und erst recht nicht auf all die dubiosen Verflechtungen der politischen, ökonomischen und interstaatlichen Welten mit Geheimdiensten und Desinformation, ganz zu schweigen von der kriminellen Welt mit ihren Gangstern und Mafiamethoden. Viele üben sich deshalb im Wegsehen, nach dem Motto, wo kämen wir da hin, wenn wir uns auch noch um die Probleme anderer und der Welt kümmern sollten. Andere sehen sich als Gurus und Retter der Welt und wollen ihr persönliches Rezept auch anderen, als die alleinselig machende Wahrheit anpreisen. Viele Personen, versuchen irgendetwas zu tun, besser als nichts, andere tun so als hätten sie nichts gemerkt, noch nie etwas gehört von Umweltzerstörung, vom Leid vieler Menschen und von den Ungerechtigkeiten unseres Planeten mit der weitverbreiteten Vogel-Strauß-Mentalität. Können wir das Chaos wieder in Ordnung bringen, das wir Menschen verursacht haben? Können wir noch einen persönlichen und gemeinschaftlichen Weg finden durch die unorganisierten Versuche, die Welt zu beherrschen? Können wir uns selbst und andere momentan noch als Krone der Schöpfung anerkennen, als nützliche Wesen wahrnehmen? Oder müssten wir nicht ehrlicher Weise zugeben, dass wir langsam aber sicher sozial und emotional degenerieren und möglicherweise schon bald von unseren

Mitmenschen, der Natur und von den Tieren als Parasiten entlarvt werden, die ihren Wirt, die Erde, extrem schädigen? Wenn die Entwicklung der Gedanken- und Gefühllosigkeit, der Selbstüberschätzung, der Achtlosigkeit und die weltweite Brutalisierung weiter zunehmen, beginnen wir, uns bald als Menschheit selbst zu verachten und damit die Vernichtung der Spezies Mensch selbst voranzutreiben.

Trotz dieser einleitenden trüben Themen wird mit diesem Buch kein Weltuntergangsszenario vermittelt, ganz im Gegenteil, es werden Risiken und Chancen gegenüber gestellt und Möglichkeiten aufgezeigt, die helfen können, die wir nützen können:

Wir Menschen verfügen über Denk-, Gefühls- und Verhaltensmuster, die uns gefährden und ebenso über Denk-, Gefühls- und Verhaltensmuster, die unsere angeborenen Potenziale zum Vorschein bringen. Durch diese Muster können wir dazu beitragen unser Leben zu steuern. Wir können uns vor Entscheidungen immer wieder fragen: Will ich meinem Leben oder dem Leben anderer schaden, es gefährden und vernichten? Werde ich durch die geplante Handlung das Leben anderer irritieren, empfindlich stören oder zerstören? Würden sich mehr Erdenbewohner diese einfachen Fragen stellen, gäbe es sicher schon weniger Leid. Wie kann ich meine eigenen Ressourcen und Chancen erkennen und nützen, wie kann ich die Existenz meines eigenen Lebens und zugleich das Leben der anderen sichern und fördern? Wenn wir als Menschen lernen unsere Potenziale zu nützen, können wir individuell und kollektiv neue Dimensionen von Erfolg, Gesundheit und Glück erreichen.

Durch das Abwägen dieser Gedanken und der Gefühle erkennen wir immer wieder aufs Neue, was wir beitragen können, um ein gutes und angenehmes Leben zu führen. Diese Prozesse benötigen Zeit, Geduld und stetiges Üben und langsam entwickelt sich ein gewisses Know-how. Wir erkennen, ja das tut mir gut und das schadet mir.

Dieses einfache Prüfen führt uns mit der Zeit wieder an unsere Gefühle heran, die wir in dieser schnelllebigen Zeit oft nicht mehr spüren oder in der Reizüberflutung immer wieder verdrängen.

Jeder Mensch hat an seinem Platz die Möglichkeit, einen Beitrag zu leisten, damit auch wir hier und heute in unseren Gemeinschaften gute Formen des Zusammenlebens finden und gestalten können. Wir schreiben oft den Politikern und Führungskräften sehr viel Macht und Autorität zu und übersehen dabei welche Macht wir als Kunden haben. Kaufen wir kollektiv keine mit Plastik verpackten Waren mehr, was meinen Sie, wie schnell die Firmen ihre Verpackungen verändern würden? Wir erkennen die eigene Macht und Stärke oft nicht auf den ersten Blick, aber ich glaube und hoffe, dass wir Menschen noch genügend Werte und wertschätzende Gefühle besitzen, die uns helfen können, ein Miteinander zu kultivieren, das uns allen nützt. Wenn wir unseren Fähigkeiten und Chancen vertrauen und beginnen, nützliches Denken und Handeln zu üben und immer mehr danach streben, nützliche Wesen zu sein, dann lernt unser Gehirn das als neue Gewohnheit und eines Tages ist es nicht mehr schwer: Wir geben unserem eigenen Leben eine neue Chance und sind durch unser Verhalten ein Vorbild für andere. Kleine hoffnungsvolle Signale für die ganze Spezies Mensch, den Planeten neu und frei von Machtspielen zu ordnen. Wir haben weder dieses Verhalten noch das Vertrauen gelernt, deshalb glauben wir den herkömmlichen suboptimalen Machtstrukturen und unseren alten Gewohnheiten mehr als dem Neuen, das uns möglicherweise neue Welten eröffnen kann.

Wir können alle, jeder Einzelne konstruktive Ziele suchen und ansteuern: Ein wertvolles Ziel ist, wenn wir die Ressourcen weltweit gerechter verteilen und wenn wir uns in allen Kulturen wieder freundlicher begegnen. Ein wertvolles Ziel ist, wenn wir die Natur achten und schützen. Das können wir jeden Tag üben, indem wir anderen etwas schenken und leihen, indem wir Müll trennen, beim Einkauf auf umweltfreundliche Produkte achten. Nicht berechnend, weil ich mich dann wieder gut darstellen kann, sondern einfach, weil wir unseren Beitrag leisten wollen und können. Wir brauchen uns dabei nicht verausgaben. Sie glauben nicht, wie schnell andere spüren, wenn Sie ein großzügiger Mensch werden, wenn Sie sich selbst nur ein wenig freundlicher, dankbarer und wertschätzender verhalten.

Nicht ein einzelner Mensch kann der Retter der Welt sein, wie uns die Religionen das gern vermitteln oder Parteien und Politiker das versprechen. In uns allen steckt das Potenzial, die edlen und wertvollen Anteile des eigenen Lebens zu kultivieren. Diese Erkenntnis haben uns Religionsführer und viele Helden der Geschichte immer wieder zu vermitteln versucht. Wahrscheinlich können die meisten Menschen heute nicht mehr viel mit Religionen anfangen. Und es ist fraglich, ob die einstigen Religionsgründer damit einverstanden wären, wie ihre Thesen und Aussagen von den jetzigen Nachfahren interpretiert, verstanden und verherrlicht werden. Ich möchte mir darüber kein Urteil erlauben, ich bin kein gelehrter Religionswissenschaftler und weiß nicht, was die religiösen Lehren in ihren einzelnen Gesetzen und Dogmen vorschreiben. Als einfacher Mensch, bezweifle ich dennoch, dass weise Menschen der Vergangenheit es gut finden würden, dass in ihrem Namen massenhaft Menschen getötet werden, oder Menschen aus religiösen Gemeinschaften ausgeschlossen werden dürfen, weil sie anders denken und handeln als die restliche Gruppe. Liest man die Bibel, den Koran, die Überlieferungen der buddhistischen Tradition und des Hinduismus, dann kann man all diese Schriften durchaus so verstehen, dass wir Menschen über die Religionsgrenzen hinweg versuchen können einander zu achten, um möglichst gewaltfrei miteinander zu leben. Heute werden Zitate der religiösen Schriften gern dazu verwendet, um Gewalt zu legitimieren, um die mit schweren Waffen und mit Kriegsmacht gestützten Systeme und deren teilweise angsteinflößendes Agieren zu begründen und zu legitimieren. Gerade lieblose und brutale Systeme wirken extrem einschüchternd auf uns Menschen. Immer schon ließen sich Menschen von Angst leiten, das ist bekannt, darum werden Menschen gefoltert und gedemütigt um Geständnisse zu erpressen, oder die Betroffenen umzuerziehen. Egal welcher Staat, welche Institution vorschreibt, Menschen zu foltern: Folter ist Gewalt und entspricht weder wertschätzendem noch menschenwürdigem Handeln. Ja aber, mögen manche Leser protestieren, das passiert doch nicht bei uns, das sind doch nur die bösen Schurkenstaaten. Außerdem können Sie argumentieren, dass dies in manchen Situationen auch richtig wäre, die würden schon wissen, warum sie so handeln. Jeder macht andere Erfahrungen, jeder hat andere Einstellungen und dennoch ist klar: Jede Folter ist Gewalt, jede Gewalt wird neue Frustration, neues Trauma auslösen und eine weitere Ebene der Gewaltspirale anheizen. Es muss bessere Wege geben.

Weder Regierungen noch Führungskräfte werden ihren Untergebenen sagen und zeigen, was alles schief läuft im eigenen Land, in der eigenen Organisation. Genau hier beginnt unsere Chance als Bürger, als Journalist, als Arzt, als Krankenschwester, als Jurist, als Reinigungskraft, als Sozialarbeiter, als Photograph, als Techniker, als Beamter... Wir sind nicht nur unser Beruf, wir sind auch Menschen, Individuen, die jeder für sich einen Teil dazu beitragen können, dass die Welt jeden Tag zu einem schöneren Ort werden kann.

Wir sehen im alltäglichen Leben, ob es uns selbst und anderen gut geht. Wir können uns bemühen, jeden Tag ein wenig freundlicher zu dem schwierigen Kollegen zu sein. Wir können etwas geduldiger mit dem nervigen Kunden sein und ihm freundlich erklären, wenn etwas nicht geht. Wir können uns bemühen, nicht mehr schlecht über andere hinter ihrem Rücken zu sprechen und ehrlich und freundlich nein zu sagen, wenn etwas zu viel wird. Wir können nicht nur immer auf die eigenen Interessen schauen, sondern auch, ob es unseren Mitmenschen gut geht oder ob sie leiden. Wir können immer sagen das geht mich nichts an. Oder wir können uns fragen, was könnte ich jetzt tun, damit wir uns gut fühlen, die anderen und ich mich selbst?

Inzwischen werden Obdachlose und Bettelbanden aus den Innenstädten vertrieben und doch sehen wir sie immer wieder durch die Straßen huschen. Wir hören die Schreie der Kinder in den Nachbarhäusern und wir sehen immer wieder Streit und massive Ungerechtigkeiten in den eigenen Familien. Wir reden nicht gerne über diese Themen, da müssten wir uns selbst eingestehen, dass vieles in der eignen Umgebung nicht gut läuft. Schauten wir genauer hin müssten wir manches hinterfragen, müssten wir anders handeln, vielleicht öfter mal helfen; wir haben nicht gelernt, Probleme und Fehler anzusprechen. Wir haben vielmehr gelernt, sie zu kaschieren, schön zu reden. Ist das demokratisch, wertschätzend und liebevoll?

In diesem Buch wird aufgezeigt, dass wir Menschen Chancen haben, ein gutes Leben zu führen. Es ist kein Zauberwerk, immer wieder einen besseren Weg zu finden, es ist nichts anderes als das Erlernen einer neuen Gewohnheit, die zu einem persönlich glücklicherem und aufrichtigerem Leben führt, zu einem wertschätzenden Verhalten und zu aufrichtigeren und liebevolleren Beziehungen. Dazu ist weder eine religiöse Praxis nötig noch ein asketisches Leben. Wir können ehrliches, faires, wertschätzendes Miteinander genau wie das erforderliche Wissen für einen Führerschein erlernen. Würden Sie einen Führerschein für ehrliches, wertschätzendes Miteinander machen? Das wäre doch eine gute Erfindung, meinen Sie nicht? Sie meinen der Nachbar, der Angehörige, der Kollege hätte das nötiger wie Sie? Vielleicht, aber vielleicht lernt er ja von Ihnen, wenn Sie anfangen. Wenn wir immer erwarten, dass die anderen in Vorleistung gehen, können wir liebloses Verhalten bis zum Sankt-Nimmerleins-Tag kultivieren.

Mit diesem Buch möchte ich alle Leser ermutigen ihre persönlichen Fähigkeiten und Stärken zu suchen und zu finden, damit jede Person ihre kleine Welt ein wenig besser und schöner gestalten kann. Wenn wir in kleinen konsequenten Schritten die Welt jeden Tag ein wenig liebevoller gestalten, gesündere und liebevollere Wege finden, dann werden sich diese besseren Wege stabilisieren und die Welt kann zu einem besseren, liebevolleren und gerechteren Ort werden, für uns alle. Wir haben die besten technischen und wirtschaftlichen Voraussetzungen aller Zeiten, was wir brauchen, ist ein sozial-emotionales Nachreifen unserer Fähigkeiten, die wir im Wettlauf der Weiterentwicklung sträflich vernachlässigt haben. Probleme sind meist die besten Hinweise auf das, was fehlt. Wir können lernen, diese Hinweise zu verstehen, zu erkennen, wo die Ursachen liegen und dann die passenden Lösungen finden, die wir brauchen. Auch das lehrt uns die Geschichte: Wir Menschen sind in der Lage, schwierigste Probleme und Herausforderungen zu lösen und zu meistern. Wir haben Seuchen überstanden, das Fliegen gelernt, Menschen konnten sich in einer für sie sehr lebensfeindlichen Umwelt behaupten und immer wieder neu anpassen. Wir wissen aus der Geschichte, dass sich Menschen zu Helden entwickeln können. Wenn wir es schaffen, über alle Machtspiele hinweg, an einem guten Miteinander zu arbeiten, dann ist es nicht mehr fünf vor zwölf, dann beginnt eine neue Ära des Zusammenlebens auf diesem unseren Planeten.

Wir erreichen diesen Fortschritt nicht, wenn alle paar Jahrzehnte ein edles Individuum, wie Nelson Mandela oder Mutter Teresa auftaucht und uns heroische Nächstenliebe in einem feindseligen Kollektiv vorlebt. Wir erreichen diese sozial-emotionale Entwicklung nicht als individuelle Einzelkämpfer und nicht über verordnete Machtstrukturen. Wir können signifikante Veränderungen bewirken, wenn wir individuell nach neuen Wegen suchen und zugleich uns kollektiv um ein wertschätzendes Zusammenleben bemühen: Neue Gedanken denken, neue Wünsche, Träume und Ziele formulieren. Wenn wir es wagen über all unsere Ideen, Träume, Hoffnungen und Wünsche mit anderen zu sprechen, wenn wir individuell und kollektiv suchen und uns individuell und kollektiv anstrengen, dann werden wir Lösungen finden.

Eine emotional-soziale Evolution benötigt zugleich individuelle und kollektive Veränderungen. Deshalb sind in diesem Buch die Kapitel in individuelle und kollektive Beobachtungen und Überlegungen eingeteilt. Sie als Leser können während des Lesens Ihre eigenen individuellen Gedanken und Sichtweisen beobachten. Und Sie können prüfen, in wie weit Sie sich in den jeweiligen kollektiven Gruppen, die sie umgeben wohl fühlen und welche kollektiven Veränderungen sie sich wünschen. Wenn eine Person sich individuell wohlfühlen möchte, dann geschieht es vor allem dadurch, dass sie von den anderen der kollektiven Gruppe, Akzeptanz findet, wenn sie ehrlich ihre eigene Meinung ausdrücken kann und wenn andere ihr empathisch begegnen. Somit reicht es nicht aus, wenn ein Mensch diese Fähigkeiten als Individuum erlernt. Wenn wir anfangen, kollektiv Wertschätzung und Menschenwürde zu lernen und zu kultivieren, wird unsere Erde eine gastfreundliche Heimat werden.

Individuell /

Kapitel 1

DER MYTHOS DER PER- SÖNLICH- KEIT

Der gute und der böse Mensch

In der Philosophie und allen Religionen beschäftigen sich die Gelehrten seit vielen tausend Jahren mit den Menschenbildern der guten und der bösen Menschen. Als der gute Mensch gilt dabei derjenige, der andere unterstützt, der fleißig ist, der gut für sich selbst und für andere sorgt und der zusätzlich den jeweiligen Gesetzen der Länder, Gruppen und Familien entspricht. Bereits hier sehen wir schon den Konflikt der Menschen: Passt sich der sogenannte gute Mensch der Gruppe und den Gesetzen an und sind diese menschenwürdig, hat der gute Mensch kein Problem. Sind jedoch Gesetze unmenschlich oder werden Prinzipien der Menschenwürde verletzt, kann sich ein Mensch, der anderen wohlwollend gesonnen ist, nicht einfach anpassen. Der sogenannte gute Mensch müsste sich dann entweder selbst verleugnen oder er wird seiner inneren Einstellung folgen und versuchen, anderen zu helfen und würde damit gegen unmenschliche Gesetze opponieren. Natürlich sind diese »guten Menschen« dann dem System ein Dorn im Auge und man wird versuchen, sie abzuwerten, auszugrenzen, zu verurteilen oder mundtot zu machen. Nehmen wir ein Beispiel der Vergangenheit, den Schießbefehl an der deutsch-deutschen Grenze. Ein junger Mann wird Grenzpolizist in einer Zeit, in der noch kein Schießbefehl existiert, er kann seinen Beruf guten Gewissens ausüben, da er der Meinung ist, sein Land vor Feinden zu schützen. Nachdem der Schießbefehl eingeführt wird, bekommt er, und hoffentlich viele dieser Wachsoldaten, einen inneren Konflikt. Was sollen sie tun, dem Gesetz folgen und Landsleute erschießen, die über die

Grenze fliehen wollen, oder sollen sie den Befehl verweigern? Es geht jedoch bei diesen Entscheidungen des Einzelnen nicht nur um die ethische Richtigkeit. Vielleicht hat der Grenzpolizist eine Familie, die er zu versorgen hat. Möglicherweise macht er sich Sorgen, was mit seiner Familie passiert, wenn er den Befehl verweigert. Wählt er die Möglichkeit den Flüchtenden zu erschießen, schützt er seine Familie und sichert deren Ernährung. Wählt er die Möglichkeit den Fliehenden nicht zu erschießen, hat er persönlich ein besseres Gewissen, er riskiert jedoch schwere Strafen und große Nachteile für seine Familie und sein eigenes zukünftiges Leben. Wie würden Sie entscheiden, wie handelt der Mann hier richtig, wann ist er gut, wann böse? Anfangs kann sich der Wachsoldat vielleicht noch beruhigen und hoffen, dass wegen des Schießbefehls möglicherweise niemand mehr fliehen wird, spätestens dann, wenn er selbst in die Lage kommt, einen Fliehenden zu erschießen, muss er sich die Frage stellen, welchen Gesetzen er folgen wird, dem menschlichen Gesetz »du sollst nicht töten« oder dem staatlichen Gesetz »ein Flüchtling ist zu erschießen«. In diese Dilemmata kommen sehr viele Menschen weltweit, wenn die Gesetze und deren Handhabung zur menschenunwürdigen Behandlung von Mitmenschen führen. Es gibt wohl keine Staaten und keine Gruppen, die ausschließlich liebevolle Gesetze und Regeln des Zusammenlebens gestalten. Meist sind einige Regeln tauglicher, menschenfreundlicher für das Zusammenleben, andere Regeln sind grausamer und menschenfeindlicher, einige Gesetze fördern ein gutes Zusammenleben und andere verhindern es. Was mit Sicherheit aus der Geschichte erkennbar ist, Menschen haben ein Bedürfnis nach Ordnung des Zusammenlebens und stellen daher Regeln auf, die zu beachten sind. Es wird immer Situationen geben, in denen Regeln vernünftig sind und andere Situationen in denen Regeln unvernünftig sind, nicht passen oder gebrochen werden, weil neuere bessere Lösungen notwendig sind. Da das Handeln der Personen immer auch abhängig ist von der umgebenden Gruppe und den situativen Umständen, gibt es weder den absolut guten Menschen, der immer nur gut handeln kann und niemals falsche Entscheidungen trifft, noch gibt es den absolut bösen Menschen, der immer falsche Entscheidungen trifft und anderen Böses will. Vielmehr gibt es Gedankenmuster, Gefühle, Gruppenmuster und Wertvorstellungen, die Personen dazu ermutigen sich freundlich und liebevoll zu verhalten und es gibt enttäuschte und verzweifelte Gefühle, Konflikte, Streit und brutale Gerechtigkeitsvorstellungen, die Menschen dazu veranlassen, andere zu verleumden, ihnen zu schaden, sie zu verletzen oder sie zu töten. Hass, Gier, Abhängigkeiten, Streit, verstrickte Loyalitätsbündnisse, Traumata, Mangel- und Gewalterfahrungen führen dazu, dass Personen versuchen sich anzupassen, sich zu wehren, zu rechtfertigen, sich zu rächen. Kein Mensch wird als böser oder als guter Mensch geboren, vielmehr wirkt eine ständige Verflechtung von äußeren Umständen und persönlichen Entscheidungen zusammen, so dass ein mehr oder weniger gelungenes Leben entsteht und sich bessere oder schlechtere Beziehungen entwickeln. Eine Person, die bisher ein sehr gutes Leben führte, kann durch Schicksalsschläge, Traumata und Intrigen in Notlagen geraten und schwere Fehler machen, ein anderer, der viele Fehler machte, kann aus diesen lernen und später ein sehr gutes Leben mit gelingenden Beziehungen führen.

Es gibt in allen Gemeinschaften und Gesellschaften Denkmuster der Gerechtigkeit und Gesetze, die verordnen, dass ein Mensch, der »Unrecht« getan hat, verurteilt wird und scharf bestraft werden muss. Die jeweiligen Gruppen folgen dabei sehr unterschiedlichen Gerechtigkeitsvorstellungen, was »Unrecht« ist, oder als Unrecht gedeutet wird. All diese Faktoren, Gruppenzugehörigkeit, die jeweiligen Gerechtigkeitsvorstellungen, Konfliktstadien und situative Faktoren beeinflussen das Verhalten einer Person wahrscheinlich viel mehr und nachhaltiger als die eigene Persönlichkeit. Trotz aller Erfahrungen und Erkenntnisse bezüglich situativen und gruppenspezifischen Einflüssen auf das Handeln einer Person halten sich in Kulturen, Religionen, Staaten und gesellschaftlichen Gruppierungen hartnäckig die Vorstellungen des guten Menschen und des bösen Menschen. Weltweit entwickelten sich sehr unterschiedliche Ansichten darüber, welches Verhalten als Gut und Böse angesehen wird und zu bestrafen ist, was als gerecht zu gelten hat und welches Verhalten ausgegrenzt werden muss und wie die Strafmaße zu berechnen sind. Vor allem sehr homogene Gruppen verhalten sich meist wenig barmherzig gegenüber den Mitgliedern, die den Gerechtigkeitsvorstellungen der Gruppe nicht entsprechen. Die Mächtigen einer Gruppe, eines Staates oder deren Organisationen übernehmen in der Folge entweder die Gerechtigkeitsvorstellungen der Gruppe, um an die Macht zu kommen, oder sie etablierten selbst Gerechtigkeitsvorstellungen, die von der Gruppe angenommen werden und bleiben damit an der Macht. Mächtige bestimmen Gruppen nicht nur durch Gerechtigkeitsvorstellungen, sondern führen häufig auch durch Angst und drohen den Gruppenmitgliedern mit Sanktionen, wenn bestimmte Regeln nicht eingehalten werden. Kennen Sie diese Phänomene aus ihrer Familie, aus Arbeitsgruppen? Beobachten Sie Debatten im Bundestag, spätestes bei den Reden der Politiker fällt auf, dass sie sich kaum gegenseitig zuhören, sie klatschen in Gruppen, haben sich dem Gruppendruck angepasst und die Meinungsstärksten siegen. Wohl gemerkt, die Meinungsstärksten, es siegen nicht die besten Lösungen, sondern die durchsetzungsstärksten Alphatiere. Bei Konflikten innerhalb oder zwischen Gruppen werden die Mächtigsten der Gruppe fast immer geschont, selbst wenn sie großen Schaden verursachen oder sogar über Leichen gehen. Sind diese Mächtigen bessere oder gute Menschen, weil sie an der Macht sind? Warum gesteht eine Gruppe den Mächtigen zu, schwere Fehler zu begehen, ohne dass Konsequenzen oder Sanktionen drohen, während bei einem einfachen Gruppenmitglied oft schon kleine Vergehen ausreichen, um schwere Konsequenzen und Sanktionen zu verhängen? Machtverhältnisse sind auf Grund übermäßiger Macht der Mächtigen und auf Grund von Ängsten und fehlender Verantwortung der niedrig gestellten Personen meist sehr stabil und werden dadurch von den beteiligten Gruppenmitgliedern aufrechterhalten, selbst dann, wenn sich kaum mehr einer in der Gruppe wohl fühlt. Damit sich auch bei Unzufriedenheit und Konflikten nichts an den Machtkonstellationen verändert, werden Verantwortliche gesucht, die als Sündenböcke dienen können. Diese Personen werden dann als sogenannte Bauernopfer gekündigt oder ausgegrenzt, da ihr Ausscheiden als weniger wichtig angesehen wird. Wenn sich die persönlichen Einstellungen und Begabungen und die Gruppenvorstellungen sich zu sehr unterscheiden oder die Gruppe eine Person nicht annimmt, bleibt bei Erwachsenen die Möglichkeit die Gruppe zu wechseln oder die Gruppe zu verlassen und eine neue Gruppe zu suchen, die mehr Integrationsmöglichkeiten bietet. Kinder sind diesen Gruppenmustern oft hilflos ausgeliefert, und haben weder Möglichkeiten sich zu wehren, noch Möglichkeiten sich zu schützen. Wenn Eltern und Lehrer diese Situationen nicht erkennen, dem Kind nicht adäquat helfen können entwickeln sich daraus schwere Interaktions- und Beziehungsstörungen. Nicht das Kind hat eine genetisch angeborene Persönlichkeitsstörung, sondern die Gruppen, die Menschen und Umweltbedingungen, die das Kind in seinem So-Sein nicht akzeptierten, es ständig hänseln und erniedrigen führen dazu, dass sich bei dem Kind eine Störung entwickelt. Schüleramokläufe zeigen das in aller Deutlichkeit. Betrachtet man die Entstehung von Schüleramokläufen, so zeigt sich, dass Schüler, die einen Amoklauf begangen hatten, vor der Tat unter Ausgrenzungserfahrungen litten. Bei der Aufarbeitung von Amokläufen, wird die Verantwortung der Gruppe, die für die Mobbingsituation mit verantwortlich war, kaum mehr erwähnt; vielmehr wird auch hier wieder das Bild von Gut und Böse aufrecht erhalten, der böse Täter, die armen und guten Opfer. Hier stellt sich die Frage wann beginnt das Opfer, Opfer zu sein und wann beginnt der Täter, Täter zu sein. Die früheren Mobbing-Täter werden zu Opfern, das ehemalige Mobbingopfer wird zum Täter. Diese Zusammenhänge in der Entwicklung von Straftaten sind bekannt, werden jedoch wenig beachtet. Die Tat wird als alleiniges Merkmal in den Fokus des Verurteilens und der Empörung gerückt, der Täter wird als der Schuldige identifiziert und die vorausgehenden Ereignisse, die sich oft über Jahre zuspitzten, das Drama, das sich anbahnte, bei dem alle wegschauten und viele mitmachten über all die Jahre wird ignoriert, verharmlost oder als zufällige und lästige Komponente, als Begleiterscheinung des Geschehens am Rande erwähnt. Nahezu alle Gewaltstraftäter haben in ihrer Kindheit schwere traumatische Erfahrungen erlebt. Wer ist verantwortlich, dass diese Kinder nicht geschützt werden? Täter, die Kinder traumatisieren, werden meist nur gering bestraft, wenn sie überhaupt erkannt und verurteilt werden. Viel zu lange (bis zum Jahr 2000) hatten die Eltern ein Recht ihre Kinder zu züchtigen.

Die Persönlichkeit eines Individuums ist nicht ausschließlich durch Gene und Chancen geprägt, die eine Person für sich nützen kann, sondern sehr stark auch durch die Gruppenhierarchie, in die er oder sie gerät. Aus Studien über Mobbing und Bossing ist bekannt, dass jeder unabhängig von der eigenen Persönlichkeit Opfer von Mobbing- und Bossing-Attacken werden kann. Wenn in einer Gruppe bestimmte Persönlichkeitseigenschaften nicht passen, ein Teilnehmer der Gruppe seine sadistischen Züge ausleben möchte und die Gruppe beeinflussen kann, hat die einzelne Person, als Mobbingopfer wenig Chancen, in dieser Gruppe angenommen zu werden. Wenn wir erkennen, welche Macht Gruppen auf Individuen und das Denken, Fühlen und Handeln der Gruppenteilnehmer haben, dann ist es wichtig, dass wir als Einwohner, als Bürger und Weltbürger einen wertvollen Einfluss gewinnen können, auf Gruppen und deren Führer, vor allem in Notlagen- und in Kriegsgebieten und Konfliktherden.

Ähnliche Phänomene wirken im finanziellen und wirtschaftlichen Bereich: Es gibt Personen und Clans, die über immense Geldreserven und Geldquellen verfügen und damit sehr viel Macht und Einfluss gewinnen und andere, die sich ihr Leben lang abmühen, sehr viel arbeiten und dabei doch kaum Geld bekommen. Diejenigen, die Zugang zu den immensen Geldquellen haben und über die entsprechenden Geldreserven verfügen und damit als sehr mächtige Personen in Erscheinung treten, sind keineswegs heiliger und ethisch korrekter als die anderen, auch wenn das gern in verschiedenen gesellschaftlichen Kreisen so dargestellt wird. Oft hatten sie einfach bessere Startchancen, wurden in der Familie gefördert und konnten sich schon gegenüber den Geschwistern gut durchsetzen. Die Psychologin Prof. Dr. Mechthild Schäfer hat sogar in ihren Studien festgestellt, dass Schulen die Durchsetzungsfähigkeit der mächtigeren Schüler fördern, ungleiche Machtverhältnisse werden schon im Schulalltag gelernt und legitimiert. Die Durchsetzungsstarken können sich mehr schlechtes und abweichendes Verhalten erlauben als die anderen.

Wenn wir die Geschichte verfolgen, wird erkennbar, dass große Reichtümer nicht immer durch Fairness erwirtschaftet wurden, häufig wurden Reichtümer durch Ausbeutung und Kriege erzwungen, durch Raubzüge erbeutet, durch Hinterlist angeeignet oder durch fragwürdige Geschäfte erworben. In diesem Zusammenhang soll niemandem ein Vorwurf gemacht werden, der durch anständige und wertvolle Geschäfte und Arbeit zu Wohlstand gekommen ist, oder diesen von seinen Eltern geerbt hat. Viel mehr kann sich jeder selbst die Frage stellen, wie und woher er/sie seine/ihre Gelder bezieht und wie ehrlich die Geschäfte sind, mit denen Geld verdient wird. Jeder kann sich die Frage stellen für wen er arbeiten möchte, für eine Firma, die gerechte Löhne bezahlt, ehrliche Geschäfte führt und sich selbst nicht maßlos bereichert, oder ob er/sie in einer Firma arbeiten möchte, die betrügerische Machenschaften duldet, den Managern Millionensummen zahlt und bei den Löhnen und Weiterbildungen der Mitarbeiter und nützlichen Investitionen spart. Wenn wir aus der Geschichte lernen wollen, ist es wichtig, den Tatsachen ehrlich ins Auge zu sehen, um Verhaltensmuster aufzudecken, die unehrliche und damit schädliche Wirkungen erzeugen und belastende Gefühle, Denkmuster und Glaubenssätzen fördern. Bevor wir anfangen können, als Menschen wieder nützlich für uns selbst und andere zu sein, gilt es zuerst zu verhindern, dass menschliches Verhalten weiter schwere Schäden verursacht. Es ist dabei wenig hilfreich, ständig sich selbst oder andere für das Verhalten der Vergangenheit anzuklagen, oder gegenseitig aufzurechnen, wer welche Schäden verursacht hat. Viel hilfreicher ist, zu erkennen, wo ich mich hier und heute besser, konstruktiver, ehrlicher und achtsamer verhalten kann, gegenüber mir selbst und anderen. Und wir können uns fragen, wie es dazu kommt, dass sich schädliche Gefühle, hasserfüllte Denkmuster und destruktives, zerstörerisches Handeln so ungehindert aller menschlichen Kontrolle ausweiten können.

Auch wenn die soziale Welt sehr festgelegt erscheint, können wir einen Versuch wagen, mögliche Zusammenhänge zu identifizieren, um zu einem differenzierteren Nachdenken zu gelangen, über ein längst nicht mehr aktuelles Schema von Gut und Böse. Wenn wir erkennen, welche Gefühle, Gedanken und Verhaltensweisen unser Zusammenleben fördern, können wir dieses Verhalten steuern und unterstützen. Das Buch möchte dabei niemanden verurteilen, dem es noch nicht gelingt, nützliches Verhalten zu etablieren, jedoch jeden ermutigen, mehr und mehr nützliche Gedanken zu denken, wertvolle Gefühle zu empfinden, und nützliche Verhaltensweisen zu etablieren. Wenn uns das gelingt, dann ist es auch fünf vor zwölf nicht zu spät, im Gegenteil, dann kann es uns jederzeit möglich werden, die Erde aus dem momentanen Zustand wieder in ein Paradies zu verwandeln. Haben Sie schon verwilderte Gärten gesehen, die durch liebevolle Arbeit zu Paradiesen geworden sind? Warum soll das, was in einem Garten und in Parkanlagen möglich ist, nicht auch im sozialen Miteinander und in unseren Gefühlen und Werten möglich sein? Gefährlich wäre es natürlich, wenn jetzt einige Menschen auf die Idee kämen und verkünden, sie wüssten, wie nützliches Verhalten geht, was gute Gefühle sind. Sie würden andere darin belehren und neue Vorschriften machen, mit neuen Gerechtigkeitsvorstellungen und neuem Machtwahnsinn. Das wäre eine Neuauflage der alten Machtspiele, nur anders verkleidet. Wenn Menschen sich gegenseitig nützliches Verhalten verordnen wollen oder sich gegenseitig zu nützlichem Verhalten zwingen, dann beginnt nützliches Verhalten bereits wieder schädlich zu werden. Haben Sie schon mal nachgedacht, wann Sie Verhalten von anderen als nützlich und angenehm empfinden und wann Sie Verhalten als schädlich und unangenehm empfinden?

Fast jeder Mensch empfindet Zwang als unangenehm. Zwang widerspricht der Freiheit, der Würde des Menschen und führt zu einer weiteren Form von erzwungenem Fühlen, Denken und Verhalten. Der Grat zwischen nützlichem und schädlichem Verhalten ist somit schmal. Es erfordert eine stetige Balance im Denken, Fühlen und Handeln, um diese Balance wiedergewinnen zu können. Nützliches Verhalten können wir nur in unseren eigenen Gehirnen kultivieren, nicht in den Gehirnen der anderen. Ob unser Verhalten, das wir als nützlich annehmen, sich auch für unsere Mitmenschen gut und nützlich anfühlt, das müssen wir mit ihnen abklären. Unsere alleine erdachten Vorstellungen über Nützlichkeit helfen da wenig.

Kapitel 1b

Die Freud'sche Konfliktlehre und die Zwei-Welten-Logik

Die Freud'sche Konfliktlehre ist zwar durch neue Erkenntnisse erweitert, verändert und teilweise widerlegt worden, aber viele Therapieansätze beinhalten dennoch Methoden, die eine konflikthafte determinierte Hirnstruktur als Grundlage des menschlichen Denkens nicht nur annehmen, sondern auch die Beratung auf dieser Grundlage aufbauen. Die Diagnostik hierarchischer Denkstrukturen zeigt die

Existenz dieser Denkstrukturen, erklärt jedoch nicht die Entstehung in der individuellen Lerngeschichte. Freud vermutete als Ursache die frühkindliche Entwicklung. Wenn man Klienten aufmerksam zuhört, dann taucht in Erzählungen immer wieder eine Zwei-Welten-Logik auf, die möglicherweise an der Entstehung dieser hierarchischen Gehirnstrukturen mit beteiligt ist: Das Gute und das Böse, das Erlaubte und das Unerlaubte, das, was man tun oder lassen sollte usw. Nicht nur in unserem Denken geraten diese gegensätzlichen Instanzen in Konflikt, noch viel mehr, oft störend, tauchen sie in unseren Beziehungen auf. In Beziehungen werden diese inneren Konflikte gegenseitig als Forderungen, als Beschuldigungen oder als Zumutungen erlebt. Die inneren Konflikte werden in äußeren Beziehungen verarbeitet. Paaren wird oft geraten, sich zu trennen, wenn sie sich in Machtmustern des Denkens und hierarchischen Formen der Kommunikation verheddern. Therapeuten fällt es teilweise selbst schwer, die eigenen Projektionen zu erkennen, die eigenen Muster zu durchschauen, die eigene konflikthaften Instanzen ihres Denkens zu reflektieren. Sie diagnostizieren und beurteilen jedoch die konflikthaften Muster der Klienten. Dass sich diese Muster in ihren Wechselwirkungen gegenseitig beeinflussen, hatte Freud bereits im Phänomen der Gegenübertragung erkannt. Jeder verantwortungsvolle Therapeut wird sich deshalb regelmäßig weiterbilden und regelmäßig Supervisionen nehmen, um die Phänomene der Gegenübertragung zu erkennen. Wenn der Klient spürt, dass der Therapeut sich als Wissender ausgibt und er der Unwissende ist, wird er zu Recht skeptisch werden. Wenn der Klient jedoch spürt, dass der Therapeut selbst ein Lernender ist, der bescheiden zugibt, dass auch er Fehler macht, dann kann sich Vertrauen entwickeln. Die Kunst ist natürlich zu erkennen, in wie weit Klienten eine gewisse Führung und Stabilisierung benötigen. Gerade bei psychisch sehr labilen Personen ist die Grenze zwischen Führung, Beratung und Bevormundung sehr genau zu beachten, um sie nicht noch mehr in konflikthaftes Denken zu treiben. Diese Grenze ist wie eine Gratwanderung und der Grat, auf dem die Balance zu halten ist, ist in der therapeutischen Beziehungen manchmal sehr schmal, zeitweise ein Drahtseilakt. Zu Freuds Zeiten gab es eine klare Hierarchie, der wissende Therapeut und der unwissende Klient und das hat sich teilweise bis heute so erhalten. Haben Sie Bedenken, eine psychologische Beratung oder eine Psychotherapie zu beginnen, obwohl Sie sichtlich mit Problemen nicht fertig werden? Wenn Ihr Licht kaputt ist holen Sie ja auch einen Elektriker? Ich denke, Ihre Bedenken haben dennoch eine Berechtigung. Kein Mensch möchte von anderen erniedrigt und für verrückt erklärt werden, von anderen Menschen belehrt, beurteilt, verändert, dominiert oder umerzogen werden. Und genau in diesen hierarchischen Formen der Konfliktlehre leben wir in der praktischen Arbeit mit psychisch belasteten Patienten heute immer noch. Allein durch die Tatsache, dass wir psychisch belastete Personen als Patienten und als krank bezeichnen, wird ein »du bist nicht in Ordnung wie du bist« attestiert. Wenn Therapeuten glauben, zu wissen, was dem anderen fehlt, während sich der Patient als der Unwissende fühlt, manifestieren wir in der therapeutischen Beziehung eine Hierarchie und das Gefälle vom großen Therapeuten und dem kleinen Patienten. Damit werden bestehende konflikthafte Machtstrukturen des Denkens aufrechterhalten. Ich hatte einmal einen Psychiater in der Beratung, er litt an einer massiven Überforderungssymptomatik, die er selbst als Burnout bezeichnete. Da es für viele Psychiater die Diagnose des Burnout Syndroms durch Überforderung nicht gibt, diagnostizieren Psychiater oft eine Depression als Ursache. Diese Diagnose wollte er sich weder selbst stellen noch von anderen erhalten. Deshalb erzählte er mir, niemand von seinen Kollegen dürfe wissen, dass er in Beratung sei und an einem Burnout Syndrom leide, sonst, meinte er, wäre er ja auf der anderen Seite. Verstehen Sie was ich meine? Mit dieser Zwei-Welten-Logik wird die Welt in zwei Welten eingeteilt, in die Welt der Gesunden und der Kranken, der Armen und der Reichen, der Gesetzestreuen und der Gesetzesbrecher usw. Im Krankenhaus gibt es ähnliche Dynamiken: Die Ärzte und die Patienten. Die Ärzte sind auf der wohlhabenden starken Seite, im weißen Kittel, gutem Status und sicheren Finanzen, die Patienten sind auf der anderen Seite krank, mit Schmerzen in unwürdigem Kittelhemd und oft zermürbt durch die Krankheit, vielleicht aber auch durch die Hierarchie in diesem System. In der Betreuung von Patienten fiel mir immer wieder auf, dass Behandler, die Patienten werden, plötzlich vieles mit ganz anderen Augen sehen und mir ging es ähnlich, als ich krank wurde. Diese Seitenwechsel gibt es natürlich auch in anderen Bereichen, wenn der Jurist straffällig wird, der Politiker nach seiner Karriere wieder zum Bürger wird, wenn der Justizvollzugsbeamte selbst eingesperrt wird... Umgekehrt scheint es leichter, wenn Aschenputtel zur Königstochter wird, der Arme Vermögen erbt oder im Lotto gewinnt. Ich bin immer vorsichtig, bei äußeren Ereignissen von Glück zu sprechen. Es gibt Lottomillionäre, die nach einigen Jahren ärmer waren als vorher, da sie nie lernten mit Geld umzugehen, da nutzte auch die Million nicht. Auch wenn sie vorübergehend und nach außen die Seiten wechselten von arm zu reich, so haben sie doch nicht gelernt, wie sie sich in den reichen Kreisen verhalten, wie Geld sinnvoll investiert werden kann und wie man sich vor Menschen mit betrügerischen Absichten schützt.

In diesem Kapitel des Buches lade ich Sie ein, mit mir zu überlegen, ob es nicht Wechselwirkungen zwischen unseren Denkstrukturen und dieser hierarchischen Zwei-Seiten-Logik des Denkens und unseren sozialen Strukturen gibt. Freud war der Überzeugung, im Gehirn der Menschen spielten Konflikte zwischen dem **Über-Ich** (Gewissen und Moral) und dem **Es** (Gefühle und Bedürfnisse) eine wesentliche Rolle bei der Verarbeitung von Denkprozessen. Das **Ich** der Person hat dabei eine vermittelnde Funktion. Das **Ich** hat die Aufgabe, die beiden Bereiche des **Über-Ichs** und des **Es'** in der jeweiligen Situation so zu steuern, dass sich möglichst gute Entscheidungen ergeben. Das **Ich** der Person kann in der jeweiligen Situation immer neu entscheiden: Erfüllt er/sie die Erwartungen der Gesellschaft, dann werden die moralischen Vorstellungen des **Über-Ichs** als Entscheidungsgrundlage genutzt und dabei die eigenen Bedürfnisse vernachlässigt und unterdrückt; oder das **Es** gewinnt, dann werden die Gehorsamkeitsfunktionen des **Über-Ichs** zurückgedrängt, es werden gewisse Risiken eingegangen, die Autorität der Moral und des Gewissens wird vernachlässigt. Das einzelne Individuum entscheidet dabei meist in den einzelnen Situationen unbewusst, eher gewohnheitsmäßig. Die Person orientiert sich an Rollenerwartungen, gesetzlichen Vorschriften, kulturellen Vorgaben, Chancen und Risiken und meist nach sehr unbewussten Automatismen, einmal **moralbezogen** ein anderes Mal **bedürfnisbezogen**: Ist der Wunsch, die Lust oder das Gefühl (das **Es**) sehr stark und sind die Risiken eher gering, werden die moralischen Vorstellungen (**Über-Ich-Funktionen**) an Macht verlieren und Entscheidungen auf Grund von Gefühlen und Bedürfnissen getroffen. Das ist wahrscheinlich damit gemeint, wenn der Volksmund sagt: Gelegenheit macht Diebe. Ist die Situation günstig, die Gefahr von Strafe gering, dann wird das moralische Gewissen ausgeschaltet. Wird gesellschaftlicher Erfolg gewünscht und erwartet, oder sind die Risiken einer Verfehlung sehr hoch, dann werden (mit der **Über-Ich-Funktion**) moralische und kulturelle Erwünschtheit und Gesetze eingehalten. Gefühle, Wünsche und Bedürfnisse werden zurückgedrängt, als weniger wichtig eingeschätzt und Entscheidungen nach Vorgaben des **Über-Ichs** getroffen. Diese ganzen Prozesse laufen meist völlig unbewusst ab, so dass Menschen im Nachhinein, ohne bewusste Reflexion, meist nur mehr vage sagen können, wie und warum sie sich in der jeweiligen Situation so entschieden und verhalten haben. Kommt Ihnen das bekannt vor?

Freud stellt in seiner These dar, dass der konflikthafte Zustand des Gehirns dem »normalen« Vorgang des Denkens entspricht und in diesen Denkstrukturen die alltäglichen Denk- und Entscheidungsprozesse verarbeitet werden. Durch Verdrängung, Rationalisierung und andere Bewältigungsmechanismen werden die Denkprozesse unbewusst verarbeitet. Trotz dieser Verarbeitungsprozesse, laufen die übrigen Denkprozesse zur Alltagsbewältigung weiter und die übrigen Entscheidungsvorgänge werden vom Gehirn meist wieder automatisch, nahezu mechanisch verarbeitet. Von der Person werden die meisten Alltagsentscheidungen nicht bewusst wahrgenommen, nicht bewusst reflektiert, der Mensch lernt mit der Zeit, dass ein Leben auch im Autopilot-Modus möglich ist. So ähnlich, wie wenn Sie mit dem Auto von A nach B fahren; sobald Sie gut Autofahren können und gut angekommen sind, reflektieren Sie diese Fahrt nicht. Wenn jedoch ein Unfall passiert, werden Sie versuchen, sich an jedes Detail zu erinnern, um zu klären, wer schuld ist. Auch hier haben wir wieder diese Zwei-Welten-Logik, der Schuldige und der Unschuldige. Und wer ist schuld? Im unbewussten Autopilot-Modus erkennen wir nicht jedes Detail einer komplexen Verkehrssituation und reagieren deshalb auf komplexe neue Situationen nicht oder zu langsam.

Die Beobachtungen Freuds bezüglich der Konflikte in unserem Kopf sind logisch nachvollziehbar, und werden auch heute noch unterrichtet, gelehrt und therapeutisch in der Psychoanalyse als Mittel der Heilung und Linderung seelischer Belastungen eingesetzt. Vermutlich ist jedoch die Erklärung, wie diese Denk-Muster entstehen und dass sie unter der Schwelle unseres Bewusstseins bleiben müssen, weniger als natürlicher genetischer Prozess unseres Denkens zu verstehen, sondern möglicherweise eher durch gesellschaftliche Gewohnheiten und durch Erziehungsmuster geprägt. Freud selbst beschreibt, dass das **Über-Ich**, durch die Bindung der Kinder an ihre Eltern geprägt wird. Er beschreibt in seinen Abhandlungen zudem, dass zwar viele Bereiche unserer Denk- und Gefühlsvorgänge unbewusst bleiben, es aber auch ein Bewusstsein gibt, einen eher metapsychologischen Bereich, ein besonderes System, das bei Denkprozessen zusätzliche Erregungen der **Innen und Außenwelt** liefert. Bewusste Denkprozesse, so argumentiert Freud, hinterlassen keine Spuren von den jeweilig empfundenen Erregungszuständen. Das würde bedeuten, wenn wir in der Lage sind, zugleich unsere inneren Vorgänge (**das innere Gefühl**) und unsere Beobachtung der Umwelt (**die Wahrnehmung nach außen**) in einem Denkprozess zu verarbeiten, sind wir in der Lage, bewusst wahrzunehmen. Statt das Leben unbewusst im Autopilot zu erleben, könnte es uns gelingen, wesentlich bewusster zu fühlen, zu denken und zu handeln, statt alles unbewusst zu verarbeiten und genauso unbewusst zu agieren. Möglicherweise ist das bewusste Sein sogar ein angeborener Seins-Zustand. Erst die Ängste vor Ausgrenzung, Strafe, die Angst die elterliche Liebe und Zuneigung zu verlieren, veranlassen ein Kind dazu, die Beobachtung von sich selbst und der Außenwelt zu trennen und damit die Welt weniger bewusst wahrzunehmen und zu verarbeiten.

C.G. Jung beschrieb das Phänomen der Extraversion und der Introversion: Es gibt Personen, die eher nach außen gerichtete Verarbeitungsmechanismen des Denkens und Fühlens zeigen, die in regen Austausch mit anderen gehen und häufig mit anderen gemeinsam interagieren. Diese Menschen nehmen weniger ihre inneren Impulse wahr. Andere zeigen eher introvertierte Verarbeitungsmuster, um ihr Denken und ihr Leben zu organisieren, sie nehmen mehr ihre eigenen Gefühle, Impulse und Gedanken wahr, bleiben auch eher für sich, verhalten sich ruhiger und stiller. Möglicherweise ist auch diese Entwicklung weniger genetisch und persönlichkeitsbedingt als wir das heute annehmen. In der Entwicklungstheorie nach Piaget werden in der Überwindung der Egozentrik Entwicklungsschritte zwischen dem 2. und dem 5. Lebensjahr beschrieben, in der das Kind lernt, das eigene Denken von der Umwelt zu trennen. Dieser Entwicklungsschritt wird als natürlicher und notwendiger Entwicklungsschritt beschrieben, damit das Kind eine eigene Persönlichkeit entwickeln kann. Ähnlich wie bei der genetischen Annahme des konflikthaften Denkens von Freud könnte die Trennung der Wahrnehmung in innen und außen weniger natürlich sein, vielmehr kulturell und erziehungsbedingt entstehen. Möglicherweise ist diese Trennung der Einheit des Denkens und Beobachtens von inneren und äußeren Prozessen der Beginn des unbewussten, konflikthaften Verarbeitungsprozesses. Die Überwindung der Egozentrik, wie es Piaget bezeichnet, wäre damit kein Entwicklungserfolg, sondern der Beginn einer leidvollen Prägung, die unsere Welt aus dem Gefühl des Eins-Sein vertreibt und uns in diese besagte Zwei-Welten-Logik stürzt. Das Kind gibt sein Gefühls-Denk-Umweltkontinuum auf, um sich an die Gruppe anzupassen, sich zur Gesellschaft zugehörig zu fühlen. Es lernt, nicht mehr seinem eigenen Denken, Fühlen und seinen eigenen Umwelterfahrungen zu vertrauen, sondern orientiert sich an den Modellen der Menschen, in seiner Umwelt. Die eigenen Denkprozesse werden in sozial akzeptierte und sozial nicht akzeptierte Gefühle, so wie Gedanken und Verhaltensweisen geordnet. Das heißt, möglicherweise sind wir in diesem Alter schon in der Lage zu verstehen, durch welche äußeren sozialen Faktoren ein seelischer Schmerz ausgelöst wird und diesen versuchen wir durch sozial angepasstes Denken, Fühlen und Handeln zu vermeiden. Vielleicht wenden Sie jetzt spontan ein, das ist doch in Ordnung, warum sollte das verkehrt sein? Natürlich ist es in Ordnung, dass wir den Kindern in der Erziehung zeigen, wo Gefahren lauern, wir zeigen Ihnen jedoch in den herkömmlichen Erziehungsmethoden nicht nur, wo Gefahren lauern, sondern wir etikettieren ihre Gefühle, ihr Denken und ihr Verhalten in Schemata von erlaubt und verboten, Gut und Böse, Arm und Reich... Damit fördern wir nicht nur ein eindimensionales Gut-Böse- Denkschema, sondern auch ein an die Kultur angepasstes Verhalten, jedoch kein freies selbstständiges Denken, Fühlen und Handeln. Wir vermitteln dem Kind, wenn du dich so und so verhältst, mögen wir dich, wenn du dich anders verhältst, akzeptieren wir das nicht. Das Kind wird daraufhin sozial erwünschtes Verhalten unbewusst dem **Über-Ich** zuordnen und eigenes, lustvolles Erleben, unerwünschte Bedürfnisse und Wünsche im **Es-Bereich** verstecken und somit beginnt der Kreislauf des konflikthaften Denkens. Diese Vorstellungen der Kindererziehung und Formen der kulturellen Sozialisation haben wir meist schon von unseren Eltern, Großeltern und Urgroßeltern völlig unreflektiert und unbewusst übernommen, ob es heute noch sinnvoll und nützlich ist, diese Erziehungsformen weiter so zu tradieren ist fraglich. Um das verständlicher zu machen, erzähle ich Ihnen eine Anekdote: Eine Frau schneidet immer bevor sie das Schnitzel brät ein Stück ab. Eines Tages fragt ihr Mann: »Warum schneidest du immer ein Stück vom Schnitzel ab, bevor du es brätst.« Die Frau weiß keine Antwort und sagt ihrem Mann, »das haben wir immer so gemacht«. Beim nächsten Telefonat mit ihre Mutter fragt sie ihre Mutter: »Warum haben wir immer ein Stück Schnitzel abgeschnitten, bevor wir es gebraten haben?« Diese antwortet: »Wir hatten doch nur die kleine Pfanne.« An diesem Beispiel wird deutlich, dass wir Gewohnheiten tradieren, obwohl wir sie längst nicht mehr benötigen. Das machen wir nicht nur beim Kochen so, sondern in allen anderen Lebensbereichen, in der Arbeitswelt, der Erziehung, der Medizin, der Kultur, in kriegerischen Auseinandersetzungen...

Die Denkprozesse von **Über-Ich** und **Es** beeinflussen nicht nur unser kindliches und kulturelles Denken, sie sind sehr wahrscheinlich auch verantwortlich für die Tradition von Herrschaftssystemen in der Gesellschaft. Naomi Eisenberg hat in den 90er Jahren entdeckt, dass wir auch emotionale, d.h. seelische Schmerzen spüren, wenn wir bestimmte äußere Reize erleben. Möglicherweise werden diese Denkmuster der sozialen Angst, der Schmerzen und der Vorsicht vor Ausgrenzung im Laufe der Entwicklung des Kindes so verinnerlicht, dass Anpassungsprozesse an Obrigkeiten als »normal« betrachtet werden. Nicht nur in unserem Denken auch in nahezu allen Kulturen und Gruppen finden sich diese hierarchischen Denkstrukturen als Normalitätskonstrukt: Kaiser, Könige, Regenten, Oligarchen, Präsidenten, Chefs sind die äußere Darstellung dieser Form des uralten Denkens. Der Glaube, Menschengruppen benötigen eine starke, strenge, autoritäre Führung und diese Gesellschaftsformen seien gottgegeben, zeigen sich auch heute noch in unseren modernen, demokratischen Strukturen. Wir glauben an die Notwendigkeit von strengen Regierungen und unterliegen der Illusion, dass wir uns vor der Entstehung von Machtherrschaft schützen, wenn eine Regierung frei gewählt werden kann. Dabei wurde auch Hitler ursprünglich noch demokratisch gewählt und diese vermeintlich aufgeklärte, demokratische Bevölkerung folgte wie eine Herde Schafe einem grausamen Führer und jeder einzelne trug seinen Teil mit seiner Anpassung dazu bei, dass die unsägliche Grausamkeit dieses Systems, entstehen konnte. Den einzelnen Mitspielern wird keine große Schuld angelastet, es wird ihnen wahrscheinlich auch wenig bewusst geworden sein, wie fatal sich die Rolle der Mitspieler im Prozess der Entwicklung auswirkte. Selbst nach einem Holocaust, nach unzähligen weltweiten Kriegen, werden die Traditionen der »Normalität« von Macht und Herrschaft aufrechterhalten, selbst dann, wenn Forschungen beweisen, wie schädlich sich streng autoritäre Systeme auswirken. Es ist eine uralte Gewohnheit, in Zwei-Welten-Logik zu denken, seit Adam und Eva. Nur wenige sehr weise Menschen haben es geschafft, die Zwei-Welten-Logik des Denkens zu überwinden. Wenn das gelingt, ist viel mehr möglich als es den Normalsterblichen für möglich erscheint. Früher hat man diesen Zuwachs an außergewöhnlichen Möglichkeiten als Wunder bezeichnet. Ohne die Zwei-Welten-Logik kann unser Geist die Schranken des gesellschaftlich erwünschten Denkens überwinden und völlig neue ungeahnte und kreative Lösungen finden, die hilfreich sind für alle, für das individuelle Leben und die soziale Welt. Warum werden diese Möglichkeiten so selten genutzt? Gewohnheiten, die tief verwurzelt sind, werden nur ungern aufgegeben, sie bieten die Erfahrung des Vertrauten. Interessant wäre sicher zu erforschen ob die indigenen Völker in Zwei-Welten-Logik denken und ob sich auch in diesen Völkern strenge Hierarchien und Machtspiele finden.

Sollte-
Vorstellungen

Dem Denkvorgang des »normalen«, in westlichen Industrienationen, liegen vertraute Muster des Denkens und der Rationalität zu Grunde. Der moderne Mensch **sollte** spätestens seit der Aufklärung denken, nicht fühlen, geschweige denn, sich körperlichen Gelüsten hingeben. **Sollte-Vorstellungen** sind schon seit dem Alten Testament bekannt, in den 10 Geboten wird beschrieben, wie sich ein Mensch verhalten **sollte**, um ein guter Mensch zu sein. Das kognitive Denken und das richtige Verhalten ist der Schlüssel für Erfolg in der Schule, im Beruf und in der Wirtschaft. Das Denken gilt als die wichtigste Grundlage für vernünftige Entscheidungen, es ist eine wesentliche Grundlage der Bildung und die wichtigste Voraussetzung, um sich gegenüber anderen zu positionieren und um mit ihnen zu konkurrieren. Wir haben gelernt, dass wir stets vernünftig und sachlich sein **sollten**. Vernünftige Reden und klare Argumente werden zu allen möglichen Anlässen gehalten und die Menschen klatschen Beifall, auch wenn sie nicht verstanden haben, was der Redner sagte oder nicht zuhörten; und selbst dann, wenn die Rede nie über kognitive Worthülsen hinausreicht, wird erwartet, dass geklatscht wird. Bitte verstehen Sie mich nicht falsch, ich mag kluge Menschen und empfinde es als sehr wichtig, dass wir unseren Verstand benützen und voneinander lernen. Waren Sie schon auf Vorträgen? Hand aufs Herz, wie oft haben Sie aus Höflichkeit geklatscht und nicht aus Wertschätzung oder Begeisterung. Es ist nichts Schlechtes daran, aus Höflichkeit zu klatschen, das meine ich damit nicht. Es ist nur ganz sinnvoll, zu wissen, was wir gerade tun. Wenn wir immer nur automatisch handeln, so wie es gerade erwartet wird, gewöhnen wir uns das an und wir entfremden uns immer mehr von unseren eigenen Gefühlen und dem eigenen Handeln. Wenn wir die Mechanismen erkennen, fällt es uns leichter, bewusster und langsam auch selbstbewusster zu handeln. Benutzen wir Gefühle nur unbewusst, benützen wir einen Teil unseres Gehirns nicht. Auch Gefühle sind in unserem Gehirn gespeichert, räumlich ganz nah an unserer Großhirnrinde, in der wir denken. Gefühle sind nicht nur in unserem Herzen, das wissen Sie sicher auch, wir spüren aufregende Gefühle oft durch einen erhöhten Herzschlag, vielleicht wird deshalb in manchen Schlagern gesungen, der Kopf denkt, und das Herz fühlt. So ganz stimmt das nicht, dass Gefühle und Rationalität getrennt sind. Trotz aller Rationalität, so ganz gefühlsfrei leben können wir nicht, selbst mit unseren Gedanken verfolgen wir erwünschte Ziele. Ein Wunsch ist ein Gefühl, ein Mangelgefühl, das gestillt werden möchte. Heute verspüren wir kaum mehr Mangel. **Sollten** wir unser Gehirn noch benutzen, wenn uns alles geboten, geliefert, vorgekaut wird? Wir interagieren mit Smartphones, haben virtuellen Sex und wenn wir miteinander sprechen möchten, spüren wir uns kaum mehr, wir können uns kaum noch zuhören oder wir fragen uns: Was **sollte** ich jetzt sagen? Auf diese Weise können wir uns auf der emotionalen Ebene nur mehr eingeschränkt austauschen und damit nur sehr eingeschränkt verstehen. Wir sind einander fremd geworden und funktionieren wie Maschinen; vielleicht **sollen** wir unselbstständiger und gefühlsarm werden, dann sind wir manipulierbarer und kaufen die Freude und Lust, die wir nicht mehr kostenlos und steuerfrei in liebevollen Beziehungen und in der Natur erfahren können. Vielleicht **sollen** wir unselbstständiger werden, damit wir viel konsumieren und viel Geld in die Kassen der Geldwirtschaft spülen. Dass wir uns dabei selbst vieler wichtiger Lebensbereiche berauben, das ist für viele eine zu vernachlässigende Nebenwirkung. Selbst, wenn man sich mit dem Verlust von Selbstbestimmung und Selbstwirksamkeit nicht wohl fühlt, können wir bei der einen oder anderen Online-Befragung teilnehmen, unser Gewissen entlasten uns einreden, wir seien ja gute Demokraten. Ansonsten kann man bei allem

Nonsens, der abläuft, immer noch so tun, als würde man den **Sollte**-Vorstellungen der kognitiv-rationalen Gesellschaft entsprechen. Genau deshalb gewöhnen sich immer mehr Menschen daran, das zu denken, was man denkt, was sie denken **sollten**, was die meisten denken, was die Menschen in der eigenen Bezugsgruppe denken – damit bleibt man angesehen. Ganz verleugnen lässt sich unser Inneres dennoch auch nach außen nie. Durch die Art, wie wir uns kleiden, durch unsere Stimme, unsere Wortwahl, unsere Gesten, erreichen wir einen höheren Ausdruck der Gefühle, als uns manchmal lieb ist, ganz zu schweigen von den zahlreichen Freud'schen Versprechern, die unsere Gefühle oft peinlich genau ausdrücken. Daher schweigen viele Menschen in der Annahme, dass ihre Gefühle dann nicht erkannt werden. Bitte täuschen Sie sich nicht, liebe Leser, wenn Sie annehmen, Schweigen wäre der Königsweg des Verbergens. »Man kann nicht nicht kommunizieren« hat der berühmte Kommunikationswissenschaftler und Psychotherapieprofessor Paul Watzlawick zu dem Umstand gesagt, dass uns die nonverbale Sprache immer wieder verrät, auch und gerade dann, wenn wir versuchen etwas zu verschweigen, zu verbergen und zu verheimlichen. Außerdem arbeiten Computer immer zielgenauer daran uns zu durchschauen. Wenn Sie einen guten Profiler fragen wird er ihnen das bestätigen.

Selbstverständlich könnten wir auch heute wieder mit dem letzten Rest an Empathie, der unseren Gehirnen noch geblieben ist, unsere Gefühle verstehen lernen und damit den Gefühlen der anderen näher kommen. Empathie, gepaart mit Wertschätzung und Ehrlichkeit, so lehrte schon C. Rogers, ist der Schlüssel, um die Mitmenschen wieder verstehen zu lernen. Die soziale Intelligenz ist nicht verloren, wir können sie neu erlernen. Früher hieß ein Sprichwort: »Was Hänschen nicht lernt, lernt Hans nimmer mehr.« Heute wissen wir, dass das Gehirn jederzeit in der Lage ist, Neues zu lernen, aber wir Menschen haben die kontinuierliche Lernfähigkeit eingetauscht gegen starre und gehütete **Sollte**-Vorstellungen. Dadurch sind wir eingeschränkt, denn es ist viel bequemer, alles so zu machen, wie wir es schon immer taten und wir denken und fühlen lieber so, wie es immer schon immer war und wie die anderen denken. Möglicherweise hätten vielleicht wieder viel mehr Menschen Spaß und Lebensfreude. Was würde dann aus dem Ernst des Lebens werden? Die Entwicklung der Lernfähigkeit und Lebensfreude können wir nicht erzwingen, jeder Mensch hat ein Recht auf Intimität, jeder hat das Recht, sich anzupassen, zu funktionieren, seine Gefühle zu zeigen, wann und wie er möchte. Es gebührt dem Respekt, dass wir Gefühle und Entscheidungen anderer nicht ungefragt deuten oder ins Lächerliche ziehen, obwohl das heute weitverbreitet üblich ist. Wer lernt auch heute noch Respekt? Menschen, die andere lächerlich machen, werden auf die Dauer ihre Beziehungen stören. Und hören Sie mal genau hin, wie sich in den Medien in den sozialen Netzwerken, viele Menschen gegenseitig abwerten, lächerlich machen erniedrigen. Da sind uns leider auch viele Staatschefs keine Vorbilder in wertschätzendem Verhalten. Und dann wundern wir uns, wenn sich unsere Beziehungen verschlechtern, wir den Respekt voreinander verlieren. Genau deshalb verstecken sich die Menschen hinter **Sollte**-Vorstellungen und meinen damit auf der sicheren Seite zu sein. Ich denke, was ich **sollte**, dadurch plagt mich keine Abwertung, keine Erniedrigung, keine Diffamierung, keine Gespräche hinter dem Rücken. Den Angepassten passiert weniger, auch das haben wir gelernt. Die echten Gefühle werden die meisten Menschen ohnehin eher bei vertrauten Personen in privater Atmosphäre zeigen. Personen, die sich sympathisch sind und die sich zu schätzen wissen, zeigen wir mehr Ehrlichkeit. Wir verbergen unsere Gefühle eher vor Menschen, die uns ablehnen oder sich über unsere Gefühle abwertend äußern. Leider können wir uns auch täuschen. Wir können uns nicht darauf verlassen, dass wir Geheimnisse, die wir anderen anvertrauen, geheim gehalten werden, auch dieser Vertrauensverlust führt zum Verstecken von Gefühlen. Wenn eine Person nichts Privates mehr erzählt, kann niemand etwas weitererzählen. Insofern ist für die Qualität unserer Beziehungen ausschlaggebend, inwieweit wir uns gegenseitig Gefühle zeigen und vertrauen können und wollen. Genau das ist der große Unterschied, den wir beachten und prüfen können: Wenn wir uns trauen zu handeln, wie wir wollen und diese Gefühle sozial anerkannt sind, dann gibt es keine Probleme. Wenn jedoch Gefühle und Handlungen verboten sind, werden wir geneigt sein, Gefühle oder das Handeln zu verstecken, wir verhalten uns so, wie wir **sollten** und nicht wie wir wollen. Es ist sicher sinnvoll, um das Leben in Gemeinschaften überhaupt möglich zu machen, dass wir uns sozial verträglich verhalte können und nicht einfach so wie es uns gerade passt. Ist es jedoch immer sinnvoll zu handeln, wie wir **sollten**? Der Sozialpsychologe Harald Welzer beschreibt in seinem Buch »Täter – Wie ganz normale Menschen zu Massenmördern werden«, wie sich Menschen schleichend Stück für Stück durch die Anpassung zu immer scheußlicheren Taten treiben ließen. Auch sie befolgten anfangs nur **Sollte**-Vorstellungen und verloren langsam den Blick für Grausamkeit, auch für die eigene Grausamkeit. Ähnlich Ergebnisse zeigen die Milgrim-Studien und die Studie von Zimbardos Gefängnisexperiment. Wir können uns immer wieder fragen, handeln wir, weil wir so handeln wollen, oder handeln wir, weil wir so handeln **sollen**? Allein diese Unterscheidung hilft schon ein wenig bewusster zu leben. Üben Sie das gern ein paar Tage, dann werden Sie deutlich mehr Gefühle des Wollens und weniger des **Sollens** spüren. Wir haben stets die Wahl: im Leben kann es teilweise sinnvoll sein zu handeln wie wir wollen, teilweise kann es vernünftiger sein zu handeln, wie wir sollten. Das verrückte ist, dass wir inzwischen kaum mehr unterscheiden können: **Wollen** wir dieses Produkt kaufen oder **sollen** wir es kaufen, damit wir von den anderen angenommen werden? Und vergessen Sie bitte nicht: wenn Sie jetzt denken, vielleicht **sollte** ich doch mehr versuchen, meine echten Gefühle zu spüren und wenn Sie selbst offener werden, um Ihre Beziehungsqualität zu verbessern: Sie leben immer noch in einer rationalen, kognitiven Gesellschaft. Wenn Sie anfangen, Gefühle zu zeigen, dann passt das gerade noch in unsere private Welt, jedoch nur sehr eingeschränkt in unsere kognitive, berufliche Welt, da **sollten** wir cool bleiben, wir sollten eher unnahbar sein, zu sehr Gefühlsmensch sollte man in der heutigen Berufswelt nicht sein, und Gutmensch **sollte** man schon gar nicht sein, sonst steht es momentan karrieremäßig ganz schlecht. Manche Menschen haben dennoch gelernt ihr Gefühl und ihren Verstand zu versöhnen, sie denken und fühlen und verhalten sich meist authentisch, offen, gefühlsbetont und rational zugleich, diese Menschen bezeichnen wir als weise. Vielleicht werden eines Tages weise Menschen auch in der Berufswelt wieder Vorteile haben, spätestens dann, wenn die Wirtschaft lernt, dass Menschen, die ihre Gefühle wahrnehmen können, auch ihren Verstand besser benützen können und Kunden nicht mehr so manipulierbar sind, weil sie spüren, was sie wollen und sich nicht mehr so sehr nach **Sollte**-Vorstellungen orientieren.

Vielleicht ist Ihnen durch die wenigen Zeilen klar geworden, was ich unter **Sollte**-Vorstellungen verstehe. Jeder Mensch wird durch die **Sollte**-Vorstellungen, der Gesellschaft, der eigenen Familie, der Religion, dazu angeleitet, in gewisser Weise so zu sein, wie es erwartet wird. Und wir sehen, dass wir alle diese **Sollte**-Vorstellungen mehr oder weniger erfüllen und wir machen die Erfahrung, wenn **Sollte**-Vorstellungen nicht erfüllt werden, erfolgen negative Erfahrungen, wir werden abgewertet und können bestraft werden, also erfüllen wir meist völlig unbewusst all diese **Sollte**-Vorstellungen. Wir übernehmen überlieferte **Sollte**-Vorstellungen, ob sie vernünftig, nachvollziehbar, praktisch, nützlich oder hilfreich sind, spielt dabei keine Rolle. Hauptsache wir tun, was wir sollten und in diktatorischeren Verhältnissen tun nahezu alle, was sie müssen. Und wenn wir über die Kindheit und Jugend hinweg all die **Sollte**-Vorstellungen tapfer und mühsam erlernten, fällt es als Erwachsener schwer, diese **Sollte**-Vorstellungen zu hinterfragen und das gesellschaftliche oder kulturelle Muster zu durchschauen. Weil viele Menschen nichts von **Sollte**-Vorstellungen wissen, wundern sie sich, wenn die Bevölkerung von damals, nach dem Ende der Nationalsozialismus so unschuldig behauptete, wir machten ja nur, was wir **sollten**, sonst haben wir nichts gehört, nichts gesehen nichts gewusst. Ich möchte niemanden ganz entschuldigen, der gesellschaftliche und kulturelle Manipulation nicht hinterfragt, aber ich behaupte, es ist für die meisten von uns schwer, sich der Einflussnahme der Medien, der gesellschaftlichen Entwicklungen und der Werbekampagnen zu entziehen. Wir sind als Menschen nicht nur Individualisten, sondern auch Herdentiere.

Da wir alle in unterschiedlichen Familien mit unterschiedlichen gesellschaftlichen Prägungen aufwachsen, zu anderen Vorbildern aufblicken und eigene Erfahrungen machen, entwickeln wir nicht nur eine kollektive **Sollte**-Vorstellung. Jeder Mensch entwickelt im Laufe des Lebens, neben den gesellschaftlichen **Sollte**-Vorstellungen, auch seine ganz eigenen individuellen **Sollte**-Vorstellungen: wie er sich selbst gerne sieht, wie er andere gerne hätte, wie die Gesellschaft sein **sollte**, wie der Ehemann, die Ehefrau sein **sollte**, wie viele Geliebte man haben **sollte**, was am Fernsehen gesendet werden **sollte**, welche Fußballmannschaft gewinnen **sollte**, welches Tor der jeweilige Spieler treffen **sollte**, was man essen **sollte**, wie oft und wie viel man sich bewegen **sollte** usw. Um nur die harmlosesten von diesen persönlichen **Sollte**-Vorstellungen zu nennen. Jetzt geben wir einerseits vor total kognitiv durchdachte Wesen zu sein und dann schleichen sich doch immer und überall Wünsche, Unzufriedenheit und Begehrlichkeiten in unsere **Sollte**-Vorstellungen mit hinein. Natürlich ist das so, wir haben ja in all der Rationalität nicht gelernt, uns um unsere Wünsche zu kümmern, wir verkneifen uns eigene Wünsche, verurteilen Menschen, die sich gefühlsmäßig, wunschorientiert oder gar authentisch verhalten, wir entscheiden rational und zum Schluss bleibt uns eigentlich nur noch, uns zu beklagen, weil alles nicht so ist, wie man es gerne hätte, wie es sein **sollte**. Ja genau darum geht es in diesem Buch, dass wir nicht mehr all das tun müssen, was wir tun **sollten**, sondern, dass wir mehr so handeln können, wie wir wollen und nicht jedem Mist hinterherlaufen. In unserer Unbewusstheit stilisieren wir mit unseren **Sollte**-Vorstellungen Selbstbilder und Fremdbilder, ohne diese in irgendeiner Weise zu hinterfragen, wir spüren nicht mehr, wie es uns geht und wie sehr unsere Vorstellungen davon abweichen. Bei all der Reizüberflutung können wir uns oft schwer orientieren, wir wissen emotional nicht, wo wir gerade stehen, fühlen uns hin- und hergerissen, wir wissen nicht, wer uns gerade beeinflusst und wir haben oft völlig aus den Augen verloren, was wir selbst wollen, hier auf dieser Erde. Jetzt höre ich schon wieder viele protestieren, wo kämen wir denn hin, wenn jeder machen würde, was er will. Ehrlich gesagt, wissen wir es nicht, wo wir hinkämen, es wagen nur sehr wenige, das zu tun, was sie gerne möchten. Kein Mensch weiß, wo wir hinkämen, wenn die Menschen eines Tages täten, was sie gern tun würden. Ich bin froh und dankbar, dass es immer wieder Menschen auf diesem Planeten gibt oder gegeben hat, die wissen, was sie wollen und das auch tun. Stellen Sie sich vor, wenn Menschen, wie Thomas Edison nicht gemacht hätten, was sie wollten, dann würden wir auch heute noch abends im Dunkeln sitzen, und wenn Bill Gates sein Studium brav weitergemacht hätte, stünde jetzt vielleicht nicht in so vielen Haushalten ein Computer, wenn sich die mutige Cicely Saunders und Elisabeth Kübler Ross nicht um die Sterbenden gekümmert hätten, dann würden wir vermutlich Sterbende heute noch nicht sonderlich beachten. Und möglicherweise wäre der ganzen Menschheit viel erspart geblieben, wenn man Hitler erlaubt hätte, das zu machen was er wollte, sein ursprünglicher Wunsch war Künstler zu werden, wenn er 1907 einen Platz an der Kunstakademie erhalten hätte, wären vielleicht seine ehrgeizigen, kranken politischen Pläne, die von Hass und Rachsucht erfüllt waren überflüssig geworden. Er hätte seine dunklen Kindheitserlebnisse und seine Ohnmachtsgefühle in Bildern ausdrücken können, statt sie in Allmachtsphantasien und in Aggressionen gegen Millionen von Menschen zu richten. Gerade Menschen, die machten was sie wollten, haben oft großartige Entwicklungen ermöglicht und Menschen, die in ihrem Leben schwer frustriert wurden und denen verwehrt wurde, was sie gerne machen, werden psychisch krank. Obwohl das alles bekannt ist, beharren wir mit einer Vehemenz auf unseren Überlieferungen, Kulturen und **Sollte**-Vorstellungen und leben nicht das Leben, das wir wollen, sondern das was wir müssen und **sollen**. Und irgendwann haben viele Menschen ganz vergessen was sie eigentlich wollten. Oft erst bei einer schweren Krankheit und bei einem Todesfall dämmert es den Betroffenen, da war doch noch etwas, was ich so gerne wollte, so gern gemacht hätte. Werden Sterbende gefragt, was sie bereuen antworten die meisten sie bereuen, nicht das gemacht zu haben, was sie wollten. Gott sei Dank ist es, so lange wir noch gesund leben, nicht zu spät, endlich ein Leben zu führen, das besser zu den eigenen Gefühlen und Werten passt. Natürlich ist es auch nicht hilfreich und nützlich, wenn wir uns ständig gehen lassen, ohne Maß und Ziel, machen was wir wollen. Wenn wir uns nur noch so verhalten, wie es uns gerade passt, ohne jede Rücksicht auf die anderen, ohne Rücksicht auf die eigene Zukunft, dann hört der Spaß auch schnell auf. Kümmern wir uns weder um das, was für uns selbst nützlich ist, noch um das, was für andere Wesen oder die Umwelt nützlich ist, dann sind wir entweder bald ganz allein, weil uns niemand mehr mag oder wir gefährden uns durch übertriebenes Risiko, Gier oder Sucht. Die Kunst liegt darin, das rechte Maß zu finden von Gefühl und Verstand, von eigenem Willen und Sorge für die anderen, von Bewegung und Ruhe usw. Und wie **sollte** uns das gelingen, wenn wir über all das nur nachdenken können? Im Denken spüren wir nicht, wie es uns geht, wir können nicht denken: »ich bin erschöpft«. Wir können das spüren und fühlen, aber wir können nicht denken, was wir wollen, sondern das spüren und fühlen wir. Wenn wir uns nur nach der Temperatur anziehen, frieren wir vielleicht trotzdem. Denken allein nützt nichts, wir brauchen das Gefühl, auch wenn es in unserer Kultur nicht so wirklich beliebt ist und es lieber unterdrückt werden **sollte**.

Gefühlte Wirklichkeit

Kinder erfahren in ihren Familien und Kulturen jeweils sehr unterschiedliche Erziehungsbedingungen. Das eine Kind wird geliebt, gefördert und angenommen, ein anderes ausgegrenzt, manche Kinder erleben auch zusammen mit der Familie Ausgrenzungserfahrungen in der Gesellschaft; ein weiteres Kind wird vielleicht sogar schwer vernachlässigt, erleidet Gewalt oder Kriegstraumata, wieder andere werden immer wieder allein gelassen, misshandelt. Für Personen, die sich als »normal« wahrnehmen, ist unvorstellbar, was Kinder in Gewaltfamilien und in Kriegsgebieten erleben und erleiden: Kinder, die in Kriegen aufwachsen, Fluchterfahrungen erleben und nahe Angehörige verlieren, ohne dabei Unterstützung zu erfahren. Können Sie sich noch an Ihre Kindheit erinnern, an Ihre eigenen Erfahrungen, an die Erziehungsvorstellungen und Erziehungsverhalten Ihrer Eltern? Als junge Frau sprach ich öfter mit alten Patienten, sie erzählten mir vom Krieg, wir hatten noch viele kriegsversehrte Patienten. Heute erzählen mir die alten Menschen von den Nachkriegsjahren, der Armut und dem Hunger. Jedes Kind entwickelt bereits in der Kindheit ganz eigene unbewusste, gewohnte Denk- und Gefühlschemata, Automatismen zu denken und zu fühlen, eine ganz individuelle Mischung an mentalen Karten, die in den jeweiligen weiteren Lebenssituationen erweitert und ergänzt werden können. Es wird uns oft schon im Elternhaus, jedoch spätestens in den Schulen vermittelt, dass es nicht so wichtig sei, wenn wir uns nicht so gut fühlten, viel wichtiger waren Lerninhalte, Anpassung an die Familie die Gruppe und die Gesellschaft. Kinder lernen dadurch eigene Gefühle zu unterdrücken und lernen ihre, Gefühle mit den anderen zu vergleichen. Wir passen uns somit nicht nur in unserem Denken, sondern auch mit unseren Gefühlen an. Kinder lernen, welche Gefühle in der Schule und in der Gruppe erwünscht sind, toleriert werden und welche Kinder sie mögen oder nicht mögen, in welche gesellschaftliche Schicht sie eingeordnet werden, ob sie als Gewinner oder Verlierer beurteilt werden. Wir lernen weniger, ursprüngliche Gefühle zu erleben und auszudrücken, sondern mehr die eigene Situation im Vergleich zu den anderen zu be- und verurteilen. Ich bin hübscher als die, ich kann das besser als du, ich bin Lehrers Liebling und du nicht, ich bin lustiger als die anderen, ich darf mir mehr erlauben als du, oder auch, mich mag keiner so gerne, wie die anderen, mich versteht niemand, ich kann nichts Schönes von zuhause erzählen. Oft lernen Kinder, dass sie nichts erzählen dürfen, wenn es ihnen nicht gut geht. Welche Erfahrungen erinnern Sie an ihre Schulzeit, mit welchen Kindern haben Sie sich verglichen, gegenüber welchen Kindern fühlten Sie sich überlegen, bei welchen Kindern hatten sie Angst, vor welchen Kindern schämten Sie sich? Mit all diesen Erfahrungen bilden wir eine Vorstellung, wie ein gewünschtes Normverhalten sein muss und fangen an, uns gegenseitig zu be- und zu verurteilen. In den Schulen wird viel gesprochen, wie ist der und die drauf, was hat der und die für Klamotten an, was hat die Mitschülerin für ein Handy, was ist cool bei dem oder der, wer hat welche Noten... Die Show nach außen ist das was zählt. Über eigene Gefühle zu sprechen, verlernen wir dabei immer mehr, sofern es uns jemals erlaubt war die Fülle unserer Gefühle zu empfinden. Selbst Psychologen und Psychiater nehmen die Gefühle der Klienten oft weit weniger wichtig als ihr Denken. »Um Gefühle«, sagte mir einmal ein Psychiater, »kümmern wir uns nicht, dafür haben wir Medikamente.« Gefühle sind zwar in unserer beruflichen und leistungsorientierten Gesellschaft unwichtig geworden, belasten uns jedoch umso mehr, wenn wir die Folgen zu spüren bekommen, durch Menschen, denen es nicht mehr gelingt, die Wucht ihrer unterdrückten und verschwiegenen Gefühle zu beherrschen: Menschen, die sich selbst oder andere schädigen, verletzen, töten. Die Überzeugung, dass Gefühle unwichtig seien und auch für jeden klar denkenden Menschen kontrollierbar sind, wird durch die Meinung gespeist, unser Gehirn sei ein Datenspeicherorgan und was wir in dieses Gehirn einpauken, dieses Wissen, diese Befehle bleiben auf Lebenszeit abrufbar. Wir lernen: »Du sollst nicht töten und niemanden verletzen« und dann sind wir der Überzeugung, dass wir das einfach halten können, weil wir es ja gelernt haben. Wenn das so einfach wäre, hätten wir wahrscheinlich leere Gefängnisse, ein intaktes soziales Zusammenleben und keine psychischen Krankheiten mehr. Was ist passiert mit dem Gehirn, dass es der eine Mensch schafft und der andere nicht? Hat der Mensch, der die Kontrolle verliert, sein Gehirn nicht richtig bespeichert? Wenn man juristische und psychiatrische Gutachten liest, hört sich das fast so an. Nur am Rande wird in diesen Gutachten erwähnt, welchen Umweltbedingungen, Abhängigkeiten zu anderen Personen, Kindheitsbedingungen und Stresserfahrungen in der Situation, der Verurteilte ausgesetzt war. Vom Schreibtisch aus und in der kognitiven Perspektive stimmt das auch, die Person hätte anders handeln **sollen**, aber sie hat es nicht getan. In der Perspektive des Betroffenen und der Beteiligten, die sich ihr Urteil nicht kognitiv abgeschirmt am Schreibtisch basteln konnten, sondern ihren realen Gefühlen ausgesetzt waren, sieht diese Geschichte nicht mehr so klar aus, nicht so beurteilbar, so juristisch einfach, so unabhängig von äußeren Umständen. Für die Betroffenen ist die Geschichte noch lange nicht abgeschlossen, selbst wenn die Akte geschlossen wird und die rationale Beurteilung und Verurteilung abgeschlossen ist. Haben sie schon einmal erlebt, dass ihnen sehr unerwartet von jemandem ein größerer Schaden zugefügt wurde oder Sie einen größeren Schaden verursachten? War das im nächsten Augenblick vergessen? Ich erinnere mich sehr gut an einen Mann auf der Intensivstation, ihm passierte es, dass er aus einer Seitenstraße in die Hauptstraße einbog und ein Auto übersah. Ein schrecklicher Unfall geschah und der Fahrer des anderen Autos war tot. Die ganze Nacht wimmerte und schrie der Mann »Und ich bin schuld«, gequält von Schuldgefühlen. Nicht erst seit diesem Ereignis war mir klar, dass es emotionale

Schmerzen gibt, auch wenn diese erst in den 90er Jahren von Naomi Eisenberg in den USA nachgewiesen werden konnten.

Die meisten Menschen sind nicht zufrieden mit den Urteilen, die andere über sie fällen. Ein Urteil ist eine viel zu oberflächliche Betrachtung des anderen und der Situation. Sie ahnen vielleicht schon, was ich andeuten möchte, auch unsere ganzen Gesetze, Diagnosen und Verurteilungsschemata sind aufgebaut aus **Sollte**-Vorstellungen. Der Mensch hätte sich in der Situation anders verhalten sollen, ja hätte er vielleicht, aber er hat es nicht getan, das ist doch die Realität. Lügen wir uns mit diesen **Sollte**-Vorstellungen nicht in die Tasche, nach dem Motto »was nicht sein kann, das nicht sein darf«, wie das Christian Morgenstern schon in seinem Gedicht Palmström vermutete? Wir versuchen, die Vergangenheit umzudeuten, statt der Realität ins Auge zu sehen. Ja es gibt Menschen unter uns, die unter bestimmten Umständen ihre Gefühle nicht beherrschen können, es gibt Menschen die hassen, die gierig sind, die Angst haben, Minderwertigkeitsgefühle empfinden, usw. Wir lernen auch Gefühle, nicht nur das Denken. Auch wenn wir nicht darüber sprechen und unsere Gefühle verstecken. Gefühle sind sehr reale und spürbare Welten. Wir können uns allerdings fragen, ob diese Gefühle, die wir erlernt haben und gerade empfinden, nützlich und hilfreich sind? Wir können uns fragen, wozu könnten diese Gefühle, die ich gerade empfinde, nützlich sein? Wenn wir anfangen, darüber mit anderen zu sprechen, mit Menschen, die es gut mit uns meinen, dann können wir wieder Achtsamkeit unseren Gefühlen gegenüber entwickeln, dann müssen Gefühle nicht mehr versteckt werden und sich später mit Wucht entladen. Wenn wir reflektieren können, was ist bei Fehlern schief gelaufen ist, statt sich gegenseitig zu verurteilen und zu beschuldigen, können wir mit der Zeit mehr Verständnis entwickeln, warum Menschen zeitweise ihre Gefühle nicht kontrollieren können. Wir hätten einen ganz neuen Wissenschaftszweig, der sich dann damit befassen könnte, Verbrechen zu verhindern, statt sie im Nachhinein zu verurteilen. Übrigens begehen auch Juristen, Polizisten und Psychiater

Verbrechen und auch Ärzte rauchen, ernähren sich schlecht, treiben zu wenig Sport und haben zu viel Stress, obwohl gerade sie es wissen müssten, dass sie das nicht **sollten**.

Das nächste Thema: wir **sollten** fleißig lernen. Den meisten heute Erwachsenen, wurde damit ein sehr vager Lernbegriff vermittelt. Was heißt fleißig? Heißt es, genau lernen, viel zu lernen, nach Vorschrift des jeweiligen Lehrers lernen, für das Bestehen von Prüfungen lernen? Es wurde uns als Kinder nicht beigebracht, was fleißig lernen bedeutet, jedes Kind verknüpft das Wort Fleiß mit anderen Attributen und Gefühlen. Wenn ich fleißig bin, dann bin ich ein Streber, ich muss fleißig sein, sonst werde ich bestraft, ich möchte fleißig sein, weil ich erfolgreich sein will, weil ich später viel Geld verdienen möchte, weil ich sonst nicht geliebt werde... Zudem lernten wir als Kinder vieles, was heute längst überholt ist. Auch wenn heute bekannt ist, dass wir nicht nur in der Schule, sondern lebenslang lernen können, bilden sich nur wenige Erwachsene kontinuierlich weiter. Warum wohl? Weil das Lernen, so wie wir es gelernt haben, keinen Spaß macht. Wir mussten rein kognitiv lernen, dabei möchte ein Kind lernen, weil es Interesse, Spaß und Freude am Lernen empfindet. Wir müssen in unseren Schulen lernen, was wir nicht lernen wollen; Lerninhalte, die uns wirklich interessierten, die spannenden Dinge, die dürfen wir nicht lernen. Natürlich, ich gebe Ihnen Recht, für jedes Kind ist es hilfreich, ein gewisses Maß an Lesen, Schreiben und Rechnen zu beherrschen, um sich später im Leben und in Berufen zurecht zu finden. Dennoch wäre es nützlich, wenn wir das, was wir später können wollen, mit Freude lernen. Dieser Spaß am Lernen wird den meisten Kindern schon sehr früh durch die **Sollte**-Vorstellungen ihrer Eltern genommen, spätestens jedoch in der Schule. Schule macht halt keinen Spaß. Das lernen wir auch! Ist halt so. Punkt. Ich frage Sie, ist es wirklich nützlich, dass Kindern der Spaß, die Freude am Lernen ausgetrieben wird? Spätestens mit dem Eintritt in die Schule lernen die Kinder: jetzt beginnt der Ernst des Lebens. Das haben wir so gelernt und tradieren es unreflektiert bis heute weiter.

Bei den ständig wachsenden Zahlen von Depressionen könnte man sich die Frage stellen, ob nicht auch hier eine Ursache liegen könnte. Nein, behaupten jetzt sicher viele Gelehrte des kognitiven Verhaltens, das liegt ja viel zu lange zurück. Im eindimensionalen Denken ist das so, da werden Faktoren, die weit zurück liegen, nicht mehr erfasst, das wäre doch zu kompliziert. Wir lernen auswendig zu lernen, jedoch kaum problemlösendes, prozessorientiertes Denken, geschweige denn, emotionale und soziale Intelligenz. Wir können, wenn wir aus der Schule kommen, sehr gut eindimensional denken, wen wundert es? Für Kinder wäre es viel nützlicher und freudvoller, wenn sie lernen dürften, was sie gerne lernen, was sie wirklich interessiert. Gerald Hüther weist immer wieder darauf hin, dass wir durch dieses eindimensionale, freudlose Lernen das geniale, ganzheitliche Lernen und Denken verhindern. Ich frage Sie, ist das nützlich für unsere Kinder in der Zukunft? Wenn nein, warum machen wir das dann immer weiter, immer weiter, immer weiter...?

Möglich wäre, dass unser Gehirn als reines Speicherorgan auf Autopilot funktioniert, nicht weil das die ursprüngliche Funktion des Gehirns ist, sondern weil wir das Gehirn kaum mehr dazu benutzen, Neues zu lernen. Wir werden getrimmt, altes Wissen auswendig lernen, zu dem wir keinerlei emotionalen und körperlichen Bezug haben, ein Wissen, das für die Zukunft keine Bedeutung hat. Wir lernen wie ein Roboter zu funktionieren, bis das Gehirn nur mehr kognitiv denken kann und die Freude und andere Gefühle immer mehr verloren gehen. Die meisten Menschen haben bis ins Erwachsenenalter gelernt, wie sie als fremdbestimmter Roboter funktionieren können. Wie sie ihr Gehirn wieder füttern könnten, um über die Eindimensionalität des Denkens hinaus zu kommen und Lebensfreude zu finden, bleibt die große Unbekannte. Einige reisen nach Indien und besuchen Gurus, andere schließen sich Sekten an, um neue Erfahrungen zu machen, wieder andere versuchen es über Religionen und die Hardliner gehen zum Militär, um sich selbst wieder zu spüren. Es gibt viele Medikamente, die Lebensfreude schenken sollen, ein lukratives Geschäft für Pharmakonzerne. Kriminelle suchen ihre entarteten Gefühle durch verbotene Geschäfte und abstruse Verbrechen zu befriedigen, Alkoholiker und Junkies wollen die schönen Gefühle im Rausch erleben und auch das Internet mit Spiel- und Pornoindustrie bedient das freudlose Roboterdasein des heutigen Homo sapiens. Im Alter ist es dann endlich erlaubt, dass man Gefühle haben darf; spätestens dann, wenn wir die Diagnose Alzheimer oder Demenz erhalten, sind wir erlöst von dem kognitiven Wahn, von der Geißel, immer nur denken zu müssen. Ohne kognitive Kontrolle stellen wir jedoch fest, dass Gefühle allein das Leben auch nicht optimal bedienen können. Das Gehirn ist keineswegs ein einfaches Speicher- und Verarbeitungsorgan, wie noch zu den Zeiten Freuds angenommen wurde. Wir brauchen beides Denken und Fühlen und eine Kooperation von Verstand und Gefühl. Die neuen Forschungen bezüglich Neuroplastizität und Epigenetik lassen vermuten, dass weder unser Gehirn noch der ganze Organismus starr festgelegt sind, wie wir das im Wissen der früheren Hirnforschung und der Mendelschen Erblehre gelernt hatten. Die Arten folgen keinem Überleben der Stärkeren, wie die Nationalsozialisten das Darwinsche Evolutionsprinzip interpretierten, vielmehr kooperieren sowohl das Gehirn, als auch die Arten immer wieder mit veränderten Lebensbedingungen. Wenn wir die Balance von Denken und Fühlen nicht stören, finden wir in diesem Phänomen eine faszinierende Selbstorganisation, eine kontinuierliche Weiterentwicklung der Natur, die wir noch in keiner Weise annähernd verstehen. Hindern wir unser Gehirn, den Organismus und alle Arten des Lebens daran, ihre elementarsten Lebens-, Erneuerungs- und Anpassungsfunktionen zu erfüllen, können wir nur ein sehr eingeschränktes Leben führen und nur einen Bruchteil unserer Intelligenz und unserer Lebensmöglichkeiten nutzen. Wenn sich diese Annahmen durch wissenschaftliche Erkenntnisse weiter bewahrheiten, dann ist unser Gehirn nicht nur ein einfaches Organ, zur Steuerung des Organismus, sondern der intelligenteste Computer, der sich mit verändernden Umweltphänomenen vernetzen kann. Eine Intelligenz, die wir uns in unseren kühnsten Träumen nicht vorstellen können, geschweige denn selbst erfinden könnten. Nicht nur, dass unser Gehirn- und unsere emotionale Körperintelligenz für unser eigenes Leben und Überleben sorgen, das Gehirn stellt uns Möglichkeiten zur Verfügung unsere Gruppen und Gesellschaften und damit unser Zusammenleben zu optimieren. Heute erscheint es noch unvorstellbar, dass wir diese gigantischen Möglichkeiten unserer Gehirne nützen und vernetzen können und dann als Menschheit insgesamt nahezu grenzenlos lernen können. Es ist denkbar, dass sich durch Zusammenwirken und Wechselwirkungen des Gehirns mit anderen Gehirnen und den jeweiligen Umweltbedingungen immer neue Arten des Denkens, des Fühlens und millionenfachen Kombinationen des Verhaltens entwickeln könnten. Weiter gedacht bedeutet dies, dass gerade die Grenzen des Denkens in der Familie und in den Kulturen dazu führen, dass sich diese Vielfalt der Möglichkeiten, die das Gehirn und unsere Gehirne im Austausch haben, gar nicht ausbilden können, weil wir glauben, nur in bestimmten Kategorien denken zu dürfen. Ein andersartiges Denken lassen wir bisher nicht zu, auf Grund von Gewohnheiten, Bequemlichkeit und vertrauter Normalität. Die sogenannte »Realität« und »Normalität« wäre damit nur mehr eine Fiktion, die gar nicht existiert, sondern viel mehr von unseren Kulturen und Familien geschaffen wurde, um die Angst vor der Grenzenlosigkeit der Möglichkeiten des Universums zu bewältigen. Natürlich sind diese Überlegungen vorerst nur Mutmaßungen, wir können heute noch nicht erahnen, welche neuen Erkenntnisse wir generieren werden und welche Erkenntnisse sich durchsetzen werden. Aber dass viel mehr möglich ist als wir heute ahnen, das haben uns unsere Vorfahren schon mit ihren Erfindungen gezeigt. Auch sie wurden von der jeweiligen Generation als Spinner dargestellt, weil die Masse der Menschen bis heute den kulturellen **Sollte**-Vorstellungen mehr glaubt als den noch nicht existierenden Fähigkeiten und Möglichkeiten. Nach dem Motto: »immer schön auf dem Boden bleiben«; »lieber den Spatz in der Hand, als die Taube auf dem Dach«. Natürlich haben all diese Volksweisheiten ihre Berechtigung, denn wenn Veränderungsprozesse zu schnell verlaufen oder sich doch, als nicht oder noch nicht, mögliche Wege herausstellen, hat jeder

der in diese Entwicklungen Zeit oder Geld investierte verloren. Welcher Wissenszuwachs sich in den nächsten Jahrzehnten ergeben wird, ist nicht absehbar, allein durch unsere kollektive Vernetzung und die sich andeutenden Verwerfungen der Gesellschaften und ökologische Veränderungen. Vermutlich wird sich so vieles verändern, dass wir Mühe haben werden, diesen Entwicklungen zu folgen. Darum ist es sicher bereits jetzt an der Zeit, die relativ einfach gedachten Modelle von Körper, Genetik, Wissensvermittlung, Krankheitsentstehung, von Gesellschaft, Wirtschaft und dem sozialen Zusammenleben, die in den Schulen und Universitäten heute noch gelehrt werden, gründlich auf den Prüfstand zu stellen und zu überholen, wenn wir nicht mit einem Wissen von vorgestern eine Generation von Morgen verdummen wollen. Wenn wir nicht bereit sind, dazuzulernen, Fehler zu machen und uns diese einzugestehen, blamieren wir uns nicht nur vor der jungen Generation, die spielerisch jedes Wissen aus dem Netz holen kann, sondern wir lehren ihnen auch, dass es in Ordnung ist, andere Menschen mit anderen Wissensmöglichkeiten respektlos zu behandeln. Sollten sich die vielen neuen Thesen als wahr herausstellen, wäre eine feststehende, zweidimensionale Kategorisierung in »normal« oder »unnormal«, in »gesund« und »krank« in »gut« und »böse« nicht mehr zeitgemäß und haltlos. Wir müssten die statischen zweidimensionalen Modelle mittels räumlicher und zeitlicher Dimensionen und umweltbezogener Prozessverläufe ergänzen und diese in neuen Kategorisierungen erfassen. Damit wäre es möglich, wesentlich komplexere Möglichkeiten zu gewinnen, um die Menschen in ihren Bedürfnissen und ihren Leiden zu unterstützen. Die WHO hat mit dem internationalen Klassifizierungssystem ICF (International Classification of Function and Health) schon eine bahnbrechende Möglichkeit geschaffen, Krankheit und Gesundheit in Abhängigkeit von Umwelt und zeitlichen Prozessen zu diagnostizieren und zu verstehen. In ähnlichen Dimensionen können wir weiterdenken und die Globalisierung aus dem Schreckgespenst der Diktatur, der Korruption und Manipulation entlassen. Interkulturelle Kriege können überwunden werden, neue Verteilungs- und Schutzmöglichkeiten für

Menschen können geschaffen werden. Um das zu erleben, müssen wir viele unserer Eitelkeiten und **Sollte**-Vorstellungen aufgeben: Die Eitelkeit, dass wir als gebildete Menschheit schon alles wissen, die Eitelkeit, dass nur Kinder und Frauen fühlen, die Eitelkeit dass wir als Menschen die Krone der Schöpfung sind und die Natur beherrschen. Außerdem müssten wir einen großen Teil unserer **Sollte**-Vorstellungen hinterfragen, mit anderen abklären und auf Wirklichkeit und Machbarkeit prüfen. Möglicherweise könnten wir in einer etwas bescheideneren Version Mensch viel mehr Großartiges miteinander erreichen, ohne dass wir uns dabei ständig zeigen und beweisen müssten wie toll, schön, klug, potent usw. wir sind.

»Die fast unlösbare Aufgabe besteht darin, weder von der Macht der anderen, noch von der eigenen Ohnmacht sich dumm machen zu lassen.«

Erfahrungen, Gewohnheiten, Stempel

Ja, aber werden Sie jetzt vielleicht stöhnen, wo kämen wir denn hin, wenn jetzt jeder auf einmal denken könnte was er will? Keine Sorge, das tun wir sowieso, wir verstecken nur sehr gut, was wir denken vor uns selbst und vor anderen, wegen der Kategorien, was gedacht werden darf und was nicht, was ich mir zu denken erlaube und was nicht.

Während das Ausleben von Gefühlen in westlichen Gesellschaften eher unerwünscht ist, gilt es in anderen Regionen als unnahbar, wenn Gefühle versteckt werden. In der arabischen Welt dürfen vor allem Männer ihre aggressiven Gefühle ausleben, während Frauen eher leidende Gefühle äußern dürfen. Im asiatischen Raum ist es üblich, sich immer wieder Freundlichkeiten vorzuspielen und gute Miene zu machen, auch wenn Leiden gespürt wird. In Südamerika leben die Menschen ihre Leidenschaft aus für Musik, Tanz und Lebensfreude, die kognitive Kontrolle von Gefühlen ist weniger üblich. Die Person als Individuum ist weder im asiatischen, noch im arabischen oder südamerikanischen Raum von so großer Bedeutung, wie in der westlichen Welt. Obwohl durch die Möglichkeit unterschiedlichen Denkens schnell ersichtlich wird, dass es die »Normalität« des Denkens, Fühlens und Handelns nicht gibt, beharren die Menschen, auch die Wissenschaften

der jeweiligen Länder, auf »Normalitätskonstruktionen« der landesübli-
chen Denk-und Handelsmustern. Der Psychiater Manfred Lütz wies in
seinem Buch »Irre! Wir behandeln die Falschen: Unser Problem sind die
Normalen« schon auf die Problematik der Normalitätskonstruktionen in
der Psychiatrie hin. Verhält sich eine Person nicht wie es die »Normali-
tätskonstrukte« erwarten, werden diese Personen entweder für krank,
für kriminell, für verrückt oder behindert erklärt. Die Normalität der
jeweiligen Denktraditionen können auf diese Weise von einer Generation auf die andere weitergegeben werden und wir erkennen im Laufe
der Jahrzehnte und Jahrhunderte traditionelle Muster, der Ernährung,
der Kleidung, des Handelns. Damit glaubt die Menschheit als Kollektiv
sogar, es sei »normal«, dass in allen Gehirnen in ähnlichen Denkprozessen gedacht wird. Dass sich diese Denkprozesse durch die Kultur
gebildet haben und wieder reversibel sind, wird bisher einzig und allein
in der Möglichkeit, der Gehirnwäsche bestätigt, die einige Staaten oder
Geheimdienste nutzen, um Menschen gewaltsam andere Denkmuster
aufzuzwingen. Und wenn eine »Normalitätsvorstellung« schon sehr
lange Bestand hat, wird diesem Phänomenen von uns Menschen gern
eine gewisse Schicksalhaftigkeit unterstellt, ein Fatalismus, das sei halt
so, da könne man nichts ändern. Überlieferungen dieser Art werden
dann als gegeben hingenommen und nicht mehr hinterfragt.

Vermutlich entstehen diese Denkprozesse der Dreiteilung des Verstandes in **Über-Ich**, **Ich** und **Es**, wie sie Freud beschreibt, erst durch
autoritären Druck der jeweiligen Familien und Gesellschaften oder
durch Anpassungsprozesse der Kulturen, die im Laufe der Entwicklung
erkannt und verinnerlicht wurden. Freud selbst hatte eine Ahnung,
dass Kulturen bei diesen Prozessen eine Rolle spielen könnten, das
beschreibt er in seinem Buch »Das Unbehagen der Kultur«. Jeder einzelne Mensch hat den Wunsch in einer Gruppe von Menschen aufgenommen zu sein, deshalb unternimmt er alles, um die Zugehörigkeit zu
einer Gruppe zu erreichen. Gerade bei hierarchisch geprägten und sehr
homogenen Gruppen ist es daher nötig, genau zu unterscheiden, was

gesagt werden darf und was erlaubt ist, um nicht vom Gruppenverband ausgeschlossen zu werden. Hierarchische Gruppen haben dabei ihre eigenen Methoden, wie sie Andersdenkende gefügig machen. Bei einigen Mafiagruppen werden den Gruppenmitgliedern Fingerglieder abgehackt und Ihnen wird mit dem Tod gedroht, wenn sie die Gruppenregeln nicht einhalten oder gegen Gruppenmitglieder aussagen. Können Sie jetzt verstehen, warum Menschen, die in die Fänge der Mafia gekommen sind, sich kaum mehr aus diesen Abhängigkeiten befreien können? Ähnliche Konstrukte, wenn auch nicht so grausam, finden wir in anderen Systemen von abhängigen Gruppen, abhängigen Beziehungen, abhängigen Familienmustern, abhängigen Organisationen, die Geheimwissen teilen und die sich zur Aufgabe gemacht haben, andere Menschen zu bespitzeln. Diese Systeme wollen andere Menschen unter ihre Kontrolle bringen. Der Kontrollzwang selbst kann sich bei Menschen zeigen, die in sehr autoritären Strukturen sozialisiert wurden. In eigenen Gedankenmustern bilden sich Zwänge und der Wunsch, andere zu dominieren und zu kontrollieren. Auch Organisationen, Religionsverbände, Sekten und andere Gruppen, versuchen immer wieder Regeln zu Dogmen zu stilisieren, um gerade dadurch den Mitgliedern zu signalisieren, dass Schlimmes droht, wenn sie sich nicht an diese Dogmen halten. Ängste werden durch Androhen und Ausführen körperlicher Strafen, Freiheitsentzug und Folter geschürt. Autoritäre Systeme wenden diese Methoden an, um Mitglieder gefügig zu machen. Martin Luther hat sich in seiner Zeit sehr gefährdet, als er die Ablassgepflogenheiten der katholischen Kirche hinterfragte und die Menschen aus der Knechtschaft des Höllenglaubens befreien wollte. Dass die Menschen einfach noch viel zu unfrei waren, um mit Freiheit umzugehen, war ihm damals sicher nicht bewusst. Und auch aus der evangelischen Kirche, die sich auf die freiheitlichen Vorgaben von Martin Luther stützt, haben sich wieder ganz eigenen Dogmen des Denkens entwickelt. Max Weber erkennt sogar gerade in der protestantischen Ethik einen Mitverursacher unserer heutigen Ökonomisierung unserer heutigen Denkkultur.

Stasi, SS und Diktaturen zeigen, was Menschen bereit sind zu tun, um nicht aus dem Kollektiv dieser hierarchisch geprägten Gruppen und Gesellschaften herauszufallen. Es werden Denkmuster übernommen, auch wenn sie gefährlich und destruktiv sind, sich in sehr grausamer Weise auswirken und Menschen dazu bringen können, einander zu töten. Menschen können zu grausamen Bestien werden, wenn ihnen gewaltsames und grausames Verhalten als richtiges Verhalten gelehrt, vorgelebt oder befohlen wird oder wenn sie für diese Verhalten mit Orden und Trophäen oder Geldprämien ausgezeichnet werden. Die Geschichte zeigt uns immer wieder, wie perfide es Herrschern gelingt, die Bevölkerung von der Notwendigkeit von Kriegen zu überzeugen. Falls eine Nation den Krieg ausruft, gelingt es, abertausende Menschen zu mobilisieren, die gewaltsame Handlungen ausführen. Von der breiten Masse der Menschen werden diese Massenvernichtungen durch Kriege als schicksalhafte »Normalität« hingenommen, ja sogar durch Kriegsgesetze legitimiert. Natürlich können Sie jetzt als Leser einwenden, was würde denn passieren, wenn alles nicht hierarchisch geordnet sei und Anarchie entstünde. Diese Frage ist mehr als berechtigt, denn auch die Anarchie, die Haltlosigkeit und Ordnungslosigkeit von Gruppen bergen große Gefahren in sich. Menschen beginnen im Chaos zu versinken. Das sehen wir an Menschen, die durch Flucht oder Kriege, durch Verwahrlosung in Familien und durch Ausgrenzung aus Gruppen ihren sozialen Bezugsrahmen verlieren und als Folge davon in Terror, in Selbstmord, Aggression und Verzweiflung versinken. Sehr schnell wird diesen Menschen unterstellt, böse zu sein, ohne zu verstehen, welches Leid und welche Ausgrenzungserfahrungen diese Menschen im Vorfeld ertragen haben.

Es geht in diesem Buch nicht darum Verbrechen zu entschuldigen, Führungssysteme zu hinterfragen oder Personen anzuklagen, die falsche Entscheidungen getroffen haben. Es werden vielmehr unterschiedliche soziale Phänomene aufgezeigt, die sich auf Grund von erlebten Erfahrungen in unserem Gehirn abbilden und wie diese Phänomene uns

Menschen beeinflussen, so beeinflussen, dass unsere Handlungen für andere nützlich oder schädlich sein können. Während diejenigen, die selbst geschädigt werden, meist sehr schnell spüren, dass sie geschädigt werden und wurden, ist es für diejenigen, die anderen Schaden zufügen, oft lange nicht möglich den Schaden zu erkennen und sich den Schaden, den sie anderen zugefügt haben, einzugestehen und anzuerkennen. Für uns Menschen erscheint es dem zufolge nicht so ohne weiteres möglich, Nutzen und Schaden unseres Handelns zu erkennen, geschweige denn zu antizipieren. Wir gehen davon aus, dass Verhalten, das bisher funktioniert hat, Verhalten, das bisher erlaubt war oder geholfen hat, auch in der nächsten Situation gut, richtig und angemessen ist. Und meist halten wir an dem Verhalten fest, das funktioniert.

Und plötzlich stellt sich heraus, es ist in dieser Situation anders als bisher. Das Verhalten, das sich bisher als sinnvoll herausgestellt hatte, erweist sich in einer anderen Situation als ungünstig, vielleicht sogar schädlich für die eigene Person, für den Anderen oder für das Zusammenleben. Sie denken jetzt vielleicht, mir kann das nicht passieren? Bitte werfen Sie mal einen Blick in das Buch, »Schnelles Denken langsames Denken« von Daniel Kahnemann. Er beschreibt, wie sich Studenten und Wissenschaftler von gewohnten Denkmustern täuschen lassen. Der sogenannte gesunde Menschenverstand kann uns beträchtlich in die Irre führen und nicht nur uns, sondern auch hochrangige Politiker, Firmenchefs, politische Strategen und Staatschefs. Da wir uns als Menschen bei Entscheidungen nicht unbedingt auf unsere Gewohnheiten und unseren Menschenverstand verlassen können, wäre es klüger, sich vor allem bei schwerwiegenden Entscheidungen mit anderen zu besprechen und schnelle, gewohnheitsmäßige und übereilte Entscheidungen noch mal mit Respekt und Achtsamkeit zu prüfen. In dem Tempo, in dem wir momentan leben, die Welt verwalten, wichtige Entscheidungen treffen und wichtige Güter verkaufen, bleibt für Achtsamkeit, reflektiertes Handeln und Antizipation von Folgen des Handelns kaum Zeit. Wir nehmen dann einfach in Kauf, dass viele und schwerwiegende Fehler gemacht werden. Diese Fehlentscheidungen werden dann meist so lange wie möglich verschwiegen, oft auch vertuscht, in der Hoffnung, dass sie möglicherweise im Getriebe der Welt untergehen. Mitspieler, die sich ebenfalls wenig verantwortlich zeigen, versuchen Fehlentscheidungen der Politik, der Geldwirtschaft und der Industrie herunterzuspielen, nach dem Motto: wir waschen unsere Hände in Unschuld, statt dessen zeigen sie mit beschuldigenden Fingern auf die anderen Bösewichte. Würden Politiker und Vorstände achtsamer und ehrlicher miteinander umgehen, würden sie ihre unguten Gefühle spüren, formulieren, würden sie sich gegenseitig ihre Zwangslagen eingestehen, sich gegenseitig helfen, könnte der Bevölkerung mancher Krieg, Betrugsskandal, Mord und Milliardenschaden erspart bleiben. Selbstverständlich müssen die Bevölkerung und der Steuerzahler die Fehlentscheidungen der Führungspersonen bezahlen. Empört werden in der Folge Schuldzuweisungen hin - und her geschoben. Auch diese Reaktionen sind verständlich, keiner will sich gern als alleinig Schuldiger anklagen lassen und als Sündenbock für ein kollektives Versagen büßen. Wenn ein Fehler passiert, der aus einer Verkettung von Fehlentscheidungen vieler einzelner entstanden ist, bleibt der zuletzt Handelnde der Schuldige; nicht der einzelne ist der Böse, auch wenn er letztendlich zum Schuldigen erklärt wurde. Fehler entstehen häufig durch ein Verhalten, das bisher immer so gemacht wurde, nie überdacht und nicht reflektiert wurde. Warum sollten wir ein Verhalten prüfen, das bislang als funktionierend toleriert wurde? Ist der Mensch schädlicher, der gewohnheitsmäßig immer so handelt wie bisher, als derjenige, der häufig etwas Neues ausprobiert? Ist es günstiger, wenn eine Persönlichkeit, ihre Eigenschaften und Handlungen stabil beibehält oder wenn sie sich durch die Umstände des Lebens verändern lässt? Wahrscheinlich ist es das eine Mal günstiger, ein erprobtes Verhalten aufrecht zu erhalten, in einer anderen Situation jedoch besser, etwas Neues zu probieren. Die Wechselspiele des Lebens erfordern sowohl eine Kontinuität, als auch eine Flexibilität von uns Menschen.

In Studien wird immer wieder festgestellt, dass Persönlichkeitseigenschaften wie Offenheit, Extraversion und Introversion sehr stabil sind, das stellte z.B. der Forscher Gallagher in seinen Studien fest. Bei mehr als der Hälfte, der Personen blieben Persönlichkeitseigenschaften während des Lebens ziemlich stabil, damit ist es wahrscheinlich, dass vertrautes Verhalten erhalten wird und die Persönlichkeit stabil bleibt. Wir erleben und definieren in unserer Beobachtung immer das häufigere Verhalten als das »Normale« und das seltene Verhalten als das außergewöhnliche. Was ist nun mit den anderen 23–48 %, deren Verhalten nicht so stabil ist? Verändern sie sich und wenn ja warum? Handeln diese Personen eher situationsbezogen als gewohnheitsmäßig? Werden Sie von ihrer Umgebung toleriert akzeptiert oder ausgegrenzt? All diese Fragen bleiben in der Wissenschaft, der Medizin, der Pädagogik, der Psychologie meist unbeantwortet, da immer wieder das häufige Verhalten, die häufigen Denk- und Gefühlsmuster, die häufigen Krankheiten beobachtet werden. Natürlich ist es für einen Pharmakonzern wesentlich interessanter und lukrativer Medikamente herzustellen, die von vielen Millionen Kunden gebraucht werden. In der Politik ist es sinnvoll zu wissen was sich die meisten Wähler wünschen, damit die Parteien Chancen haben wiedergewählt zu werden. Die Wirtschaft ist ebenfalls an den Wünschen der Kunden interessiert. Wenn wir uns Wirtschaft und Gesellschaften auf das fokussieren, was Mehrheiten wollen ist es logisch, dass Minderheiten entstehen, die sich vernachlässigt fühlen.

Um zu erfahren, welche Politik sich die meisten Wähler wünschen, befragt man die zahlenmäßig stärksten Gruppen und in der Lehrplangestaltung orientiert man sich danach, was die meisten Schüler in einem gewissen Zeitraum lernen könnten. Gesellschaft von der Stange für die Mehrheit? Und was ist jetzt mit all denen, die nicht in das Maß der meisten passen, all jene, die außergewöhnlichere Begabungen haben, ungewöhnliche Krankheiten und nicht-normale Biographien? Es ist wirklich spannend zu beobachten, wie sich diese Menschen durchs Leben schlagen, wie sie sich über Wasser halten.

Lange Zeit wurde angenommen, dass im Gehirn – einmal als erwachsenes Gehirn gebildet – immer gleichbleibende Denkprozesse ablaufen und sich damit eine stabile Persönlichkeit bildet. Wie neue Erkenntnisse zeigen, ist diese Beobachtung durchaus richtig: Halten sich Personen immer in gleicher Umgebung, pflegen sie gleiche Gewohnheiten, dann bleiben Persönlichkeit und Verhalten eher stabil, besonders dann, wenn sie sich immer mit den gleichen oder ähnlichen Menschen umgeben. Das immer gleichbleibende der Denkmuster beruht dabei jedoch hauptsächlich darauf, dass stets die gleichen Nervenbahnen benutzt werden und diese sich dann wesentlich vertrauter und gewohnter anfühlen, als neue Denkmuster, die ebenfalls möglich wären. Der Mensch neigt dazu, nach Sicherheit zu streben und vertraute Denk- und Verhaltensmuster bieten Sicherheit; vor allem dann, wenn diese Verhaltensmuster auch von der Umgebung als positiv beurteilt und geschätzt werden. Neueste Gehirnforschungen zeigen, dass unser Gehirn keineswegs so statisch ist, wie einst angenommen wurde. Das Gehirn ist in der Lage sich immer wieder an die neuen Lernsituationen anzupassen und versucht das bisher Erlernte so zu organisieren, dass uns dieses Wissen in neuen Lebenssituationen optimal nützen kann.

Ähnliche Erweiterungen der Kategorien, prozessbezogene, dynamische Kategorien wären auch in allen sozial- und geisteswissenschaftlichen Fächern denkbar: In der Erziehung, in Forschung und Lehre, in der Politik, der Justiz, in der sozialen Arbeit, in den Wirtschaftswissenschaften. Würden sich Eltern, Familien, Bildungssysteme, Politik und Wirtschaft selbst reflektieren und sich immer wieder auf nützlichere Vorgehensweisen einigen, dann könnten wir anfangen zu ergründen was uns kollektiv nützt und schadet. Wir könnten uns kontinuierlich weiter entwickeln. Vermutlich hätten wir damit völlig andere Welten und Denkorganisationen. Sie halten diese Überlegungen für Utopien und Spinnereien? Neu zu denken und anders zu handeln ist zuerst immer mit erheblicher Empörung verbunden, das war bei naturwissenschaftlichen und bei technischen Entwicklungen der Fall, warum sollten die Menschen eine Entwicklung des Sozialen, der Gesellschaft und des Zusammenlebens so einfach hinnehmen und dulden. Wir hatten von unseren Vorfahren in der Vergangenheit gelernt, wie gefährlich gesellschaftliche Revolutionen, Diktaturen und Staatssysteme sein können, und dass diese nicht immer funktionierten. Darum hoffen wir jetzt mit der Demokratie und den Wirtschafts- und Geldsystemen den Stein der Weisen gefunden zu haben und machen alles, um diese Formen des Zusammenlebens aufrecht zu erhalten, auch wenn sich anbahnt, dass wir unsere Umwelt dabei zerstören und wir diese Systeme in ihrer jetzigen Form nicht aufrecht erhalten können. Bisher glaubten wir, die Kultur bestimmt unser Denken, möglich wäre auch das Umgekehrte, wir bestimmen mit unserem Denken, Fühlen und Handeln die Aufrechterhaltung von gewohnten Kulturen und schränken damit unsere Denkmuster selbst ein, indem wir Kulturen über Jahrhunderte hinweg in möglichst gleichen Traditionen nachahmen. Bitte verstehen Sie mich hier nicht falsch, ich finde Traditionen etwas Wunderschönes, wenn sie nützlich sind und uns als Menschen helfen gut zu leben. Wenn Traditionen jedoch Freiheiten einschränken, Gewalt fördern, liebloses Verhalten kultivieren, Umweltzerstörung fördern, ungerechte Verteilungsnormen begünstigen und gewaltsame Formen des Zusammenlebens zulassen, möglicherweise sogar fördern, dann finde ich, ist es unser aller Pflicht nachzudenken, ob wir diese Art der Tradition an die nächste Generation weitergeben möchten. In den Traditionen ist es möglich, die nützlichen Verhaltensweisen zu erhalten und die schädlichen aufzugeben. Auch hier ist ein Balance- und Aushandlungsprozess nötig, damit wir nicht versehentlich nützliches Traditionsgut verwerfen und schädliches kultivieren.

Ganz zu Recht können Sie natürlich jetzt behaupten: Was nützen uns diese ganzen Gedankenspiele? Ob wir jetzt durch die Kulturen unser Denken aufrechterhalten oder die Kulturen unser Denken, was soll da der große Unterschied sein? Wenn Kulturen nicht mehr als feste Denkmuster existieren und wahrgenommen werden, warum sollten wir uns dann noch streiten, welche Kultur die richtige ist, welche Kultur den Anspruch auf eine Leitkultur hat? Vielmehr können wir bewusster beobachten, welche kulturellen Rahmenbedingungen zu welchen Denkprozessen führen und gemeinsam eine neue Kultur entwickeln, die aus allen Kulturen die besten Erfahrungen sammelt. Wir können durch unser individuelles und kollektives Wissen, das wir mit anderen teilen wesentlich klügere, glücklichere Formen des Zusammenlebens gestalten. Wir bräuchten all die Kriege und das Gemetzel nicht mehr, weil es keinen mehr gäbe, der Recht oder nicht Recht hat, sondern jeder würde erkennen, dass wir alle Menschen mit ganz unterschiedlichen Erfahrungen sind. Und vielleicht würde sich das Thema Gewalt von selbst erledigen, wenn Menschen erleben, dass ein Leben ohne Gewalt viel angenehmer und nützlicher ist, sich viel besser anfühlt als ein Leben mit Gewalt. Die Familien könnten voneinander lernen, die jeweilige Entwicklung des Kindes begleiten ohne immer ängstlich zu beobachten, ob sich das Kind auch normal und gesellschaftstauglich entwickelt. Gerade diese Gelassenheit könnte sich auf die Entfaltung der Denkprozesse im Gehirn sehr gesund und positiv auswirken, wie das Andre Stern in seinem Buch »Und ich war nie in der Schule« beschreibt.

MACHT-SPIELE UND PERSÖN-LICHKEIT

Kapitel Aa

Machtspiele und Krankheit

Waren Sie schon krank, wie haben Sie sich gefühlt, eher schwach oder stark? Wir müssen uns bei Krankheiten nicht zwangsläufig schwach fühlen. Krankheit birgt auch eine weitere Form sich zu beweisen, sich den Kräften des Lebens auszusetzen, zu stellen. Und Krankheiten sind auch eine kollektive Herausforderung. Schon im Mittelalter kämpften die Menschen gegen Seuchen, Pest, hunger- und hygienebedingte Krankheiten. In der Krankheit werden essenzielle Kräfte nötig, um das Leben, das Überleben zu sichern. In allen Kulturen entwickeln die Menschen Systeme der Unterstützung bei Krankheiten, es gibt Methoden, die die Kraft des Kranken wieder stärken sollen. Immer wieder machen wir die Erfahrung, dass Zuspruch hilft, dass Heilmethoden, erprobte und neue Strategien helfen. Wir Menschen tauschen uns bei Erkrankungen aus und fragen uns gegenseitig: Was hat dir geholfen? Was hast du gemacht, dass es dir jetzt besser geht? Und damit finden und erfinden wir immer neue Wege, Krankheiten mit individueller und kollektiver Kraft zu begegnen. Was hat Ihnen geholfen, als Sie krank waren? Was haben andere bezüglich Ihrer Erkrankung gesagt? Es sind nicht immer nur die herkömmlichen Methoden, die helfen, oft taucht plötzlich ein Gefühl der Stärke auf und die Krankheit hat ihre Macht verloren. Auch die Medizin muss feststellen, dass es unergründliche Heilungen gibt, auch wenn sich diese Besserungen von Krankheiten mit heutigen medizinischen Erkenntnissen nicht beurteilen lässt. Es gibt Menschen, die leiden 10 Jahre an immer wieder gleichen Symptomen und dann verschwinden diese plötzlich, ohne dass man erkennen könnte, was jetzt die Besserung bewirkt haben könnte. Gerade andauernde Symptome können das Leben schwer erträglich machen. Dabei ist kein Verlass, dass die eine Methode, die einem Patienten geholfen hat, auch bei anderen hilft. Trotz moderner Standards und Leitlinien erreichen auch medizinische Therapien keine hundertprozentige Heilungssicherheit und werden eher als Erfolgswahrscheinlichkeiten mitgeteilt. Therapie und Methoden ändern sich ständig und das Wissen der Krankheiten von heute, ist der Irrtum der Krankheiten von morgen. Dieser Krankheitsdschungel führt Patienten selbst schon in Verunsicherung und Ohnmachtserfahrungen. Deshalb besuchen Patienten oft mehrere Ärzte, um mehr Sicherheit zu erlangen. Gehen sie dann zu vier Ärzten, erhalten sie nicht selten vier unterschiedliche Meinungen. Auch wenn die Patienten dadurch verunsichert sind, haben meistens auch Ärzte ihre gute Gründe, die Erfahrungen und Erkenntnisse, warum sie den Therapievorschlag wählen. Krankheit ist und bleibt trotz aller moderner Erkenntnisse ein unwägbares Ereignis, bei dem es dem Kranken, den Angehörigen und den Behandlern gelingen muss und kann, wieder Vertrauen ins Leben zu finden. In die eigene Kraft, in die Kraft der Methoden und ein Vertrauen in das Zusammenspiel aller Beteiligten. Manchmal sind es auch Zufälle, die Zusammenhänge von Krankheiten erkennen und überwinden lassen, wie die Erkenntnis, dass Bakterien Krankheiten hervorrufen oder die Entdeckung des Blutkreislaufs. Eine völlig andere Sicht der Herz-Kreislaufprobleme und der Infektionskrankheiten wurde durch diese Erkenntnisse ermöglicht. Krankheitsursachen, Diagnosen oder Prognosen, die gestellt werden, müssen nicht immer richtig sein, auch Ärzte und Wissenschaften unterliegen Irrtümern. Es gibt Kranke, die dürften laut Erkenntnissen der Ärzte nicht mehr leben und es gibt andere, die an einer relativ harmlosen Krankheit gestorben sind. Wir Menschen fürchten uns vor Krankheiten, weil sie uns sehr mächtig erscheinen. Viele Erkrankungen wurden im letzten Jahrhundert durch moderne Medizin und Technik berechenbarer, sie bleiben jedoch immer auch ein Mysterium. Vor allem tauchen immer wieder neue Erkrankungen auf, neue Formen und Ausprägungen von Erkrankungen, die eine

Neudefinition von Krankheit und Behandlung erfordern, bezüglich Entstehung, Schweregrad, Bedrohlichkeit und Möglichkeit der Behandlung. Tuberkulose war im letzten Jahrhundert eine häufig tödlich verlaufende Krankheit, heute erkranken – Dank guter Ernährung und Wohlstand – die meisten Infizierten nicht mehr. AIDS war in den Neunziger Jahren eine Erkrankung, die innerhalb weniger Monate oder Jahre zum sicheren Tod führte, heute erreichen die Patienten durch therapeutische Möglichkeiten eine deutlich höhere Lebenserwartung. Ähnliches gilt für zahlreiche andere Erkrankungen wie Schlaganfall, Diabetes und Magengeschwüre. Aber was hat Krankheit mit Macht zu tun, werden Sie jetzt vielleicht fragen.

Karl Valentin hat einmal gesagt: »Is denn des gsund, wenn ma nia krank is?« (übersetzt: »Ist es gesund, wenn man nie krank ist?«) Krankheit als Möglichkeit der Gesundheit zu verstehen, wurde schon von vielen Ärzten und Heilern in der Vergangenheit und der Neuzeit erkannt und benannt. Der Soziologieprofessor Aaron Antonovsky prägte den Begriff der Salutogenese, ein Kontinuum von Krankheit und Gesundheit in dem wir uns ständig bewegen. Die Krankheit wird als Ausdruck des Körpers verstanden, dass etwas nicht stimmt, etwas fehlt. Manchmal ist es relativ einfach herauszufinden was fehlt, bei Fehlernährung, Überforderung, Schlafmangel. Andere Krankheiten sind in ihrer Komplexität schwerer zu durchschauen. Und immer wieder stellen wir fest, dass Krankheit mit Macht- und Ohnmachtserfahrungen zu tun haben und erlebt werden. In Statistiken und neueren Untersuchungen wird der Zusammenhang von Krankheiten, Armut und geringen Bildungschancen belegt. Bewegungsmangel, schlechte Ernährung, wenig Licht, Über- oder Unterforderung und mangelnde Wertschätzung durch das soziale Umfeld, erhöhen das Risiko ebenso. Kranke sind somit im wahrsten Sinne des Wortes geschwächt, geschwächt vom eigenen Körper, von ihren Chancen und Möglichkeiten in der Gesellschaft, geschwächt durch Über- und Unterforderung, fehlende Unterstützung, Ausgrenzungserfahrungen und Abwertung. Können Betroffene eine Krankheit überstehen, gehen sie meist gestärkt daraus hervor; werden Symptome schlimmer, obwohl die Krankheit bekämpft wird, stellen sich Frustrationen und Ohnmachtserfahrungen ein. Sowohl die Patienten als auch die Angehörigen und Ärzte leiden darunter, wenn Krankheiten nicht behandelbar sind. Von einer sicheren Bewältigung der Krankheiten sind wir noch weit entfernt, uns fehlen Erkenntnisse: Warum entwickeln einige Patienten Kräfte, die sie über sich selbst hinauswachsen lassen, während andere an ihrer Krankheit verzweifeln? Uns fehlen Erkenntnisse, warum Krankheiten zeitweise vermehrt auftauchen und in verschieden Regionen mit stärkeren Symptomen und Verläufen auftreten. Manche Krankheiten ermöglichen es, Privilegien zu erhalten und werden deshalb nicht ohne weiteres aufgegeben. Wenn ein Kranker wegen Krankheit subjektiv Vorzüge genießt, z.B. Zuwendung erhält, wenn er/sie dank der Krankheit weniger leisten muss, keine unangenehmen Gefühle ertragen werden müssen, ist es vielleicht bequemer, krank zu bleiben. In diesem Fall kann die Krankheit den Patienten ermächtigen, etwas Ungeliebtes nicht tun zu müssen, etwas tun zu dürfen, was er sonst nicht darf oder Zuwendung zu erhalten, die ohne Krankheit nicht möglich wäre. Ich habe schon Patienten erlebt, die sehr schüchtern waren und Dank ihrer Krankheit Beziehungen aufbauen konnten. Und es gibt Menschen, die von ihrer Umgebung so schlecht behandelt werden, dass sie mit Krankheit reagieren, so kann die Krankheit ermöglichen, ein besseres Umfeld zu finden oder manche Kranke senden mit ihrer Krankheit einen Hilfeschrei oder wollen sich mit Krankheit rächen, z.B. gegenüber einem feindseligen Umfeld. Es gibt Menschen, die möchten gern im Mittelpunkt stehen, und wenn sie diesen Wunsch im normalen Alltag nicht erhalten, kann diese Position durch eine Krankheit erreicht werden. Viele Kranke erleben sich als Opfer der Krankheit und wenn man sie nach ihrer bisherigen Geschichte fragt, fühlten sie sich schon in ihrer Kindheit wenig selbstbestimmt und wenig selbstbewusst. Die Krankheit ist somit auch eine Möglichkeit, trotz geringem Selbstbewusstsein und Selbstbestimmung zu überleben. So kann Krankheit Macht über einen Menschen gewinnen und zugleich kann ein Mensch trotz oder durch die Krankheit Macht gewinnen. Gerade Kinder, die schlechte Lebensbedingungen hatten, die nicht geliebt waren, geschlagen wurden, die nicht genügend Aufmerksamkeit und Zuwendung erhielten, erkranken später im Erwachsenenalter häufiger. In diesem Bereich ist Krankheit mit Machterfahrungen, bzw. Ohnmachtserfahrungen gegenüber schlechten Lebensbedingungen verbunden. In unserer Leistungsgesellschaft wird es nicht so gern gesehen, wenn Menschen zu lange krank sind, sie müssen, um anerkannt zu werden, anerkannt zu bleiben, möglichst schnell gesund werden. Therapien im Schnellverfahren und Patientenbehandlung wie am Fließband, erscheinen in der technisierten Welt als Fortschritt. Ist es wirklich ein Fortschritt, wenn wir die Zusammenhänge von Gesundheit und Krankheit mit dem sozialen Leben nicht mehr beobachten, wenn wir Lebensbedingungen und fehlendes Wohlfühlen im täglichen Leben als Krankheitsfaktor ignorieren? Ist es ein Fortschritt, wenn die quantifizierbaren Zahlen, die subjektiv empfundene Lebensqualität, überflüssig erscheinen lassen? Vielleicht ist gerade die fehlende Lebensqualität die Ursache für viele Erkrankungen. Vielleicht wäre es eine Möglichkeit Krankheiten zu behandeln, in dem wir Lebensqualität und Selbstfürsorge so gut wie möglich fördern. Ich höre schon viele raunen: »Ja wo kämen wir denn da hin, wenn Kranke einfach machen dürften und wünschen dürften was sie wollen?« Viele Fragen ergeben erst einen Sinn, wenn wir sie umgekehrt formulieren: Warum sollte ein Mensch krank werden, wenn er sich rundum wohlfühlt und all das machen kann was er gerne tut?

Vielleicht ist es unser ständiger Versuch, andere erziehen zu wollen, der uns dazu verleitet zu wissen was andere brauchen. Vielleicht ist es der fehlende Glaube an die Organisations- und Funktionssysteme des Körpers und der Natur, dass wir glauben, alles von außen steuern und beeinflussen zu müssen. Teilweise kann feststellt werden, dass Krankheiten ohne jede Intervention verschwinden, ohne Medikamente, ohne Eingriff von außen. Wer traut sich heute noch, den Versuch zu wagen, Krankheiten verheilen zu lassen. Als ich mich mal traute zu fragen, ob es denn Vergleichsstudien gäbe von Patienten, die behandelt würden und anderen, die nicht behandelt würden, erwiderte mir ein Arzt: »Das können wir uns nicht erlauben einem Patienten keine Therapie anzubieten.« Vielleicht sollten wir dennoch auch die Gesunden befragen, wie sie leben, was sie gesund erhält. Vielleicht erhalten wir wesentlich bessere Erkenntnisse über Gesundheit und ein Verständnis dafür wie wir gesund bleiben. Es erscheint uns fremd, Gesunde zu untersuchen, einfach nur zu beobachten, um Erkenntnisse zu gewinnen. Warum eigentlich? Vielleicht weil über Gesunde nicht so leicht Macht zu gewinnen ist, weil kein Geld mit ihnen verdient werden kann. Ist Krankheit selbst ein Macht- und Wirtschaftsfaktor?

Kapitel Ab

Machtspiele von Einzelnen

Es macht Angst, anders zu denken als die Gemeinschaft. Diese Urangst des Menschen, aus dem sozialen Gefüge zu fallen, ist ähnlich der angeborenen Angst vor dem Fallen, die bei Babys durch den Moro-Reflex schon in den ersten Untersuchungen getestet werden kann. Soziale Ausgrenzung und Angst vor Fallen aus großer Höhe sind genetisch tief verwurzelte Ängste. Menschen, die keine Angst vor dem Fallen hatten, sind ausgestorben. Personen, die sich zu weit von ihrer Gruppe, ihrer Kultur entfernten, waren in Urzeiten der übermächtigen Natur und wilden Tieren ausgeliefert. Diese Urangst sitzt uns Menschen heute noch im Nacken. Glauben Sie das nicht? Dann versuchen Sie mal am Morgen mit dem Schlafanzug zum Bäcker zu gehen. Sie verspüren

Hemmungen das zu tun? Ganz klar, was würden denn die anderen sagen? Wir sind nicht nur in den eigenen Sollte-Vorstellungen gefangen, sondern auch in den Sollte-Vorstellungen der anderen. Warum, werden Sie sich jetzt vielleicht fragen? George Herbert Mead, Philosoph und Soziologe, hat diese Phänomene schon im letzten Jahrhundert in seiner Theorie des symbolischen Interaktionismus dargestellt. »Wir spielen alle Theater« war seine Überzeugung. Und die Spielregel in unserem erinnerten Theater lautet: »Mit dem Schlafanzug gehst du nicht zum Bäcker.« Natürlich gehen wir deshalb nicht mit dem Schlafanzug zum Bäcker. Vielleicht würden die anderen mich für verrückt erklären, wenn ich die Spielregel »mit Schlafanzug geht man nicht zum Bäcker« missachte? Nein lieber halten wir uns an die Spielregeln der Bezugsgruppe der Kultur, die Angst vor Ausgrenzung könnte ja lebensbedrohlich sein. So ist die Angst vor Ausgrenzung in unseren uralten genetischen Programmen geschrieben und wird mit den aktuellen Dos und Don'ts der Bezugsgruppe verknüpft. Um den Schmerz der Ausgrenzung auszuhalten, muss ein Mensch in einer sehr großen Notlage sein oder einen Hoffnungsanker auf andere Lebensmöglichkeiten spüren. Nur so kann er die Möglichkeit in Betracht ziehen, die eigene Bezugsgruppe zu verlassen. Waris Dirie beschreibt in ihrem Buch »Wüstenblume«, wie sie es geschafft hat den Weg aus ihrer Bezugsgruppe zu finden (Frauen werden dort als kleine Mädchen beschnitten). Ein wahnsinniges Abenteuer, das diese Frau auf sich genommen hat, um die Lebensbedingungen der destruktiven Bezugsgruppe, zu verlassen. Sie meinen vielleicht, dass es klar ist, dass ein Mensch aus solchen schlechten Lebensbedingungen fliehen kann, wenn das Leid so groß ist. Das ist jedoch keinesfalls so selbstverständlich, wie es von außen aussieht. Die Angst alleine zu sein, ist fast immer größer als der kollektive Schmerz. Warum würden sonst Soldaten den Wahnsinn der Kriege mitmachen, warum würden sich Priester lebenslang einem Zölibat unterordnen, hinter dem sie vielleicht schon lange nicht mehr stehen können? Warum stehen Menschen ein Berufsleben oder eine Ehe durch, obwohl sie längst jeden Sinn der Tätigkeit oder der Beziehung verloren haben? Es ist natürlich bequemer, das bisherige Leben weiter zu führen, aber der Hauptbeweggrund ist die unbewusste Angst, die Angst die Bezugsgruppe zu verlieren. Diese Angst funktioniert wie die Elektroschocks des Zauns einer Kuhweide. Die Kühe lernen mit der Zeit den schmerzhaften Zaun zu vermeiden, weit bevor sie den Zaun berühren. Genauso ist es mit der Angst vor Ausgrenzung. Die meisten Menschen vermeiden jede Form der Nichtzugehörigkeit und schließen sich Bezugsgruppen an, um nicht allein zu sein. Diese Mechanismen funktionieren bei einfachen Bürgern und in allen angepassten Gruppen. Diese Mechanismen funktionieren bei Neonazigruppen, bei Terroristen und Mafiosi, die sich selbst für ungeheuer mutig halten. Die Angstschwellen in diesen Gruppen sind deutlich höher gesteckt, so dass ein Ausscheiden zusätzlich mit der Bedrohung von Folter, dem Tod oder anderen massivsten Strafen belegt ist. Damit bleiben auch scheinbar sehr furchtlose Menschen in der Abhängigkeit ihrer Bezugsgruppe verhaftet.

Bisher haben wir nur von Abhängigkeit zur Gruppe gesprochen, aber wo bleiben die Machtspiele der Einzelnen werden Sie sich vielleicht jetzt fragen? Die Machtspiele der Einzelnen sind entweder super grausam oder heilig. In dem Buch »Psychopathen« beschreibt der Autor Kevin Dutton, was Heilige und Serienmörder verbindet: Die Unerschrockenheit, sich von der Bezugsgruppe nicht beeinflussen zu lassen. Die Unerschrockenheit führt beim Serienmörder dazu, dass er sich über alle Gesetze hinwegsetzen kann, die Spielregeln der Gruppe missachtet, die leidvollen Gefühle anderer ignoriert, um die Entfaltung der eigenen Lust, der kriminellen Energie zu ermöglichen. Die Unerschrockenheit der Heiligen führt dazu, dass sie die Gefühllosigkeit der Gesellschaft durchschauen, die Missstände anklagen und dabei riskieren, das eigene Lebensrecht in der Gesellschaft oder der Bezugsgruppe zu verlieren. Die Religionsgründer, Märtyrer, mutige Friedensaktivisten wie Mahatma Gandhi, Nelson Mandela, Martin Luther King oder die Geschwister Scholl zeigen diese Unerschrockenheit der Heiligen. Sowohl Psychopathen als auch Heilige gewinnen Macht über ihre eigenen Gefühle und Impulse. Mit dieser Eigenmacht können Personen auch Macht über andere gewinnen. Diese Macht kann so weit reichen, dass, wie im Falle von Hitler, Stalin, oder Mao Tse Tung, Millionen von Menschen ihr Leben verlieren.

Die Eigenmacht kann aber auch andere inspirieren ein besseres Leben zu führen, Menschen mit altruistischen und heiligen Verhaltens- und Denkweisen ist es gelungen, dass tausende von Jahren ihrer Geschichten als Vorbild weiter getragen werden. Die Macht der Heiligen, die sich keiner Bezugsgruppe unterordnen, beruht nicht auf einer destruktiven Macht, einer Macht über andere. Die Macht der Heiligen beruht auf der Macht über die eigenen inneren Welten, die Macht Ziele zu finden, die Macht Gefühle zu spüren, die Macht Gefühle zu steuern und die Macht der eigenen Werte. Die Wahrnehmung und Macht der eigenen inneren Welten kann für Menschen ein sehr starker Halt sein, so stark, dass sie sich den Machtspielen anderer verweigern und entziehen. Die Tendenz, Gruppen zu bilden, bleibt auch bei Heiligen und den inneren Werten erhalten. Deshalb entstehen Religionsgemeinschaften, die miteinander in Konkurrenz treten und die Gefahr, auch aus Religionen weitere Machtspiele zu generieren. Nur so ist zu erklären, dass Religionen, die ursprünglich den Menschen helfen sollten, als neue Form der Rechthaberei entstehen, die grausamste Kriege und Zeiten der Hexenjagd heraufbeschwören. Diese Menschenjagd kann zu weiteren Machtspielen führen und neue Traumen auslösen.

Machtspiel der Angst

Erinnern Sie sich an Situationen, in denen Sie Angst verspürten? Alle individuellen und kollektiven Machtspiele funktionieren wegen Gefühlen der Angst. Nicht nur Angst vor Ausgrenzung, Angst vor dem Tod, Angst vor dem Alleinsein, Angst vor Verwirrung, Angst vor Orientierungslosigkeit, Angst vor Abhängigkeiten, Angst abgehängt zu werden, übervorteilt zu werden, erniedrigt zu werden. Angst entsteht immer dann, wenn wir glauben, Gefühle nicht mehr aushalten zu können. Und Mächtige arbeiten gern mit diesen Ängsten. Urängste sind Schutzmechanismen des Lebens, sie werden seit Jahrtausenden von unseren menschlichen und tierischen Vorfahren als Schutzinstinkte weiter vererbt. Diese Ängste sind oder waren zum Überleben sehr sinnvoll. Auch die Traditionen der gesellschaftlichen und kulturellen Ängste hatten in ihrem Ursprung einen Sinn. Wir können verbrennen, deshalb warnt uns die Kultur vor Gefahren des Feuers. Kulturen warnen uns vor Übermut, wir können unser Leben riskieren. Beziehungen werden durch rücksichtloses und achtloses Verhalten gefährdet, darum raten uns die Religionsgemeinschaften, Wertschätzung und gegenseitige Unterstützung zu üben. Ihnen werden sicher noch ganz viele Beispiele einfallen, in denen die Kultur, die Religion oder auch Gesellschaften Gesetze und Gebote erlassen: Diätvorschriften, Gebetsvorschriften, Regeln des Zusammenlebens. Einige der religiösen und kulturell tradierten Regeln, die einst überlebensnotwendig waren, sind heute noch sinnvoll und nützlich. Jahrhunderte später sind viele dieser früheren Regeln nicht mehr nötig. Enthaltsamkeit vor der Ehe schütze Frauen vor vielen Schwangerschaften und vor Ausgrenzungen als alleinstehende Mutter, vor Elend und Not. Heute besteht durch Empfängnisverhütung diese Gefahr nicht mehr, die Menschen halten sich deshalb heute kaum mehr an religiöse und überlieferte sexuelle Abstinenzgebote. Ähnlich überholt sind alte Hygieneregeln, in denen kranke Menschen auf Grund von religiösen und unklaren Krankheits- und Schuldvorstellungen von der übrigen Gesellschaft abgetrennt wurden. Auf der Insel Spinalonga wurden zwischen 1903 bis 1957 Lepra Kranke aus verschiedenen Ländern verwahrt, damit sie andere nicht anstecken. Seit Lepra behandelbar ist und die Krankheit in ihrer Ansteckungsgefahr besser verstanden wird, ist es Gott sei Dank nicht mehr nötig Leprakranke auszusperren. Dennoch halten viele Gruppen und Kulturen an alten Traditionen fest, selbst wenn der Sinn kultureller Vorschriften längst nicht mehr nachvollziehbar ist. Auch heute noch werden bestimmte Verhaltensweisen weiter mit dem erhobenen Zeigefinger der Strafe belegt: Wenn du das nicht machst, dann passiert dir was. Wir erziehen Kinder heute noch zur Angst, auch wenn längst erwiesen ist, dass eine ermutigende und unterstützende Beziehung zu den Kindern viel gesünder und hilfreicher ist, als eine strafende angsteinflößende Erziehung. Lesen Sie das früher sehr beliebte und grausame Kinderbuch, »Der Struwwelpeter«, finden Sie diese Sätze:

Doch Minz und Maunz,
die Katzen, erheben ihre Tatzen.
Sie drohen mit den Pfoten:
»Die Mutter hat's verboten!
Miau! Mio! Miau! Mio!
Wirf's weg!
Sonst brennst Du lichterloh!«

So werden diese kulturell überlieferten Ängste dem Kind mit Angst eingebläut und nicht als wertschätzende, schützende und sicherheitsstiftende Maßnahmen vermittelt. In dem Bilderbuch »Der Struwwelpeter« lesen Sie zahlreiche Beispiele: der Suppenkasper, der verhungert, der Daumenlutscher, dem der Daumen abgeschnitten wird. Genauso wie die Eltern mit Autorität versuchen, den Kindern Angst zu machen, genauso funktioniert diese Angst später in den jeweiligen Bezugsgruppen, Firmen, Staaten, Religionen mit Gesetzen, Drohbotschaften, Entzug von Vergünstigungen und Erleben von Folgen der Bestrafung anderer. Sie wenden vielleicht ein, so grausam ist die Welt heute nicht mehr. Die Bedrohungsszenarien und Instrumente der Verfolgung haben sich verändert, das ist richtig, heute ist vieles weniger grausam, weniger bedrohlich, harmlos sind die Angstszenarien, die wir erlernen, dabei längst nicht. Obwohl wir längst glauben, in der Moderne angekommen zu sein, die Angstmaschinerie mit ihren mächtigen Bestrafungs-, Beschuldigungs-, Beschämungsritualen funktioniert weiter, nur subtil, weniger spürbar als im Mittelalter. Die neuen Folterkammern sind nicht mehr geschlossen, wir werden heute nahezu überall gesehen und überwacht von Big Data, elektronischer Überwachung der Videokameras und intelligenten Computersystemen. Es braucht heute niemand mehr eingesperrt zu werden, es existieren ja Drohnen, mit denen Menschen schon lange vor jeder Tat oder Absichtserklärung, von den intelligenten Computern erkannt werden und unschädlich gemacht werden können. Und wer kann als einfacher Bürger schon nachvollziehen, um welche Fake News es sich handelt, wenn uns erzählt wird, dass wieder der eine oder andere große Terrorist gefasst wurde, wenn plötzlich wieder kritische Reporter auf seltsame Art zu Tode kommen oder wegen fadenscheiniger Argumente inhaftiert werden. Die neuen beschämenden Bilder sind nicht mehr Hexenzeichen oder Judenstern, sondern Karikaturen, Beleidigungen, öffentliche Abwertungen in den Medien, ein Lächerlichmachen in sozialen Netzwerken, persönliches und kollektives Mobbing bestimmter gesellschaftlicher Gruppierungen. Gefahren lauern nicht mehr hinter irgendeinem Busch, wie bei den Wegelagerern früher, die neuen Gefahren, sind die Bilder, die uns gezeigt werden; Bilder, bei denen wir nicht mehr unterscheiden können, ob es sich um Wirklichkeitsdarstellungen oder um Illusionen handelt. Stecken hinter diesen Bildern Geheimdienste, Großkonzerne, Werbung, ehrliche Wissenschaftler und ehrliche Journalisten oder geschickte Verkäufer und Manipulatoren? Vielleicht betrachten Sie mich jetzt als weltfremd, weil ich den modernen Sicherheitsapparaten gegenüber skeptisch bin. Ich möchte genauso wie Sie, dass wir Menschen vor Straftaten und vor Gewalt, die unsere Leben gefährden, geschützt werden. Aber wissen Sie, wer uns gefährdet? Welcher Geheimdienst, Hacker, Cyberkrimineller oder Cybermobber schlägt als nächstes zu? Haben Polizei, Justiz und Militär die Kapazitäten uns wirklich zu schützen? Wissen Sie, welcher Wirtschaftskrieg, welche Umweltkatastrophe, welcher Wirtschaftsskandal uns als nächstes bedroht? Wenn wir wirklich konsequent menschliche Lebensgefahren verhindern wollen, müssten wir dann nicht zuerst alle Kriegstreiber als Gefährder einstufen, alle Heere schließen, Terroristen konsequent einsperren, alle Waffenhersteller und Waffenlieferanten, alle Gewaltspielhersteller und Krimis verbieten? Sie alle halten die Lust-Angst-Abenteuer-Gefühle der Gewaltspiralen am Leben, befeuern stets neue Traumata und Bedrohungsszenarien. Wie viele Verbrechen gehen auf Nachahmung von Gewalt zurück? Gibt es dazu Studien? Nein, weil sich die meisten gar nicht trauen, in diese Wespennester zu stechen. Ja, genau richtig geraten, wir trauen uns nicht, die wirklichen Gewaltursachen zu hinterfragen, vielleicht sind wir dann die nächsten, die als Gefährder am Pranger stehen. Spüren Sie jetzt, wie die Angst-Macht-Maschine auch heute noch funktioniert? Dann lieber doch den Mund halten, glauben, was uns erzählt wird und still halten. Nicht mehr das Verbrechen an sich oder die Tat, ermöglicht heute eine Ausgrenzung, sondern bereits der Verdacht, ein Gefährder zu sein. Wir beschuldigen und beschämen andere wegen Gewalt und ermöglichen gleichzeitig durch unsere eigenen Gesetze, durch den angstvollen und wegschauenden Lebensstil, dass Gewalt gegen Arme, Schwache, Menschen mit Behinderung und anderen Hautfarben Toleranz findet. Wir ermöglichen mit unseren Einkäufen und unserem Konsumverhalten, dass sich Gewalt gegen Tiere, gegen unterprivilegierte Völker, gegen verarmte Arbeiter und einzelne Gruppen ausbreitet. Aber was sollten wir tun in unserer Ohnmacht, in unserer Angst? Wenn wir nicht mitspielen mit dem kollektiven Konsumismus, droht uns die nächste Beschämung: »Wie siehst du denn aus, was isst du da? Bist du etwa Veganer? Gehörst du etwa noch zu den Fleischessern? Du bist ja eine Tussi, ein Öko oder ein Spießer.« So lauten die Beschämungsformeln der Moderne. Welche Macht und Dynamik in diesen unbewussten Beschämungsritualen steckt, beschreibt der Sozialwissenschaftler Stephan Marks sehr eindrücklich in seinem Buch: »Scham die tabuisierte Emotion«.

Machtspiel der Gefühle

Sie haben bestimmt bereits bemerkt, dass Macht hauptsächlich durch unsere unbewussten Gefühle gesteuert wird, durch Gefühle der Angst, der Scham, der Aggression. Gefühle der Selbstsucht, der Minderwertigkeit... Sie werden sich vielleicht wundern, warum ich keine positiveren Gefühle erwähne, wie Gefühle der Liebe, der Wertschätzung, Gefühle der Freude und des Trostes. Wenn diese Gefühle als echte authentische Gefühle erlebt und gezeigt werden, müssen sie nicht ins Unbewusste verschoben werden, da positive authentische Gefühle im menschlichen Zusammenleben immer willkommen sind. Liebe, Wertschätzung, Trost und andere positive soziale Gefühle werden jedoch auch häufig manipulativ vorgespielt, um irgendeine Vergünstigung zu erreichen. Ist Ihnen das schon passiert, dass sie das Gefühl hatten, ein Geschenk, eine Aufmerksamkeit oder eine Zuwendung ist nicht echt? Es taucht die Frage auf, warum schenkt der/die andere mir das, warum umschmeichelt mich der Kollege? Wir erhalten eine Bewunderung und können kaum mehr unterscheiden: Kann das eine echte Bewunderung sein oder ist es eine sehr gut gespielte Bewunderung, weil jemand etwas von mir möchte? Es ist in den funktionierenden Machtspielen nicht wichtig, ob ein Mitarbeiter freundlich seine Arbeit verrichtet, weil es ihm gut geht und er jemanden mag. Es ist dem Betrieb nicht wichtig, wie sich der Mitarbeiter fühlt, wenn die Zahlen stimmen. Es ist nicht wichtig, ob der Mitarbeiter sich freundlich verhält, weil er sich gerade freut und sich freundlich verhalten möchte, oder weil er dem Chef gefallen will. Und ob der Mitarbeiter innerlich vielleicht verzweifelt oder traurig ist und nur seine Rolle gut spielt, das ist nicht mehr von Bedeutung in der modernen Arbeitswelt, Hauptsache er funktioniert. Und wenn der Mitarbeiter nicht mehr richtig funktioniert, kann er ja zum Arzt gehen oder zum Psychotherapeuten, oder man kann ihn abmahnen, damit er wieder lernt, seine gefügige Rolle im Theater der Machtspiele einzunehmen. Auf der Bühne der Machtspiele spielt es keine Rolle, welche Gefühle echt und welche Gefühle gespielt sind, wichtig ist, dass die Regie der Machtspiele beachtet wird, die Spielregeln befolgt werden und die Rollen nach den vorhandenen Drehbüchern abgespielt werden. Ob diese Regeln noch nützlich und hilfreich sind, wird kaum noch hinterfragt, solange die Zahlen stimmen, ist die Qualität der Arbeit, die Zufriedenheit der Mitarbeiter oder das Bedürfnis des Kunden nicht so wichtig. Störungen der Systeme jeder Art sind unerwünscht, sogar verboten und können mit Strafen belegt und mit Ausgrenzungen aus den Machtspielen geahndet werden. In puncto emotionales Repertoire reicht es in streng hierarchisch geführten Bereichen, sofern wir gelernt haben, unsere Rollen gut zu spielen; die meisten Menschen können ohnehin kaum mehr unterscheiden, ob sie selbst oder der Andere ein echtes oder gespieltes Verhalten oder Gefühl zeigen, viel zu vertraut sind uns die alltäglichen Schauspielereien, Pseudofreundlichkeiten und Heucheleien schon geworden. Sie werden sich vielleicht jetzt fragen, was soll schon schlimm daran sein, dann funktionieren wir halt alle. Solange es gut geht, ist es wirklich nicht schlimm, da bin ich ganz Ihrer Meinung. Schlimm wird es, wenn diese Automatismen und das Funktionieren im Machtspiel immer unbewusster und von immer sinnloseren oder grausameren Dynamiken angefeuert werden. Die Firmenskandale mit Korruption, Scheingeschäften, Betrugsfällen und Finanzschiebereien sind sicher keine Einzelfälle. Die Recherche und Verfolgung gestaltet sich schwierig und auch die Schutzstrategien der Machtspieler sind viel zu raffiniert, als dass wir sie durchschauen könnten. Vielleicht interessiert Sie das Buch von Harald Welzer: »Täter: Wie aus ganz normalen Menschen Massenmörder werden.« In diesem Buch wird beschrieben, wie sehr Menschen im Autopilot-Modus geneigt sind, sich einzuordnen, unterzuordnen und gar nicht mehr wahrnehmen, wie sehr sie immer mehr zu Verbrechern werden. Das passiert bei Soldaten, in kriminellen Gruppen, in Kirchen, in Gefängnissen und Kinderheimen, wie sich in der Aufarbeitung der vielen Missbrauchsskandale zeigt. Hätten die Menschen in den 60er Jahren gedacht, welches Unrecht Autoritätspersonen verursachen? Fragen Sie ältere Personen nach ihren Erfahrungen, lesen Sie Geschichtsbücher, betrachten Sie alte Gemälde, erkundigen Sie sich in allen Kulturen, überall wurden Respektspersonen, Adelige, Hohe Geistliche, Würdenträger, Könige verehrt und konnten sich Vorzüge leisten, die Untergebenen streng verboten waren. Konkubinen waren erlaubt, Harems bei Kaisern, Landesfürsten konnten Kriege anzetteln, Fehden und Verrat inszenieren. Was im Gesetz als Verbrechen oder schwere Sünde verfolgt wird, ist den Mächtigen erlaubt. Eine Autoritätsperson gilt und galt als unfehlbar. Dass auch die Wissenschaft trotz aller Objektivität von so mancher Irrationalität bewegt wird und manchen Betrug mitmacht, um den Machtvorstellungen von Lobbyvertretern und Machtinteressierten zu dienen, ist längst kein Geheimnis mehr. Ich vermute, wenn wir anfangen würden, in diesem Sumpf mehr Aufklärung zu betreiben würden sich noch viele Schandtaten finden lassen. Der Sinn dieses Buches soll jedoch keineswegs sein, neue Machtspiele zu inszenieren und Menschen anzuklagen, sondern Spielregeln zu hinterfragen, die weder zeitgemäß noch hilfreich sind. Die Gefahren des bequemen Autopilot-Modus lauern nicht nur in Machtspielen, sondern auch in so manchen anderen Spielen, die wir zu kennen glauben. Wir sind anfällig, den hergebrachten Spielregeln und den bekannten Denkmustern zu vertrauen. Wie sehr diese Denk- und Entscheidungsfehler in bestehenden Systemen funktionieren, zeigt der Wirtschaftsnobelpreisträger Daniel Kahnemann in seinem lesenswerten Buch: »Schnelles Denken, langsames Denken«.

Warum haben ehrliche, liebevolle und wertschätzende Gefühle keinen Platz in der Welt der Machtspiele, werden Sie jetzt vielleicht fragen. Ganz einfach: Ehrliche und liebevolle Gefühle haben keinen Machtanspruch, deshalb passen sie nicht in das Szenario der Machtspiele. Nicht umsonst werden liebevolle Personen, die sich sozial engagieren, gerne im Machtspiel als Gutmenschen ausgebuht. Und glauben Sie bitte nicht, dass sie selbst von der Infiltration der Machtspiele verschont geblieben sind. Wahrscheinlich gibt es keinen Menschen auf dieser Welt, der nicht von Machtspielen betroffen, inspiriert oder manipuliert ist. Machtspiele zu überwinden, ist unsere kollektive Aufgabe, wenn wir als Menschheit überleben wollen. Weltuntergangsszenarien mögen Sie nicht? Ich auch nicht, gerade deshalb dürfen wir Gefahren, die wir kollektiv erzeugen, nicht übersehen. Natürlich vertraue auch ich auf die Selbstheilungskräfte der Natur, der menschlichen Wesen und des Universums. Aber reiner Optimismus wäre wahrscheinlich ein Verleugnen von Gefahren. Es sind viele Hochkulturen der Geschichte untergegangen und vermutlich waren Machtspiele daran nicht ganz unschuldig. Wenn Sie diese Zusammenhänge interessieren lesen Sie bitte das Buch des Wirtschaftshistorikers David Landes »Vom Wohlstand und Armut der Nationen«

Machtspiele sind in ihrer Abhängigkeit zu anderen oder der eigenen Unbewusstheit dem Bewusstsein kaum zugänglich. Es kostet viel Aufmerksamkeit und Arbeit, die eigenen alltäglichen und kollektiven Gefühle zu hinterfragen und zu entschlüsseln. Und da so manche Gefühle, die wir durch die Machtspiele erworben haben, sehr unbequem sind, wagen wir oft nicht so genau hinzusehen, was sich in unseren Köpfen und in unseren Gefühlen abspielt. Psychoanalytiker wie Sigmund Freud, C.G. Jung, Alfred Adler, zahlreiche Philosophen und Mystiker haben schon erhebliche Vorarbeit geleistet um Gefühle bewusster zu machen. Dadurch sind uns viele kollektive Gefühle schon etwas klarer und bewusster geworden. Die neueren Formen der Verhaltenstherapie beschäftigen sich weniger mit Gefühlen; wie der Name schon sagt, beschäftigen sich Theoretiker der Verhaltensforschung hauptsächlich mit dem Verhalten. In Verhaltenstherapien werden Verhaltensänderungen trainiert, das dahinter liegende Gefühl der Klienten nur marginal erfasst, kaum beobachtet und wenig verändert. Macht über das Verhalten eines anderen zu gewinnen passt gut in die etablierten Formen der Machtspiele, vielleicht konnten sich diese Formen der modernen Psychotherapie deshalb am besten durchsetzen.

Gefühle sind damit mehr in den Hintergrund getreten, mit Ausnahme der Werbepsychologie und beim Sport. Gefühle können hier sehr gut eingesetzt werden, um große Gewinne zu erzielen und das Kaufverhalten von Menschen zu manipulieren und Zuschauer zu begeistern. Zuschauer, die nach einem Film oder einem Sportevent Produkte kaufen, die sie ohne diesen Film nie gekauft hätten, sind ein dankbares Objekt der Werbebranche und der Industrie. Gefühle leisten hier einen profitablen Dienst. Sind Produkte in der Werbung, aber auch in Filmen gut positioniert, eingewoben in gefühlvolle Momente und Szenen, glaubt der Zuschauer, das Gefühl der Filmszene kaufen zu können. Einige Gefühle passen damit sehr gut in die Dynamik der wirtschaftlichen Machtspiele. Da wir bereits im Schulsystem und der Erziehung lernen, Gefühle zu verstecken, sind diese unbewussten Gefühlsattraktionen besonders wirksam. Wir leben mit manipulierten Gefühlen, berauschen uns an Filmen, begeistern uns in Sensationen, empören uns über Nachrichten. Echte eigene Gefühle werden heute im zwischenmenschlichen Bereich immer unbewusster wahrgenommen und unbeholfener verarbeitet, wir haben verlernt zu fühlen. Wen wundert es, wenn Gefühle plötzlich in unerwarteter Wut, Frustration auftauchen oder sich als kollektive Traurigkeit, Depression, Überforderung schleichend ins Bewusstsein gesellen und sich zu Volkskrankheiten entwickeln. Genau hier beginnen unsere Ohnmachtserfahrungen, wir haben nicht gelernt, Gefühle zu spüren, geschweige denn, sie zu steuern. Wir wagen nicht, Gefühle an- und auszusprechen, die anderen könnten uns ja für verrückt erklären, wenn überhaupt, dürfen wir uns nur positiv fühlen und positiv denken, also schnell wieder lächeln und freundlich sein. Hauptsächlich von den Mächtigen werden Gefühle heute noch genutzt, weniger um das eigene Leben zu gestalten, sondern um mit Gefühlen andere zu dominieren und zu manipulieren, andere mit Angst zu unterdrücken. Das Beruhigende ist, die Mächtigen haben zwar gelernt, Gefühle als Machtmittel einzusetzen und diese zu instrumentalisieren, gegenüber ihren eignen Gefühlen sind sie meist ebenfalls sehr blind, auch sie wurden ja manipuliert und ließen sich vom Zauber des Geldes und der Machtspiele faszinieren. Könnten Machthaber und Täter erkennen, wie offensichtlich ihre Machtmechanismen, ihr Machtgehabe, ihr Stolz, ihre Profilierungssucht, ihr despotisches Verhalten von anderen durchschaut werden kann, dann wäre ihnen das sicher sehr peinlich. Wenn so mancher Mächtige erkennen könnte, wie unbeliebt er/sie ist, wie verschroben das Gehabe auf andere wirkt, wie er/sie von anderen immer wieder hinters Licht geführt und ausgebeutet werden, würden diese Mächtigen sich möglicherweise ärgern und schämen für ihr Verhalten und ihre Gefühle, die offensichtlich nur aus einem mangelnden Selbstwertgefühl bestehen. Diese Ohnmachtsgefühle, die um jeden Preis der Welt mit Machtbeweisen überdeckt werden müssen, damit keiner sieht, welches arme kleine Würstchen hinter dieser aufgeblasen mächtigen Fassade wohnt. Hans Christian Andersen beschreibt das Szenario dieser Machtspiele in seinem Märchen »Des Kaisers neue Kleider« so: So ging der Kaiser unter dem prächtigen Thronhimmel, und alle Menschen auf der Straße und in den Fenstern sprachen: »Wie sind des Kaisers neue Kleider unvergleichlich! Welche Schleppe er am Kleide hat! Wie schön sie sitzt!« Keiner wollte es sich merken lassen, dass er nichts sah; denn dann hätte er ja nicht zu seinem Amte getaugt oder wäre sehr dumm gewesen. Keine Kleider des Kaisers hatten solches Glück gemacht wie diese. »Aber er hat ja gar nichts an!« sagte endlich ein kleines Kind. »Hört die Stimme der Unschuld!« sagte der Vater; und der eine zischelte dem andern zu, was das Kind gesagt hatte. »Aber er hat ja gar nichts an!« rief zuletzt das ganze Volk. Das ergriff den Kaiser, denn das Volk schien ihm recht zu haben, aber er dachte bei sich: ‚Nun muss ich das aushalten.' Und die Kammerherren gingen und trugen die Schleppe, die gar nicht da war.

Diese Machtspiele, die so grotesk sind, werden weltweit endlos weitergespielt und werden sogar wechselseitig als Weltordnung anerkannt. Die meisten Menschen sind so beschäftigt mit der Organisation der Arbeit, der Familie, der Bezugsgruppe und vielen anderen Aufgaben im Alltag und sie haben sich daran gewöhnt auf Gefühle nur mehr dann zu achten, wenn es ganz gefährlich wird oder wenn die eigene Komfortzone in Gefahr gerät. Das Leben spielt sich in Gewohnheiten ab, im Autopilot. Immer der gleiche Trott der Erziehung, festgefahrene Rituale der Bezugsgruppe werden erlernt, die Machtspiele werden von einer Generation in die nächste Generation in leicht veränderter Form weitergegeben. Haben Sie schon die Familiengeschichten von unterschiedlichen Familien beobachtet, die Machtspiele ähneln sich über Generationen hinweg, in Adelsfamilien, Kaufmannsfamilien, Handwerksfamilien, Künstlerfamilien... in armen und reichen Familien.

Gelegentlich tauchen auch in Machtspielen erhebliche Irritationen auf, und gerade im letzten Jahrzehnt spüren immer mehr Menschen, dass sich die Gewohnheit der Machtspiele unangenehm anfühlt, egal, ob sie jetzt Kommunismus oder Kapitalismus heißen, ob sie im Gewand von Religionen, Firmen oder Nationalstaaten daher kommen. Immer mehr Menschen versuchen sich zu lösen, sich zu verändern. Aber bitte unterschätzen Sie die Jahrtausende alte Tradition der Machtspiele nicht. Mächtige haben kein Interesse daran, Macht abzugeben und wollen diese Macht erhalten. Und es gibt viele Underdogs, die aufsteigen möchten in die Hierarchie der Machtspiele, und auch die Untergebenen und Abhängigen sind in diesen abhängigen Beziehungen verstrickt, sie können ihr Mitspielen und die Destruktivität der Machtspiele nicht erkennen. Vielleicht ist es klüger, den Mächtigen ihre Machtspiele nicht zu verderben und diese Realität anzuerkennen. Das bedeutet ja nicht, dass wir bei jedem Machtspiel mitspielen müssen. Wenn immer mehr Menschen neben den herkömmlichen Spielen auch eigene Spiele zu spielen wagen, können wir mit der Zeit eine Balance erreichen, in der wir sowohl das Gefühl der Macht als auch das Gefühl der Ohnmacht ertragen und auf positive Weise nützen können. Und wenn wir kollektiv mehr emotionale und soziale Intelligenz entwickeln, werden wir immer mehr unserer Gefühle anerkennen, spüren und aussprechen können, dann werden die Machtspiele ganz von selbst an Bedeutung verlieren.

Individuell /

BEZIEHUN-GEN UND BEZIEHUNGS-MUSTER

Intro

Inzwischen erkennen immer mehr Forscher und Psychiater, dass uns gesellschaftliche Machtasymmetrie krank macht. PD Dr. Karl-Heinz Brisch, Kinderpsychiater an der Haunerschen Kinderklinik der LMU München, beschreibt in seinen Büchern und präsentiert in Bindungskonferenzen, wie sich Beziehungsmuster etablieren und durch transgenerationale Weitergabe von den Eltern auf die Kinder und später weiter in der Gesellschaft verbreiten. Frau Prof. Dr. Elisabeth Schramm, Psychiaterin in Freiburg, arbeitet mit sehr viel Engagement daran, unbewusste Beziehungssysteme, Beziehungsfolgen, Beziehungstraumatisierungen im Leben betroffener Patienten und deren Familien zu verstehen und zu behandeln. Persönlichkeitsmuster der Hilflosigkeit, des Misstrauens, der Überheblichkeit und der Feindseligkeit etablieren sich durch Traumatisierung und asymmetrische Beziehungsmuster, die in der Kindheit erlernt werden und sich im Jugendalter verfestigen. Früher dachte man, Depressionen würden genetisch vererbt, da sie oft seit mehreren Generationen in einer Familie auftraten. Heute legen viele Studien nahe, dass Verhaltensmuster und auch emotionale Muster in den Familien und den Kulturen erlernt und durch Verhaltensgewohnheiten weitergegeben werden. Durch die Forschungen der Epigenetik wird inzwischen auch eine körperliche Verankerung von psychischen Traumata über mehrere Generationen hinweg diskutiert. Die Beziehungen, das soziale Gefüge und die Gefühle der Eltern, der Verwandten, Geschwister, Vorfahren, Ahnen, Freunde, Interessengruppen, Gemeinschaften, Staatsangehörigkeit werden in der Familie gemeinsam erlebt und als Gruppe verarbeitet. Erlebte Traumata und deren Folgen werden vom Kind auch im Mutterleib schon miterlebt oder durch Erzählungen übertragen; wie die Muttersprache werden Gefühle, Verhaltensmuster und Erfahrungen von der Mutter, der Familie, der Kultur erworben. Die Übertragung dieser Verhaltensmuster und Gefühle können über mehrere Generationen aufrechterhalten werden. Was ursprünglich in der Natur eine sinnvolle Einrichtung war, um Erfahrungen weiterzugeben, funktioniert ebenso gut mit erlebten Traumata und tradierten Machtspielen. Ungünstige, gewaltsame und schädliche Verhaltensmuster werden ebenso tradiert wie hilfreiche. Wenn wir in Verbindung mit unseren Gefühlen sind und in einer relativ freien Umgebung leben, ist es möglich zu entscheiden, ob wir ein Verhaltensmuster aufrecht erhalten möchten, oder nicht. In sehr intoleranten, engstirnigen, rigiden Systemen, die mit Bestrafung, Verurteilung, Lügen und Verrat funktionieren, ist es für die Beteiligten nur sehr schwer möglich diese Muster zu hinterfragen. Aus Angst werden die gewünschten Verhaltensmuster gezeigt und die unerwünschten unterdrückt oder verdrängt. Erziehungsvorstellungen der Eltern, der Epoche, der Herkunftsfamilie, der Kultur, der Religion usw. spielen dabei eine wichtige Rolle. Wie sehr die Erziehung Einfluss auf spätere Machtspiele hat zeigt sich deutlich in dem Buch von Alice Miller: »Am Anfang war Erziehung«. In diesem Buch stellt die Autorin die schrecklichen Kindheitserfahrungen und Erziehungsvorstellungen dar, die jeden Leser schockieren. Die Erziehung einer Generation kann dazu beitragen, dass sich in der nächsten Generation Krieg oder Frieden ausbreiten wird.

Erziehung und Bildung

Vielleicht ist auch die Ursache der Machtspiele mit in unserem Bildungssystem zu finden. Bildung ist Macht, das wissen wir. Wer bessere Bildungsabschlüsse vorweisen kann erhält mehr Ansehen, mehr Einfluss und mehr Geld und damit auch die Chancen, in mächtigere Gesellschaftsbereiche aufgenommen zu werden. Und wer bestimmt, was wir lernen sollen und können müssen? Wenn ich mich mit Erwachsenen unterhalte, fällt mir immer wieder auf, dass sie das meiste, was sie jemals gelernt hatten, nicht wirklich für ihr Leben benötigen. Wie geht es Ihnen mit dem Wissen, das Sie in Ihrer Kindheit erworben haben? Ist es noch aktuell, noch wichtig für Sie? Das Wissen, das Kinder heute erwerben, wird von Lehrern vermittelt, die teilweise vor 20 Jahren die Universitäten besuchten. Werden unsere Lehrkräfte und Akademiker, die einen Abschluss an einer Universität erworben haben, ständig in ihren Fächern aktualisiert? Stellen Sie sich vor, wir würden das mit der Technik so machen. Würden Sie heute noch mit Computern arbeiten, die in den neunziger Jahren entwickelt wurden und inzwischen zwei Programme mehr zu bieten haben? Oder könnte die Autoindustrie Autos aus den neunziger Jahren verkaufen, mit etwas anderen Sitzen und Instrumenten? Was wir im technischen Bereich für undenkbar und absurd halten, tradieren wir im sozialen und im Bildungsbereich ganz selbstverständlich. Die Lehrpläne werden mit immer mehr Wissen vollgestopft, hier zählt mehr die Quantität an erworbenem Stoff, ob die Kinder etwas davon verstanden haben oder etwas damit anfangen können, das obliegt der Verantwortung der Kinder selbst oder den Eltern.

So wächst, trotz immer umfangreicherer Lehrinhalte der Lehrpläne, die Anzahl der Analphabeten unter den Schulabgängern. Die Tradition der Bildung ist wichtiger, als Kinder mit allen Sinnen an einer sich rasch verändernden Welt teilnehmen zu lassen. Früher wurde angenommen, dass unser Gehirn wie ein Wissensspeicher funktioniert, der Wissen aufnimmt und dann zu gegebener Zeit abrufen kann. Heute wissen wir, dass unser Gehirn immer in Beziehung geht mit der jeweiligen Umwelt, den jeweiligen Erfahrungen. Unser Gehirn lernt ständig bis ins hohe Alter. Der Psychiater Thomas Fuchs beschreibt dieses Phänomen der Neuroplastizität sehr anschaulich in seinem Buch: »Das Gehirn ein Beziehungsorgan«. Das Gehirn kann lernen sich anzupassen oder kreativ zu sein. Wenn wir die Kinder wie anno dazumal dazu erziehen, dass sie Wissen durch monotones Speichern erwerben und ihnen erlauben, sich auf diesem Wissen auszuruhen, dann brauchen wir uns nicht zu wundern, wenn unsere Kinder in der modernen Welt bald nicht mehr lebenstauglich sind – überholt vom eigenen Fortschritt. Deutlich sieht man das heute schon an den Senioren, man hat versäumt, sie mit der neuen Technologie vertraut zu machen, sie in Computertechnologien und in online Kenntnissen zu schulen. Und so beklagen sich viele Senioren heute zu Recht, dass sie sich von den neuen Entwicklungen abgehängt fühlen. Sie beklagen sich, dass sie nicht mehr mithalten können: Online-Tickets, Online-Banking, soziale Netzwerke... Sie fühlen sich völlig überfordert, selbstständig nach Informationen im Netz zu suchen. Eine neue Form der Ausgrenzung entsteht, indem Menschen mit der Veränderung der technischen und sozialen Welt nicht mehr mithalten können. Lernten früher die Jungen von den Alten, so dreht es sich langsam um, Kinder lehren Erwachsene, wie sie effektiver und geschickter mit Medien umgehen können. Versuche, Kindern etwas vorzuenthalten, das Ihnen im Netz schaden könnte, zum Beispiel Cybermobbing, scheitern kläglich. Es gelingt sogar kaum mehr, sie vor den kriminellen Machenschaften zu schützen, die sich weltweit im Netz ausbreiten; Kinder und Jugendliche sind längst in der Lage, sich auch im Darknet zu bewegen. Amokläufer, die dort Waffen besorgen, zeigen das eindrücklich. Für viele Kinder stellt sich die Frage: Warum sollen wir uns noch stundenlang in eine langweilige Schule setzen, wenn die Lösungen der Fragen in Sekundenschnelle im Netz zu finden sind? Es gibt viele Eltern, die sich heute schon beklagen, dass sie es kaum mehr schaffen, ihre Kinder für die Schule zu motivieren.

Ein weiteres entscheidendes Bildungsdefizit erwerben Kinder, in dem sie sich von der Natur entfremden. Kinder kennen heute kaum noch Pflanzen und Tiere, sie lernen nicht mehr zu kochen, etwas im Garten anzubauen, sie singen, malen und musizieren immer seltener. Kreative und musische Fähigkeiten und Interessen gehen damit verloren. Kinder werden einerseits in Hochleistungssport getrimmt und können sich andererseits dank moderner Navigationssysteme kaum mehr in der freien Natur orientieren. Perfektion und Selbstdarstellung wird immer wichtiger. Lerninhalte, die ermöglichen, das Leben selbstständig und frei zu gestalten, verschwinden und damit schwindet auch immer mehr die Fähigkeit sich am Leben zu freuen, leider ist in der modernen Welt dafür kaum mehr Zeit und Raum. Wen wundert es, wenn Burnout, Erkrankungen, Hyperaktivität, Suchterkrankungen und Depressionen rasant zunehmen? Die Macht- und Ohnmachtserfahrungen des Bildungssystems spiegeln sich in der Hilflosigkeit und Ohnmacht der Eltern, die entweder total überfordert kapitulieren oder zu Wissens- und Bildungsmanager ihrer Kinder mutieren. Die Angst, Kinder könnten am Arbeitsmarkt keine Chancen haben, sind zwar durch die demographische Entwicklung nicht in Sicht, aber Eltern erleben im eigenen Berufsleben was es bedeutet, nicht mithalten zu können. Und so entfaltet sich eine neue Form des Machtspiels: Der moderne Kampf um Bildungschancen dient nicht mehr dazu, Kinder auf ein selbstbestimmtes Leben vorzubereiten; Kinder werden vielmehr schon im Kleinkindalter getrimmt, um in der von Machteliten dominierten Welt noch eine Chance des Mitspielens zu erhalten. In den Schulen werden Kinder mit Markenkleidung und Konsumprodukten als reicher und schöner identifiziert. Auch wenn eine Schulordnung existiert lernen Kinder sehr schnell, wie Ausgrenzung von Armen und Unterprivilegierten funktioniert, welche Regeln sie befolgen müssen, um sich als Machtspieler eine Teilhabe zu sichern. Bereits in den unteren Klassen gewinnen die Alphatiere unter den Schülern an Macht, erlernen Täterrollen und bei den Schwächeren beginnen sich Opferrollen zu verfestigen, wie Mechthild Schäfer in Ihren Forschungen feststellt. Sie können manches davon gerne in dem Buch: »Du Opfer! Wenn Kinder Kinder fertigmachen« nachlesen.

Partnerschaft

Dieser ganze Wahnsinn der Selbstdarstellung, der gegenseitigen Hetze, der Jagd nach Status- und Gewinnmaximierung macht natürlich auch bei der Partnerwahl und Gestaltung von Partnerschaften nicht Halt. Heute ist es schwer, im Trubel der Arbeit, des Konsums und der dauernden Verpflichtung des Mithalten-Könnens noch auf Partnersuche zu gehen und liebevolle Partnerschaften zu pflegen. Partner werden nicht mehr auf Tanzveranstaltungen, bei Wanderungen oder in der Arbeit gefunden, so wie es früher war. Es wird kaum mehr getanzt und im Berufsleben scheidet die Partnersuche immer mehr aus, da die meisten Arbeitgeber keine zu nahen Beziehungen der Kollegen untereinander wünschen. Manche Arbeitnehmer arbeiten heute an die 60 Wochenstunden, auch wenn im Arbeitsvertrag 40 Stunden angegeben sind. Für eine entspannte Partnersuche, gemütliche entspannte Stunden zu zweit bleibt kaum mehr Zeit, da ergibt sich schon zeitlich ein Problem. Überbrückt wird diese Diskrepanz inzwischen durch Online Kontaktbörsen, die moderne Form der Hochzeitslader von anno dazumal. Dass trotz optimierter Paar-Passungsberechnungen nicht alle verknüpften Kontakte zu Liebesbeziehungen führen, ist dem Zusammenhang geschuldet, dass sich Gefühle trotz all unserer rationalen Fähigkeiten nicht so leicht berechnen lassen. Ganz abgesehen davon, haben wir kollektiv Probleme, Beziehungen liebevoll zu gestalten, viel zu normal sind Zwänge der Political Correctness auf der einen Seite geworden und auf der anderen Seite das Existieren der Unverschämtheiten durch Meinungsfreiheit.

Diese kollektive Unsicherheit überträgt sich auf die Individuen. Langsam wird die Verhaltensunsicherheit immer größer, Menschen klagen einander wegen Diskriminierung, Berührungen, und unangebrachter Wortwahl an, während es sich andere erlauben, Kinder zu missbrauchen, Betrügereien in großem Stil auszuführen, ohne dabei in irgendeiner Weise zu Rechenschaft gezogen zu werden.

Wenn es gut geht, lernen wir in den Familien gute Beziehungen zu führen. Gestaltung liebevoller Beziehungen ist weder ein Unterrichtsfach noch ein Studienfach. Wir können versuchen, in der Erwachsenenbildung mit Coaches und Trainern ein wenig vom Know-how der Beziehungsgestaltung zu erfahren. Die meisten Coaches sind dazu ausgebildet, Führungskräfte zu beraten, Beziehungen im Machtspiel so zu gestalten, dass hier möglichst wenige Irritationen auftauchen. Partnerschaften haben eine andere Dynamik als professionelle Beziehungen. Mal ehrlich, wie viele Paare kennen Sie, von denen Sie sagen würden: Das sind glückliche Partnerschaften? Auch wenn wir heute professionell ausgebildet sind, bei Partnerschaft und Paarbeziehungen fühlen sich viele überfordert. Langsam gibt es immer mehr Fachleute, die sich auf Paar- und Familienprobleme fokussieren, es entsteht wieder ein Bedürfnis nach besserem Miteinander, nach gelingenden Partnerschaften, das wird auch an der Anzahl der Bücher und Foren deutlich, die sich mit Beziehungsgestaltung beschäftigen. Eine heilsame Nebenwirkung der krankmachenden Machtspiele: es entstehen Sehnsüchte und Wünsche, dass Liebe, wieder gelebt werden kann und darf. Dieser erfreuliche Trend darf jedoch nicht darüber hinwegtäuschen, dass das Verhältnis in Partnerschaften so gestört werden kann, dass Gewalt entsteht. Intrigen, Verrat, Misstrauen, gegenseitige Verletzungen, Vergewaltigungen passieren, ja sogar Morde in Partnerschaften sind keine Seltenheit. Eine Zeit lang wurden nur Männer als Täter gesehen, man versuchte Frauen durch Unterbringung in Frauenhäusern vor Gewalt in Beziehungen zu schützen. Damit wird das innerseelische Problem noch lange nicht gelöst und die Unfähigkeit, Beziehungen zu gestalten, wird von dem einen Partner auf die nächste Partnerschaft verschoben. Männer sind nach wie vor für wesentlich mehr Gewaltdelikte und Tötungen verantwortlich als Frauen, das Familienministerium geht davon aus, dass 80 % familiärer Gewalt durch Männer verursacht wird. All diesen Auseinandersetzungen gehen Beziehungsschwierigkeiten voraus: Konflikte werden nicht bewältigt, gegenseitige Bedürfnisse enttäuscht, eine Kommunikation über erwünschte und verletzte Gefühle wurde nicht erlernt. Krimis zeigen, wie Familienschwierigkeiten gewaltsam beendet werden. Nicht nur Frauen in heterosexuellen Beziehungen leiden unter Gewalt, auch Männer werden Opfer von Gewalt, von Intrigen, Falschaussagen und Verleumdungen. Männer werden zwar häufiger Opfer von männlicher Gewalt, aber es gibt durchaus auch Frauen, die Männern gegenüber gewalttätig werden oder diese ermorden. Allerdings töten Frauen wesentlich seltener als Männer und weniger offensichtlich; Frauen neigen zu versteckteren Formen der Gewalt, zur Vergiftung, Engagieren eines Killers, oder sie versuchen den Männern sozial zu schaden, so dass deren Ruf und Ansehen ruiniert ist und es einem Rufmord gleicht. Opfer- und Täterrollen wechseln in Machtspielbeziehungen und jeder fühlt sich betrogen. Wer glaubt, Beziehungskonflikte entstehen nur in heterosexuellen Beziehungen täuscht sich sehr. Auch homosexuelle Paare können sich in erhebliche Konflikte verstricken, zudem sind diese Partnerschaften immer noch gesellschaftlichen Problemen ausgesetzt und erleiden häufiger Diskriminierung, auch wenn es gesetzlich inzwischen verboten ist, Personen auf Grund ihrer sexuellen Neigungen und Prägungen zu diskriminieren.

Frauen trauen sich mittlerweile mehr klar Nein zu sagen, wenn sie von Männern sexuell bedrängt werden, das wiederum kränkt die Männer. Die #MeToo Bewegung könnte dennoch auch ein Anfang sein, Beziehungen ehrlicher, wertschätzender und konstruktiver zu gestalten. Öffentliche Anklagen bergen auch Gefahren: Frauen haben durch übergriffiges Verhalten von manchen Männern keine Freude mehr am spontanen Flirt und Männer trauen sich immer weniger Frauen anzusprechen um nicht von Frauen als »Lüstling« gebrandmarkt zu werden. Wenn beide Seiten der Geschlechter bereit sind zu lernen, können sich nach einer Distanzierung wieder vorsichtige Annäherungen ergeben. Das Thema Partnersuche und Partnerschaft gestaltet sich schwierig, zumindest kaum unkompliziert. Wie geht es Ihnen mit diesem Thema, leben Sie in einer glücklichen Partnerschaft, suchen sie noch oder wieder, oder haben Sie das Thema bereits als - nicht mehr relevant - zur Seite gelegt? Das Thema Partnersuche und Partnerschaft macht heute so große Probleme, dass diese Dating-Branche inzwischen auch zu einem Markt gewachsen ist. Auch kriminelle Formen, die sexuelle Entlastung versprechen, florieren in der Gesellschaft und im Netz.

Es gibt immer wieder Versuchungen, doch noch einen besseren Partner zu finden und vielen Paaren fehlt es an Vertrauen. Die Partnersuche ist zu einem Geschäft geworden, auf dem dauernd gesucht wird, ob es nicht einen Partner mit mehr Attraktivität, mehr Sexappeal, mehr Geld oder höherer Stellung gibt. Eifersucht und Misstrauen in Partnerschaften sind weit verbreitet. Mit Privatdetektiven können sich Paare beschatten lassen. Und schon sind wir wieder im Machtspiel gefangen, diesmal auf der partnerschaftlichen Ebene. Die hohen Scheidungszahlen, der Beziehungsfrust und finanzielle Verluste durch verkorkste Beziehungen ermutigen nicht, sich auf Beziehungen einzulassen. In Großstädten steigt die Zahl der Single-Haushalte ständig. Früher bot die Beziehung von Mann und Frau eine existenzielle Sicherheit, heute ist es eher ein Risiko und oft auch eine zeitliche Überforderung, sich auf eine Beziehung einzulassen. Frauen haben gelernt, ein selbstständiges Leben zu führen und wollen sich ihre Selbstständigkeit nicht mehr nehmen lassen, und viele Männer möchten sich neben einem anstrengenden Beruf nicht mehr um eine Familie kümmern müssen. So bleiben viele Menschen allein, oder leben mit Fernbeziehungen, in getrennten Wohnungen, in Wohngemeinschaften oder anderen Beziehungsformen. Finden sich Paare und gründen Familien, dann geht es weiter mit den Überlegungen: Wie sollen wir unsere Kinder erziehen, wer passt wann auf, wie können wir uns trotz Familie noch ein angenehmes Leben leisten, in welche Kita in welche Schule können die Kinder gehen? Die Wahlmöglichkeiten haben sich erhöht und damit auch Entscheidungskonflikte. Gerade für Familien ist es heute eine echte Herausforderung, an der Gesellschaft teilzuhaben, eine liebevolle Beziehung zu pflegen und sich unter all den Rollenerwartungen nicht selbst zu vernachlässigen. Es ist für junge Paare und für Familien heute nicht einfach, sich von den kollektiven Erwartungen und den eher beziehungsfeindlichen Machtspielen zu distanzieren oder diese nicht in die eigenen Familien hineinzutragen. Hoffnungsvoll stimmt, dass es immer wieder Paare und Familien schaffen, gut miteinander zu leben und füreinander da zu sein. Es gibt immer mehr junge Männer, die sich fürsorglich und liebevoll um ihre Frauen und ihre Kinder kümmern und damit die Dynamik und Gefahren der kollektiven Machtspiele deutlich reduzieren.

Soziale Beziehung

Freundschaften und alle anderen sozialen Beziehungen, die sich durch Hobby, Nachbarschaften, Beruf aber auch durch Krankheit und Krisen ergeben, können sehr hilfreich sein um die destruktiven Wirkungen der Machtspiele abzufedern. Wenn es gelingt, Beziehungen in gegenseitiger Wertschätzung, Fürsorge aber auch der nötigen Distanz zu pflegen, können wahre Oasen der Erholung, der Lebensfreude und freundlicher Gefühle entstehen; ein heilsamer Ausgleich zu der Kälte und Berechnung der harten Machtspiele. Soziale Beziehungen sind jedoch auch nicht immun und bergen die Gefahren in das Gegenteil abzurutschen, sie können uns hineinziehen in die Fänge des Machtspiels. Hier ist es manchmal hilfreich und notwendig Distanz zu schaffen. Ein klares, höfliches Nein, eventuell sogar einen Kontaktabbruch, um sich vor der Destruktivität in Machtspielbeziehungen zu schützen. Vergleichendes Abwägen – wer macht die größeren Gewinne? Überhebliches Herabsehen auf Menschen, denen es nicht so gut geht, die sich nicht so viel leisten und nicht so oft in den Urlaub fahren können, die nicht so schlank, erfolgreich oder sportlich sind oder keine so schönen Kleider tragen – befeuern die Dynamiken der Machtspiele auch im privaten Bereich. Dass diese Form der Machtspiele nicht erst durch die Modernisierung entstanden ist, zeigt das Märchen Schneewittchen, das 1812 von den Gebrüdern Grimm veröffentlicht wurde. Die Königin duldet in ihrem Reich keine schönere Frau, als sie selbst und fragt daher täglich den Spiegel: »Spieglein, Spieglein an der Wand, wer ist die Schönste im ganzen Land?« Und da der Spiegel Schneewittchen als schöner erkennt, muss dieses vernichtet werden. Wenn wir heute so manches Fernsehformat sehen, dann fällt auf, dass diese Dynamiken der sozialen Schönheits-Machtspiel-Beziehungen auch dort weit verbreitet sind: Ich bin die Schönste, ich bin der Beste oder ich werte andere ab, mache andere lächerlich, klage andere an; von Wertschätzung, Toleranz, Freundlichkeit, ehrlicher Anerkennung weit und breit keine Spur. Schimpfen Sie auch manchmal über die bösen Medien? Es geht nicht darum, irgendeinen Medienvertreter deshalb anzuklagen, Medien zeigen nur die Dynamik der Machtspiele in der Gesellschaft, wir spiegeln uns immer wieder gegenseitig. Medien bilden die sogenannte Realität der Spiele ab, die in der Gesellschaft gespielt werden. Dennoch gebe ich gerne auch Medienkritikern Recht, die in der unreflektierten Spiegelung dieser Realität wieder einen Generator für die Vorstellungswelt der Zuschauer erkennen. Wir sind damit nicht in der Lage, Hintergründe von Machtspielen zu hinterfragen, sondern spielen diese Macht- und Ohnmachtsspiele immer weiter, so wie Sisyphos in der griechischen Sage immer wieder den gleichen Stein auf den Berg wälzt, ohne oben anzukommen. Vielleicht sind Sie inzwischen schon ziemlich verärgert, vielleicht auch gelangweilt über diese Machtspiele, vielleicht auch über meine Texte. Sie sind ein freier Mensch, Sie müssen keine Bücher fertig lesen. Andere Leser werden sich vielleicht gedrängt fühlen, gleich heute aktiv gegen diese bösen Machtspiele vorzugehen. Auch hier kann bereits die nächste Falle lauern. Es geht in diesem Buch nicht darum, die Welt da draußen zu verändern. Vielleicht haben Sie in dem Buch schon bemerkt, wie leicht wir Menschen in unserer kollektiven Erfahrung der Machtspiele gleich wieder ein neues Machtspiel anzetteln. Es scheint fast hoffnungslos, denn es kann kein Mensch wirklich aus diesem Spiel aussteigen. Und wenn jemand nicht mitspielen will, oder wagt die Protagonisten des Machtspiels anzuklagen, wird er gezwungen mitzuspielen, mit Ausgrenzung, Folter, mit Mord, Todesstrafe, mit Gefängnis. Wo kämen wir denn hin, wenn wir diese Machtspiele aufgeben würden? Viel zu sehr sind sie in all den Tausenden von Jahren zur Realität geworden. Lieber ein bekanntes destruktives Spiel weiter spielen, als gar keine Spielregeln. Das haben Menschen auch erlebt, ohne Spielregeln gäbe es Sodom und Gomorrha: Anarchie, das gefürchtete Gespenst, das ebenfalls wieder zu neuen Formen der Gewaltspiele führen kann. Dann lieber wieder die Spielregeln der Machtspiele, da weiß man wenigstens was man hat, als sich auf so unreife neue Spinnereien der Gutmenschen und Friedenspinner einzulassen, Phantasien und Träumereien, die noch nie erprobt wurden. Keine Sorge, wir müssen gegen Machtspiele nicht kämpfen, wir können auch sehr gelassen darauf reagieren: Alle Machtspiele vergehen und haben keine wirklich große Bedeutung im Weltgeschehen, sie sind nichts als Spiele mit krankmachenden Spielregeln, die Menschen anno dazumal erfunden haben und unbewusst von einer Generation an die nächste weitergeben. Machtspiele sind ein sich kollektiv bestärkendes System, das seit tausenden von Jahren in jeweils anderer Besetzung gespielt wird. Die gute Botschaft ist, Machtspiele vernichten sich selbst. Und so destruktiv diese Spiele auch sind, so sehr die Menschen mitspielen oder mitspielen müssen, so können wir auch gelassen und beobachtend Abstand nehmen von diesen Spielen: Sollten sich Menschen immer mehr in diese Machtspiele verirren und sich nur noch menschliche Bestien fortpflanzen, dann werden sie sich gegenseitig zerfleischen, eine Art neue Dinosaurier im Menschencomputerformat. Oder sie werden sich als Bestien gegenseitig erledigen. Und wenn die Bestien sich gegenseitig erledigt haben, wird wieder Ruhe und Frieden sein und hoffentlich haben dann genügend Menschen Enklaven des friedlichen Miteinanders geschaffen. Wenn eines Tages immer mehr Menschen Abstand zu diesen destruktiven Spielen gewinnen, dann können wieder neue Spiele erfunden werden. Die Natur bleibt bei all dem sehr gelassen und lässt im wahrsten Sinne das Wortes Gras darüber wachsen, auch über Machtspiele. Wenn man heute das Schlachtfeld von Verdun besichtigt, sieht man von den Todeskämpfen, die sich die Heere dort geliefert hatten nichts mehr. Es sind sehr friedliche Orte geworden.

Wie die Geschichtsbücher zeigen, sind die Menschen bisher in der nachhaltigen Überwindung der Machtspiele jedoch nicht wirklich

erfolgreich. Wenn es nach Kriegen wieder eine Zeit lang etwas fried-
licher zugeht, werden die Menschen übermütig und zetteln das vertraute
Machtspiel wieder an. Gelegentlich erscheinen Protagonisten auf der
Erdoberfläche, die wieder für Frieden werben und zu Frieden mahnen,
die glauben, Friedenszeiten zu etablieren und Frieden erforschen zu
können, Protagonisten, die sich interessieren, wie dieser Frieden entsteht und aufrecht erhalten werden kann. Aber soweit trauen sich die
Menschen bisher noch nicht vor, um an einen kollektiven Frieden zu
glauben. Vor allem die Mächtigen wollen das nicht, es gäbe ja niemanden mehr, den sie beherrschen könnten. Dass ein schönes Zusammenleben aller Wesen auf der Erde möglich sein könnte trauen sich die
meisten noch nicht zu, da sind wir doch noch zu weit aus dem Paradies
vertrieben. Vielleicht darf »Glück« als Moment erlebt werden, Nächstenliebe für wenige Tage um Weihnachten, aber dauerhaft als Form des
Zusammenlebens erscheint es unmöglich. Dies gilt wirtschaftlich, in
der Bildung und vor allem in den festgefahrenen Organisationssystemen
und Nationalstaaten. Außerdem müssten wir uns ja dann alle anstrengen, liebevolles und wertschätzendes Verhalten zu erlernen und zu
etablieren und das mit diesen Menschen, die aktuell hier auf diesem
Planeten wohnen. Nein, das ist ja dann doch zu viel verlangt. Nein dann
doch lieber die Knarre, die Panzer und das altbekannte Machtspiel. Viele
Menschen glauben immer noch, wir schaffen es mit unserem Machtspiel
doch eines Tages all die unangenehmen Typen und die bösen Menschen,
die uns nicht passen, auszurotten, damit nur noch jene überleben, die
wir wirklich mögen. Ich frage mich manchmal, wer dann überleben
würde? Kennen Sie jemanden, den Sie für so unbescholten halten, dass
jeder Mensch mit ihm einverstanden wäre? Kriege werden von den
meisten Menschen als eine etwas unschöne, aber notwendige Realität
hingenommen. Und dank Drohnen ist es bald möglich, die Menschen,
die einem nicht mehr gefallen, ganz schnell und heimlich auszurotten,
das bemerkt niemand, da brauchen wir in der Zukunft, die großen
bösen Kriege nicht mehr. Keine Sorge, auch in diesem Bereich können
wir gelassen bleiben. Machtspiele zerstören sich selbst. Machtspieler

versuchen ihre Spiele mit höchster Perfektion zu treiben und bringen sich damit gegenseitig oder selbst um. Auch das zeigt die Geschichte...

Woran erkennen Sie in ihren sozialen Beziehungen Machtspieler oder den Machtspieler in Ihnen? In den Regeln der Machtspieler existiert vor allem eine wichtige Regel: Ich bin der Größte, die Beste, der Tollste, die Schönste, der Mutigste, der Grausamste, die Gläubigste, der Mächtigste, die Frömmste, der Beliebteste, die Normalste, der Kränkste, die Ärmste, der Traurigste, die Depressivste, der Kriminellste, ich bin der mit dem größten Auto, dem größten Vermögen, mit dem größten... Und es stimmt letztendlich, jeder hat eine Begabung, die er besser kann als jeder andere, jeder hat ein Merkmal, das kein anderer hat. Fördern wir diese individuellen Begabungen bei Kindern? Weil wir die Einzigartigkeit der Begabungen nicht erkennen und nicht wertschätzen, bilden sich große Frustrationen in uns. Diese Frustrationen müssen durch Show, durch Selbstdarstellung und Vortäuschen von Fähigkeiten kompensiert werden. Derjenige, der an sich selbst nicht so viel Tolles findet, wertet andere ab, damit er wieder besser dasteht. Bei Machtspielen werden nicht die eigenen Begabungen gelebt, nicht die eigenen Stärken und Schwächen anerkannt, vielmehr wird die Suche nach Anerkennung von Äußerlichkeiten kultiviert: Ämter, Titel, Kleider, Pokale etc. Orden für die tapfersten Kämpfer in den Kriegen und die posthume Verehrung von gefallenen Soldaten sind die makabersten Formen dieser Anerkennung. Die fehlenden und kompensierten Formen der Anerkennung sind die Grundlage aller Machtspiele. Und genau das werfen sich die Menschen dann gegenseitig wieder vor. Meist wird dies natürlich nicht direkt angesprochen, sondern hinter ihrem Rücken: Also, wie der sich wieder aufspielt, wie hochnäsig oder arrogant die ist, oder umgekehrt in der Abwertung: schau mal die an, was die für Ansichten hat, schau mal den an mit seinen komischen Hosen usw. Wir sehen, seit Schneewittchen von 1812 hat sich im sozialen Zusammenleben noch nicht so viel verändert. Wenn sich die Technik oder die Wirtschaft in so einem Schneckentempo entwickelt hätten, wäre der Aufschrei groß. Aber wen

kümmert schon das läppische soziale Zusammenleben und die Gefühls-
duselei so mancher Sozialromantiker, solange wir unser schönes Machtspiel haben. Sie wenden ein, dass sich doch vieles auch im Sozialbereich
verändert hat? Stimmt, ich gebe zu, Sie haben Recht, es hat sich doch
einiges verändert: Wir haben Sozialsysteme, die auch den Armen eine
Grundexistenz sichern, eine Justiz die Recht spricht und im Fernsehen
werden die Akteure, im Gegensatz zum Märchen, heute nicht mehr körperlich vernichtet, nur mehr bloßgestellt. Dass manche das als seelische
Grausamkeit empfinden, liegt in den Augen der Machtspieler sicher
daran, dass diese Menschen etwas zu empfindlich sind. Und wie sollten
Produzenten Serien verkaufen, wenn wertschätzende Beziehungsformen gezeigt würden, wer möchte schon allabendlich auf die geliebten
Krimis verzichten? Und stellen Sie sich vor, wie sich Bundestagsdebatten anhören würden, wenn die Politiker achtsam miteinander redeten,
die Menschwürde lebten, die in der Verfassung steht? Haben Sie schon
Bundestagsdebatten beobachtet, Sprachstil, Wertschätzung und Wortwahl? Ja da geht's nicht anders zu als bei unseren Machtkämpfen in den
Familien, in den Dörfern, Städten, im allabendlichen Fernsehprogramm
und in den Nationalstaaten weltweit. Und wir dürfen ja noch von Glück
reden, bei uns dürfen sich die Menschen die Unverschämtheiten, dank
freier Meinungsäußerung, noch an den Kopf werfen, in anderen Regionen der Welt bekämen sie Prügelstrafen, säßen schon im Gefängnis oder
würden vom Geheimdienst entsorgt.

»Wenn es gelingt, Beziehungen in gegenseitiger Wertschätzung, Fürsorge aber auch der nötigen Distanz zu pflegen, können wahre Oasen der Erholung, der Lebensfreude und freundlicher Gefühle entstehen.«

MACHT-SPIEL UND BEZIEH-UNG

Machtspiele in Familien

Machtspiele in der Familie, sind sie der Ursprung oder die Folge von gesellschaftlichen Machtspielen? Hier ergibt sich die Frage »Wo ist die Henne und wo das Ei?« Immer wieder stellen Psychologen in Studien fest, dass Personen, die in einem lieblosen oder traumatisierten Milieu aufwachsen, viel häufiger kriminell werden, psychische Störungen entwickeln und auch häufiger körperlich erkranken als das in liebevollen Familien der Fall ist. In Familien, in denen ein beschützendes und freundliches Zusammenleben erlebt wird, entsteht eine Atmosphäre der Wärme und Fürsorge, Wertschätzung und Ehrlichkeit. Schon der Psychologe Carl Rogers konnte in seinen Studien nachweisen, dass eine Atmosphäre der Wärme und Fürsorge, gepaart mit Ehrlichkeit und Wertschätzung, ermöglicht, dass Psychotherapeuten, Erzieher, Lehrkräfte und Ärzte wesentlich erfolgreicher arbeiten können. Das trifft sicher auch auf Familien zu. Familien können die Wiege von liebevollen Gefühlen sein, aber auch der Albtraum und die Brutstätte von Horrorgefühlen und Gewalt. Mit dem Aufdecken der Kinderpornographie wurde erst die Spitze des Eisberges der Kinderschändung erfasst. Wir wissen inzwischen, dass wir mitten in einem globalen Markt von Menschenhandel, Kinderprostitution und Rekrutierung von Kindersoldaten leben und dass es Sklavenarbeit von Kindern gibt. Interessiert das irgendjemanden? Kennen Sie öffentliche Demonstrationen für diese Kinder? Warum empören wir uns nicht? Wir wissen auch, dass es Sekten, religiöse Gruppierungen, Nischen in etablierten Räumen und Ideologien gibt, in denen schwere Menschenrechtsverletzungen passieren und die enorme Auswirkungen auf den Umgang der Menschen untereinander haben. Menschenrechtsorganisationen, Geldwäscherecherchen, Antikorruptionsvereine und viele mutige Journalisten weisen auf diese Missstände immer wieder hin. Leider werden viele Missstände in der Verwaltung der Politik, der formellen Arbeitsweise der Justiz und der Polizei bewusst oder unbewusst übersehen. Skandale, wie das Morden des NSU-Trios, der weitverbreitete Kindermissbrauch, systematische Formen der familiären Kindesmisshandlung, Drogen- und Waffenkartelle, Unmengen von Wirtschaftskriminalität können trotz scheinbarer Anstrengung aller Ordnungshüter bis heute kaum aufgedeckt werden. Partnerschaften und Familien geraten in das Fadenkreuz dieser Verflechtungen: Der unbescholtene Marktstandbesitzer wird erschossen, Angehörige bei einem Attentat getroffen, Kinder rutschen ins Drogenmilieu ab, der erfolgreiche Manager gerät in den Kokainsumpf, Familienangehörige erkranken an Alkohol- oder Spielsucht. Familien werden betroffen, wenn Familienväter und Söhne traumatisiert oder verletzt aus Kriegsgebieten heimkehren. Wenn wir all das zusammenrechnen, dann gibt es sehr viele von Leid betroffene Familien. Besonders verunsichert sind die Opfer, denen nicht geglaubt wird. Angehörige haben enorme Probleme zu verkraften, wenn Personen verschwinden und nicht mehr auftauchen, oder plötzlich sehr undurchsichtige Verbrechen und Ereignisse geschehen, die nicht wirklich aufgeklärt werden. Wenn der Bevölkerung Gerüchte und sehr undurchsichtige Medienberichte vermittelt werden, schwer zu glaubende Tatsachen, jeder Logik widersprechende Tatsachen, dann ist es kein Wunder, wenn alle möglichen Verschwörungstheorien auftauchen und kein Mensch mehr weiß, was eigentlich wahr ist. Nicht nur die Geheimdienste verschweigen vieles, sie geben ja offen zu, dass sie die Ergebnisse ihrer Recherchen und Handlungen geheim halten, es gibt sehr viel Unausgesprochenes, viele Sachverhalte, die im privaten und öffentlichen Raum vertuscht werden. Die Menschen haben Angst, Schuldgefühle, schämen sich, deshalb versuchen sie zu beschönigen, abzulenken...

Der Fall Mollath stellt einen dieser Fälle dar, die in der Partnerschaft und Familie zur Zerreißprobe werden, zwischen privatem Zusammensein und beruflichem Mitwissertum. Familien werden aber auch betroffen von Krankheit, Todesfällen, Kontakt mit Drogen, Verbrechen, von Arbeitsplatzverlust, Verkäufen von Immobilien, zerstrittenen Nachbarschaften, Diffamierung, Verrat... und heute auch durch internationale Verpflichtungen der Unternehmen, in denen Familienväter und Familienmütter beschäftigt sind. Zudem geraten Einzelpersonen in Konfliktkreise, die durch Arbeit und Beziehungen, Kündigungen, durch Geheimhaltungspflichten und Intrigen entstehen. Diese Belastungen wirken sich auf die Familien aus, auf Partnerschaften, auf die Kinder und erzeugen Unehrlichkeit in Beziehungen, oder verschlechtern die finanzielle Situation, zum Beispiel bei Krankheit, Tod oder Arbeitsplatzverlust. Zudem wirken sich der Leistungsdruck in der Arbeit, der Druck der Schule, die Angst, später in der Gesellschaft keinen guten Platz zu finden, auf die Stressbelastungen in Familien aus. Partnerschaften geraten in die Krise, Trennungen, Scheidungen, Zweitfamilien, Stieffamilien, Alleinerziehende versuchen das Dilemma wieder mehr oder weniger gut aufzufangen. Und anderen ist es zu viel geworden, sie bleiben allein, leben zurückgezogen in diesem Theater der Machtspiele. Vielleicht hat man als Alleinlebender noch die besten Karten.

Die Stressbelastungen in den unterschiedlichsten Familienformen sorgen für erheblichen innerfamiliären Konfliktstoff. Konflikte können sich derartig verschlimmern, dass selbst Familiendramen schon zu den gewohnten Schlagzeilen in den Medien gehören. Die offiziellen Zahlen sprechen ihre eigene Sprache: drei Kinder werden pro Woche in Deutschland in ihren Familien getötet, in der Kriminalstatistik wurden 2016 insgesamt 133.080 Personen als Gewaltopfer in Partnerschaften erfasst, knapp 109.000 Opfer waren weiblich (vgl. www.bmfsfj.de). Innerfamiliäre Konflikte, in Verbindung mit dem unzureichenden Schutz der Bevölkerung vor Krankheit, psychischer Überforderung, Gewalt, und weltweit operierenden kriminellen Netzwerken, führen zu zusätzlichen Spannungen, die vielen Menschen gar nicht bewusst werden. Erst wenn auf Grund der Überforderung, der aufgestauten Aggressionen oder der Depressionen ein Unfall, ein Zusammenbruch geschieht, sich Krankheiten entwickeln, Menschen sterben, sich Kriminalität entwickelt oder heftige Krisen erlebt werden, erst dann kann an diesen häufig verdrängten Belastungen gearbeitet werden. Den meisten Ärzten, Therapeuten und Beratern wird in der kurzen Zeit der Beratung die Komplexität der Probleme ihrer Klienten kaum bewusst. Eine Patientin wird in einem Arztgespräch, das fünf Minuten dauert, nicht freiwillig erwähnen, dass sie unter häuslicher Gewalt leidet, dass Sucht- und Drogenprobleme vorliegen oder Gewaltdelikte in der Familie vorkommen. Und die wenigsten Betroffenen gehen zur Polizei und zeigen die eigene Familie oder enge Freunde an, da muss meist schon viel passieren und es stellt sich immer die Frage: Wie sehen die Beziehungen danach aus? Da die Verflechtung der gesellschaftlich-familiären Beziehungen nicht durchschaut werden kann und zudem auf Grund von Scham und Schuldgefühlen Tatsachen versteckt werden, bleiben die Möglichkeiten der Unterstützung eingeschränkt und eher auf formale Leistungen beschränkt: Geldleistungen, Sachleistungen, formale Therapien, diese Maßnahmen helfen wieder zu funktionieren, die tieferen Ursachen, das seelische Leid durch Traumatisierung und emotionales Leid können damit kaum abfedert werden, geschweige denn eine offene ehrliche Aussprache in den Familien ermöglicht werden. Die Bürger erhalten Informationen, die Ursachen all dieser Verflechtungen nicht verständlicher machen, und wenn irgendein mutiger Journalist so manchen Sumpf aufdecken möchte, erfährt man nach kurzer Zeit in den Medien, dass er oder sie umgebracht wurde oder der Journalist aus nicht ersichtlichen Gründen aus der Öffentlichkeit verschwindet oder er muss sich aus Angst vor Verfolgung verstecken. Haben Sie schon einmal Erfahrungen mit diesem Sumpf, der weltweit existiert, gemacht? Es ist sehr schwer, dieses Dunkelfeld der Kriminalstatistik zu durchleuchten. Zur Erklärung für diejenigen, denen der Begriff Dunkelfeld nichts sagt: In der Kriminalstatistik geht man davon aus, dass es ein sogenanntes Hellfeld der Kriminalstatistik gibt: Hellfeld bedeutet, dass die Täter bekannt sind und angeklagt und verurteilt werden. Es gibt jedoch auch sehr viele Täter, die nie als solche in Erscheinung treten. Zum einen, weil die Opfer zu große Angst haben, um die Täter anzuklagen, zum anderen, weil die Täter sich häufig sehr gut schützen können, durch Skrupellosigkeit, Drohungen und den Aufbau eines guten Images. Pathologen vermuten das Problem der hohen Dunkelziffern bei Verbrechen in dem Umstand, dass viel zu wenige Leichen obduziert werden, somit eine nicht natürliche Todesursache häufig gar nicht erkannt wird. Zudem gibt es viele Helfershelfer von Verbrechen: Es gibt Frauen, die wissen, dass sich Männer oder Stiefväter an Kindern vergehen, die diese Tatsachen jedoch vertuschen, um den Familienfrieden nicht zu ruinieren. Genauso ist es in der Kirche, in Sportvereinen, in der Arbeitsumwelt, wer vermutet in diesem vertrauenswürdigen Kontext Verbrechen? Die neuesten #MeToo Geständnisse von Frauen und so manche Offenbarung von Opfern lassen vermuten, dass Verbrechen in Bereichen geschehen, in denen weder Polizei, Politik, Ärzte, Psychiater, Kinderärzte oder Vorgesetzte genauer hinschauen. Wie lange hatte man geglaubt, jeder Priester oder Sporttrainer hätte unbescholtene Motive, Kinder zu betreuen? Ganz zu schweigen von all den Vermissten, von denen niemand weiß, was mit ihnen geschehen ist.

Und heute müssen wir aufpassen, dass wir nicht ganze Personengruppen unter Generalverdacht stellen. Wenn zum Beispiel ein Mann Kindergärtner werden möchte wird er häufig schon sehr misstrauisch beobachtet. Und mehrere Väter erzählten mir, dass sie sich scheuen, am Sonntagmorgen ihre Kinder ins Schlafzimmerbett zu lassen, um nicht später als pädophil angesehen zu werden. Die Grenzen von gesunder familiärer Zärtlichkeit und der Verdacht verurteilt zu werden verschwimmen in schwierigen Phantasien. Die meisten Menschen haben gute Motive, ihren Beruf auszuüben und ihre Beziehungen zu leben, somit ist es völlig unbegründet, andere unter Generalverdacht zu stellen. Die Balance zu finden zwischen der Beobachtung, welches Verhalten sinnvoll, gesund und hilfreich ist und ab wann ich mich in gefährliche Situationen begebe ist nicht geübt worden in der Vorstellung der Normalität. Normalität besagt nur, dass ich mich so verhalte wie die Bezugsgruppe, der ich mich zugehörig fühle. Spätestens seit dem dritten Reich müsste jedem Menschen bewusst geworden sein, dass es sehr gefährlich sein kann, sich der Normalität einer Bezugsgruppe unterzuordnen, vor allem, wenn sich diese Gruppe in Machtspiele verliert und sich Opfer und Tätermuster entwickeln. Spätestens dann sollte wir uns von diesen Gruppen fernhalten und versuchen, das Beste aus der jeweiligen Situation zu machen, unabhängig von der Bezugsgruppe.

Kapitel Bb

Machtspiele Männer und Frauen

Sind Sie ein Mann oder eine Frau? Oder fühlen Sie sich weder dem einen noch dem anderen Geschlecht zugehörig? Ich spüre, dass es mir schwer fällt, dieses Kapitel neutral zu verfassen und dabei niemand zu benachteiligen. Ich würde gern schreiben, dass Männer und Frauen sich verstehen und verständigen können und sich gegenseitig achten. Diese Möglichkeit besteht und wird sicher auch immer wieder auf der Welt gelebt und erlebt. Leider sind die friedlichen und liebevollen Begegnungen und Beziehungen von Mann und Frau nicht sehr stabil und wir erleben immer wieder, wie schnell die Stimmung in der Partnerschaft kippen kann: auch bei einem liebevollem Zusammensein kann durch ein falsches Wort ein heftiger Streit entstehen. Und betrachtet man die weltweiten Phänomene des Geschlechterkampfes, so finden wir Streit, Eifersucht, Neid, Hass, Besitzansprüche, Wut und Gewalt, ja sogar Morde, Todesstrafen, Vergewaltigungen, Prügelstrafen, Steinigungen, brutale Misshandlungen, Verstümmelungen von Frauen, aber auch sehr viel Gewalt unter Männern und Gewalt gegen Kinder. Die Gewalt, die sich Männer untereinander zufügen, wird in der ganzen Geschlechterkampfdebatte oft völlig übersehen. Bei aller Grausamkeit, die Männer in die Welt bringen können, ist äußerst wertschätzend und anerkennend zu erwähnen, dass Männer in der Familie, bei der Feuerwehr, in Katastropheneinsätzen, gesellschaftlich schweren Zeiten und Kriegszeiten sehr viel schwere und lebensbedrohliche Tätigkeiten verrichten, mit der Motivation Leben zu retten und zu schützen.

Trotz weltweiter Tendenz zu männlicher Gewalt kann bei weitem nicht festgestellt werden, dass alle Männer Frauen unterdrücken, sondern viel mehr, dass wir uns weltweit an ein Männlichkeitsbild gewöhnt haben, welches es Männern erlaubt, Gewalt auszuüben: Gewalt gegen Männer, Frauen und Kinder (Siehe Spiegel online www.spiegel.de/kultur/gesellschaft/gewalt-der-taeter-ist-fast-immer-ein-mann-kolumne-a-1097493.html und Internationales Handbuch der Gewaltforschung www.link.springer.com/chapter/10.1007/978-3-322-80376-4_35). Wie kann es geschehen, dass wir in einer Welt leben, in der Frauen ein relativ friedliches Zusammenleben anstreben, während Männer nahezu systematisch Gewalt verherrlichen, verharmlosen, ausüben und Gewaltdarstellungen aller Art verbreiten. Wenn Sie als Leser ein Mann sind, hoffe ich, dass Sie sich durch diese Zeilen nicht angegriffen fühlen. Ich weiß sehr wohl, wie provozierend und lieblos, wie heimtückisch und hinterlistig auch Frauen zeitweise sein können. Auch das sind Formen der Gewalt. Was glauben Sie, was ich Männern und Frauen mit diesem Text sagen möchte? Am liebsten möchte ich allen Menschen sagen: Es gibt keine persönliche Schuld an all dieser Entwicklung: alle Grausamkeit und Lieblosigkeit passiert aus furchtbaren Überlieferungen, aus

Unüberlegtheit, aus Gefühlstaubheit, aus Gruppendruck oder aus Kurz-schlussreaktionen. Jetzt werden Sie heftig protestieren und argumentie-ren, dass Menschen sehr wohl bewusst und geplant Unrecht begehen; natürlich haben Sie in gewisser Weise Recht, so wie alle Menschen in ihrer Perspektive Recht haben und dennoch gibt es hinter dieser Form der vordergründigen Bewusstheit ein höchst komplexes unbewusstes System, das wir Menschen nur sehr schwer erkennen, kaum steuern und nicht überlisten können: die Automatismen in unserem Gehirn. Wenn die psychischen Automatismen ihre Programme abspielen, haben wir das Gefühl, keine Wahl gehabt zu haben, wir haben automatisch reagiert, nach der Voreinstellung des unbewussten Gehirns. Diese Vor-einstellungen waren in der bisherigen Biographie hilfreich, oder erfolg-reich um zu überleben und wurden meist schon in der frühen Kindheit angelegt. Die Automatismen laufen so schnell und unbewusst ab, dass es uns kaum gelingt, sie bewusst wahrzunehmen oder zu steuern. Lei-der können zu diesen Automatismen auch Muster gehören, die andere schädigen. Oft spüren wir erst, dass es sich um unbewusste Automa-tismen handelt, nach einer unbewussten ungünstigen Reaktion: war das dumm von mir, oh je ich hab einen Fehler gemacht. Es kann jedoch auch zum unbewussten Programm gehören, dass ein Mensch keine Schuld-gefühle empfinden kann, keine Angst, keine Sorge. Wir beschuldigen diese Menschen gern als gefühlskalt. Ist Gefühlskälte wirklich eine Form der Schuld? Ist ein Mensch schuldig, wenn er ein Gefühl nicht fühlen kann? Ist ein Querschnittsgelähmter schuld, wenn er seine Beine nicht spürt? Einen querschnittsgelähmten Menschen verurteilen wir nicht, wenn er nicht laufen kann. Wir sagen, er kann nicht anders und kaufen ihm einen Rollstuhl. Vielleicht sollten wir so ähnlich umgehen mit Menschen, die bestimmte Gefühle nicht spüren können, die gewalt-tätige Automatismen gelernt haben. Natürlich wollen wir, dass durch sie kein Schaden entsteht. Vielleicht können wir viel besser vorbeugen, wenn wir diese Menschen nicht beschuldigen, sondern Ihnen helfen, dass sie ihre destruktiven Automatismen bewusster steuern lernen. Wenn emotionale Automatismen, die aus früheren Traumata gespeist werden, aktiv werden erleben Menschen Gefühle der Frustration, der Enttäuschung, Verzweiflung, Gefühle nichts wert zu sein. Oder sie erleben im unbewussten Denken den Wunsch, die Überzeugung, der Beste und Größte sein zu wollen, sein zu müssen. Die verletzte oder forcierte Macht in der Kindheit und übermäßig geförderte Eitelkeit kann dazu führen, dass im späteren Leben eine unglaubliche Dominanz und Überheblichkeit an den Tag gelegt wird, die der Person selbst oft gar nicht bewusst ist. Diese Personen werden von anderen als Täter, Angeber, machtstrotzende Alphatiere oder als Verbrecher erlebt. Sie selbst erkennen an sich oft kein Defizit, da ihnen das bisherige Verhalten gewohnt und selbstverständlich erscheint. Es gibt natürlich auch die gegenteilige Prägung, wenn frühe Ohnmachts- und Hilflosigkeitserfahrungen, im späteren Leben als Opfererfahrungen wieder erlebt werden. Auch diese Menschen haben das Gefühl auf ihr Schicksal keinen Einfluss zu haben. Und auch die Mischung von Täter- und Opferrollen ist in einer Person, in einer Biographie möglich.

Da unbewusste Prägungen nicht bewusst gespürt und erlebt werden, können wir uns diese Prägungen nur durch Rückmeldung von anderen bewusst machen. Genau das suchen wir in Partnerschaften, im Kontakt zum anderen Geschlecht, Freundschaften und Familien. Wir suchen andere, die unsere unbewussten Muster verstehen, nicht verurteilen und möglichst optimieren, so dass wir glücklich miteinander leben können. Das ist der höchste Sinn von Beziehungen. Genau das ist der Weg der Helden im Märchen, sie handeln erst unbewusst nach ihren kindlichen Mustern: Schneewittchen wird übervorteilt, Aschenputtel erlebt Erniedrigung, das tapfere Schneiderlein erlebt sich als klein und schwach und will anderen imponieren, der Mann im Eisenofen fühlt sich von der Umwelt abgeschlossen und sucht Nähe. Im Märchen werden die Helden erlöst, befreit von ihren unbewussten kindlichen Mustern, entweder durch andere, oder indem es ihnen gelingt, außergewöhnliche Aufgaben zu bestehen. Und am Ende des Märchens sind die

Machtspiele überwunden, der Held ist und bleibt befreit und wenn die Helden nicht gestorben sind, dann leben sie noch heute.

Genau wie im Märchen können auch wir erlöst werden aus unseren unbewussten Rollenmustern, aus unserer Einbildung, aus unseren Ängsten, den Depressionen, aus unserem Drama, der Hilflosigkeit, der Überheblichkeit, der Gewalt, der Aggression...

Interaktionen und Beziehungen zu anderen können wichtige Lernformen sein um unsere unbewussten Muster zu überwinden, gerade in Beziehungen und Partnerschaften. Der Ohnmächtige kann vom Mächtigen lernen, der Ungebildete vom Weisen, der Schwache vom Starken und umgekehrt. Schwache können die Starken erlösen aus der Überforderung und dem Glauben immer stark sein zu müssen, die Ungebildeten können die Postulate der Weisen erweitern und Mächtige die eigene Ohnmacht erkennen. Verfangen wir uns jedoch im Machtspiel, in Abwertung und Glorifizierung, dann lernen wir nicht voneinander, dann sagen wir: So wie ich bin ist es richtig und so wie der andere ist, ist es falsch und werfen dem anderen seine Andersartigkeit vor. Wenn wir im Machtspiel verfangen sind, umgeben wir uns mit Gleichgesinnten, ähnlichen Menschen, dann kann sich ein inneres Bild verstärken, wir sind die Guten und ihr seid die Bösen. Im Machtspiel verfangen, werten wir andere ab und wenn die Chemie dann nicht mehr stimmt, die Beziehungen vergiftet sind, spüren wir nach gewisser Zeit, dass sich die Menschen zurückziehen, sich beschweren, sich unfreundlich behandeln. So entstehen getrennte feindliche Welten, die Beziehungen und Partnerschaften sehr belasten können. Wir können lernen, Verantwortung zu übernehmen für unsere erlernten Beziehungsmuster und wir können eine Entscheidung treffen, mit welchen Gruppen wir uns arrangieren möchten und mit welchen nicht. Gruppen beeinflussen den Einzelnen in der Fähigkeit, sich positiv weiter zu entwickeln, aber auch abwertende und lieblose Gewalt-, Intrigen-, und andere Negativprogramme entwickeln sich in Gruppen. Nicht selten entstehen durch die Beeinflussung aus unterschiedlichen Gruppen erhebliche Partnerschaftskonflikte. Damit sind wir bereits wieder in Machtspielen gefangen. Ohne Machtspiele und Wirken der unbewussten Machtspielmuster würde kein Mensch einem anderen Schaden zufügen, wir wissen alle ganz genau, dass dieser Schaden auf uns selbst zurückfällt und uns auf die lange Sicht Unglück und lieblose Gefühle beschert. Haben Sie schon einmal darüber nachgedacht, warum es uns so schwer fällt, liebevolles Verhalten über einen längeren Zeitraum aufrecht zu erhalten? Frauen und Männer werden in ihrer jeweiligen Umgebung sozialisiert und erlernen das Verhalten dieser Umgebung. Ein Kind ist kaum in der Lage, die Erwachsenwelt mit ihren Verflechtungen zu durchschauen und eignet sich deshalb gewisse Männer- und Frauenrollen an, die ihm vorgelebt werden, ob sie liebevoll oder grausam sind. Die Weitergabe von traditionellen Rollenverhalten bei Männern und Frauen ist so weit verbreitet, dass wir nicht hinterfragen, welches Muster wir da übernommen haben. Auch wenn wir aus Berufsrollen längst wissen, dass berufliche Arbeitsrollen erlernbar sind und sich sehr stark verändern können, bei den übernommenen Männer- und Frauenrollen erscheint es uns schwer, ja oft unmöglich, diese zu verändern. Der Schreiner vor fünfzig Jahren produzierte noch Möbel, der Schreiner heute bedient Maschinen. Seit der Gender-Forschung (Geschlechter-Forschung) wissen wir auch, dass Männer- und Frauenrollen trotz des körperlichen Geschlechtsunterschiedes nicht genetisch festgelegt sind und verändert werden können. Es gibt inzwischen Männer, die sich liebevoll um ihre Familien kümmern, die den Kriegsdienst verweigern, die sich für Ökologie, Frieden, nachhaltigen fairen Handel engagieren und es gibt Frauen, die fernab jeder Klischee ihren eigenen beruflichen Wünschen und Begabungen nachgehen. Sie werden Polizistin, Raubtierdompteurin, Rettungsassistentin, Mechanikerin, Managerin, statt Prinzessin zu spielen. Wir können Rollenprogramme umlernen, die automatisierte Reaktionen hervorrufen und nicht mehr für das jetzige Leben passen: Wir können lieblose Programme erkennen und umprogrammieren in vernünftigere, klügere, freundlichere Programme, das ist nicht leicht und allein nur sehr schwer möglich. Beim Update des PCs ziehen wir Fachleute zu Rate, um nicht ständig die alten überholten Programme laufen zu lassen, wir wollen mit den neuen und effizienten Programmen arbeiten. Ähnlich können wir unser Verhalten prüfen, die eigene Wahrnehmung und die reaktiven Muster hinterfragen und auf Wunsch und mit Unterstützung verändern. Leider gibt es noch wenig offiziell bestätigte Lernformen um das eigene Gehirn zu aktualisieren. Es bleibt uns die Möglichkeit der Suche: nach innen, um zu prüfen was wir erreichen und verändern wollen; und die Suche nach außen, nach Personen, die bereits erreicht haben, was wir noch lernen möchten, Personen, die uns lehren und unterstützen können. Warum sollten wir mit sozialen Mustern der Steinzeit und der Antike in einer modernen Zeit leben, das passt doch gar nicht mehr. Wir wohnen auch nicht mehr in Zelten oder ackern mit Bullen. Warum sollten wir uns dann bekriegen, quälen und uns wie im Mittelalter oder in der Steinzeit verhalten? Warum entwickeln wir uns sozial kaum, leben in feindseligen Männer- und Frauenrollen wie seit tausenden von Jahren, obwohl wir es technisch schaffen, intelligenteste Computer zu bauen?

Sozial-emotionale Phänomene sind ähnlich komplex und relativ wie die Einstein'sche Relativitätstheorie. Sozial-emotionale Interdependenzen werden in ihrer Komplexität kaum durchschaut, wir erleben sozial-emotionale Phänomene wie nicht beeinflussbare Geschehnisse, schicksalhaft, mystisch und nahezu unveränderbar. Wie weit dieser Macht- und Geschlechterkampf in die menschliche Existenz eingewoben ist, sehen wir in den uralten Schriften, in denen die Menschen Kriege führten, Frauen entführten, Götter und Göttinnen verehrten. Den Fürsten, Kaisern und Königen standen Frauen in reicher Zahl zur Verfügung, wie in einem Harem: Im Alten Testament wird beschrieben, dass König Salomo siebenhundert fürstliche Frauen hatte und dreihundert Nebenfrauen. Salomo, so wird berichtet, wurde, durch die Götter dieser Frauen abtrünnig und es entstanden zahlreiche Schlachten und Kriege.

In der griechischen Mythologie wurden Göttinnen wie Aphrodite und Venus verehrt. Schon die Geschichten der griechischen Mythologie stellen den Liebreiz und die Verführung von schönen Frauen dar, Göttinnen, die Männer um ihren Verstand bringen. Im Liebesrausch wollten sie die Frauen als ihren Besitz ansehen, kämpften gegen andere Männer, um für diese Frauen Ländereien und Besitztümer zu erobern. Shakespeare beschreibt in seinem Werk »Romeo und Julia« (1595/96) die tragische Liebesgeschichte eines jungen Liebespaares, das aus zwei verfeindeten Familien stammte und sich auf Grund eines tragischen Missverständnisses selbst tötete. Nach deren Tod erkannten die Eltern ihre Mitschuld aufgrund der gegenseitigen Feindschaft ihrer Familien, die sie nicht überwunden hatten. Überall in der frühen Geschichte, im Mittelalter und der Neuzeit werden Gewaltüberlieferungen erzählt, dargestellt, nachgespielt, gemalt, gedichtet und vertont. Die Menschen haben seit Beginn der geschichtlichen Aufzeichnungen eine ambivalente Beziehung zum Thema Geschlechterkampf: Liebe führt zu Gewalt, und Gewalt wieder zu Versöhnung und Liebe. Eva-Maria Zurhorst hat zu diesem wiederkehrenden Krisenphänomen in Partnerschaften das Buch geschrieben: »Liebe dich selbst und freu dich auf die nächste Krise«.

Kennen Sie auch Krisen in Partnerschaften und Freundschaften? Keine Sorge, wir haben alle diese Schwierigkeiten. Diese Phänomene finden sich weltweit unter Stämmen und Völkern, unter Familien, Religionen und Nationen. Es scheint, als seien Auseinandersetzung und Versöhnung ein sich stets wiederholendes Drama. Dennoch beobachten wir gewisse Unterschiede in diesen Kämpfen, es gibt die ruhigen und friedlichen Zeiten, liebevolle Beziehungen, tolerante Familien und Personen, in deren Umfeld sich Dramen nur selten finden. Fraglich ist, warum es sich so unterscheidet, dass ein Teil der Menschen relativ gut miteinander leben kann, während andere ständig in Streit und Frustration verwickelt sind. Und warum lernen die Menschen kaum aus all den Geschichten von Liebe und Gewalt. Es scheint leichter zu sein, den Verstand zu belehren und zu bilden, als die ungezügelte Energie der

Gefühle. Die zusätzliche Erschwernis besteht in der Tatsache, dass wir nur marginal unsere Gefühle erkennen, so dass Gefühle schwer steuerbar und veränderbar sind. Bereits in der Kindheit lernten wir, Gefühle zu ignorieren und damit ins Unbewusste zu verschieben. Nur so lässt sich erklären, dass Männer und Frauen ihre Rollen und ihren Geschlechterkampf und all die Grausamkeiten, die daraus entstehen, immer weiter leben und weiter geben, obwohl daraus so viel Leid entsteht. Ich möchte weder Männer noch Frauen verurteilen, wenn sie in den Sog von leidenschaftlicher Liebe und Gewalt geraten, in diese uralten Phänomene der emotionalen Energien. Trotz Verstehbarkeit der Entwicklung von Gewalt sind die unbewussten Phänomene kein Grund, Gewalt von Männern gegen Frauen weiterhin aufrecht zu erhalten. Es ist fatal, Gewaltformen der Männer gegen Kinder als sexueller Missbrauch, als Erziehungsmaßnahme oder Kavaliersdelikt zu legitimieren und die Gewalt der Männer untereinander zu verharmlosen und endlos weiterzugeben. Sie werden jetzt vielleicht fragen: Und wie kommen wir aus diesem Dilemma raus? Es ist unsere kollektive Aufgabe, dass wir Menschen uns gegenseitig vor Gewalt schützen, notfalls auch vor uns selbst. Es ist unsere Aufgabe, Kinder vor Gewalt zu schützen, junge Männer vor Kriegen zu schützen, Frauen und Männer vor Gewalt zu schützen. All diese Gewalt belastet die Partnerschaften und Familien und wird wieder weiter gegeben in die nächsten Generationen. Ein klares Nein, ein Stopp, nicht weiter so, ist wahrscheinlich der erste Schritt, die erste Botschaft, die wir brauchen. Würden immer mehr Menschen Nein sagen zu Gewalt, Gewalt weder ideell, finanziell oder mit eigenem Einsatz unterstützen, würde sich das Ausmaß an Gewalt verringern, das heute gelebt und verbreitet wird. Wenn wir zudem die Opfer lehren, sich zu wehren, in Opferschutz investieren und eine Erziehung ermöglichen, die das Selbstbestimmungsrecht der Kinder fördert, dann ist schon ein weiterer Schritt in eine gewaltfreie Zukunft getan. Sie werden in diesem Buch noch viele Hinweise finden, die es möglich machen, das Gewaltspiel zu verlassen und im Gewaltspiel nicht mehr mitzuspielen.

Vielleicht ist es auch sinnvoll, die Rollenmuster in Partnerschaften neu zu überdenken: Männer fühlen sich eher verantwortlich, wollen führen, kontrollieren und haben den Anspruch, die Familien wirtschaftlich zu versorgen, während sich Frauen mehr um die Familie und soziale Aufgaben kümmern. Wir wissen nicht genau, wie sich diese Rollenverteilungen entwickelt haben, evolutionär oder familiär. Es ist anzunehmen, dass in der frühkindlichen Erziehung Rollen, die Erwachsene vorleben, erkannt und bereits im Kleinkindalter nachgeahmt und erlernt werden. Es wurde lange Zeit von den Männern als das starke und Frauen als das schwache Geschlecht gesprochen. Diese Vorurteile entstehen sehr stark durch das Vorleben von Rollenmustern: Männer müssen stark sein und Frauen dürfen schwach sein. Diese Rollenunterschiede und Einstellungen werden wie die Sprache durch die Sozialisation und Lernerfahrung an die Kinder weitergegeben.

Langsam beobachten wir durch die Emanzipation der Frauen und die Toleranz, dass Männer Schwäche zeigen dürfen, ein Aufweichen dieser alten Rollenstereotype. Da Veränderungen jedoch immer als Gefahren angesehen werden, gibt es auch die Gegenbewegung: Männer, die zu Supermachos mutieren und Frauen, die sich wieder in ihre schwachen und bequemen Prinzessinnenrollen zurückziehen. Friedlichere und kooperativere Formen des Zusammenlebens von Männer und Frauen wird ebenfalls mit einer Gegenbewegung kompensiert: Gewalt wird verherrlicht, Prostitution und Kinderprostitution nehmen zu. Haben sich in den letzten Jahren in einigen Bereichen der Gesellschaft gewaltfreie Formen der Kommunikation etabliert, zeigen sich in der Gegenbewegung unverschämte Beleidigungen und öffentliche Diffamierungen.

Trotz mancher Verbesserung, der Kampf der Geschlechter ist bei weitem noch nicht überwunden: Nach wie vor sind Männer in der Wirtschaft und der weltweiten Politik an der Macht. Auch wenn es in Europa, Asien und Lateinamerika schon Frauen gibt, die Nationalstaaten anführen, sträuben sich vor allem Männer dagegen, die Frauenquoten in der Wirtschaft einzuführen. In Aufsichtsräten sitzen inzwischen nahezu dreißig Prozent Frauen, im Vorstand börsennotierter Firmen und der Finanzbranche sind Frauen jedoch deutlich unterrepräsentiert.

Betrachtet man die Männer- und Frauenrollen auf Grund der Charakterprägung, so sind Frauen wesentlich häufiger phlegmatisch oder melancholisch, während Männer mehr zu cholerischen und sanguinischen Charaktereigenschaften neigen. Das aufbrausende und lebhafte Verhalten wird eher als männlich wahrgenommen, während Frauen ein schüchtern-depressives Verhalten als typisch weibliches zugeschrieben wird. Männer mit phlegmatischen und melancholischen Zügen werden von anderen Männern als nicht so männlich abgewertet und dominante, fröhliche, lebenslustige Frauen gelten als Mannweib oder oberflächlich.

Es ist noch ein Lernprozess, bis Männer, Frauen und Kinder sich versöhnen und die Gewalt als unmoderne Form des Zusammenlebens in die Geschichtsbücher eingehen wird.

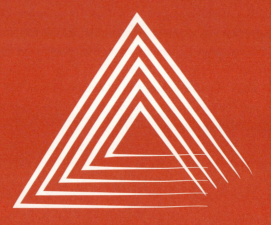

Individuell /

DAS INDIVIDUUM IN DER GESELL-SCHAFT UND GROSS-GRUPPEN

Intro

Jedes Individuum wird in eine Gruppe hineingeboren, ist somit ursprünglich von dieser Gruppe abhängig und deren Prägungen unterworfen. Aus der Geschichte, Biologie und Psychologie wissen wir, wie stark sich diese Prägungen auf die Individuen einer Kohorte auswirken. Diese Prägungen entscheiden über Moden und Zeitgeist, über Sprachentwicklung, Erfahrungen und Bildung. Kultur, Status, regionale Einflüsse, Umwelt und Genetik bestimmen unsere individuellen Merkmale und auch die Entwicklungsmöglichkeiten des Individuums. In welcher Zeit, Region und Gruppe ein Mensch auf die Welt kommt entscheidet über Lebens- und Entwicklungsmöglichkeiten, Gesundheit und Krankheit, Wohlstand und Armut und über seine individuellen Weiterentwicklungschancen. Und doch sind diese Voraussetzungen nicht unabwendbares Schicksal. In jeder Generation gab es Vordenker, Visionäre, Schöpfer von neuen Moden und technischen Entwicklungen, es gab Pioniere und Revolutionäre, hervorragende Könige und Führungskräfte. Es gab Könige und Führungskräfte, die ihr Land ausbeuteten, Vernichtung, Krieg, Tod auslösten und großen Schaden hinterließen und es gab andere Könige, die ihr Land in Wohlstand und Frieden sicherten. In allen Zeiten gab es Personen, die ihre Umgebung sehr positiv oder auch sehr negativ beeinflussten. Sicher sind auch Sie interessiert, Ihr Leben möglichst gesund und glücklich zu gestalten und einen wertvollen Einfluss auf ihre Mitmenschen und ihre Umgebung auszuüben, sonst hätten Sie das Buch sicher nicht bis hier gelesen. Es stellt sich die Frage, wie wir die Dynamiken durchschauen können, die uns dazu verführen eigenes Glück und Lebenschancen zu nützen oder zu verspielen und wie wir lernen, diese bewusst neu zu gestalten.

Nationalstaaten

Jeder Mensch wird in einem Nationalstaat geboren, ob die Person das Recht der Staatsbürgerschaft erhält, hängt jedoch von den unterschiedlichen Länderrechten ab. In seltenen Fällen haben Personen keine Staatszugehörigkeit und damit kaum rechtliche Schutzrechte, keine staatlichen Rechte, keinen Ausweis, eingeschränkte Arbeitsrechte und keine Reiserechte. Die einzelnen Staaten haben unterschiedliche Regelungen, wer in welchem Umfang an Bildungsangeboten beteiligt wird. Bildung und Bildungsabschlüsse entscheiden darüber, welchen Beruf der Bürger ergreifen kann, welche Einkommensquellen erreicht werden können, welcher Status ihm zugeschrieben wird. Die Art der Bildung entscheidet auch darüber, wie gebildet Personen in einer Gesellschaft werden. Hohe Bildung bedeutet noch keineswegs ein unbescholtener, glücklicher, großzügiger, weltoffener, toleranter, liebevoller... Mensch zu sein. Gerade Skrupellosigkeit verbunden mit hoher Bildung kann für andere Menschen, für die Natur und evtl. für ganze Gesellschaftsgruppen enorm schädlich sein. Diese Mischung aus hohem Ansehen, Bildung, Macht und fehlender Abstimmung mit anderen führt zum Ausnützen und Ausbeuten von Menschen, Tieren und unserem Ökosystem. Jeder Staat regelt für seine Bürger, welche Bildung den Bürgern angeboten und vermittelt wird: Religiöse Bildung, kulturelle Bildung, kognitive Bildung, berufliche Ausbildung, militärische Bildung, soziale Bildung und so weiter. Der Bürger hat eingeschränkte Wahlmöglichkeiten welche Bildungsangebote er annehmen, bzw. für welche Bildungsangebote er sich entscheiden kann oder bei welchen Möglichkeiten er zugelassen wird. Schon bei diesen Auswahlkriterien spielen Machtspiele eine entscheidende Rolle. Reiche Menschen mit gebildeten, weltoffenen und liberalen Eltern, die sich der jeweiligen Staatsform gegenüber einigermaßen konform verhalten, erreichen die höchsten Bildungsrechte, Bildungschancen und Freiräume der Bildungswahl. Am ärmsten sind die Kinder, deren Eltern und Vorfahren von den jeweiligen Staaten nicht anerkannt sind; sie hatten selbst schon wenige Möglichkeiten, sich in der Gesellschaft zu integrieren und zu positionieren, damit wird es auch ihren Kindern nicht leicht fallen, sich in der Gesellschaft zu integrieren und zu positionieren. Wie schnell werden Personengruppen ausgegrenzt, die im Interesse des Staates zu wenig religiös, zu anders denkend, zu ehrlich, zu krank, oder zu leistungsschwach sind? Mobbing auf staatlich-gesellschaftlicher Ebene. Dabei zeigt sich diese Diskriminierung kaum in den Gesetzen und der Verfassung und wird auch in quantitativen Zahlen wenig sichtbar. Fragt man die Menschen selbst, spürt man, dass sich bei weitem nicht alle Menschen in ihren Staaten angenommen und wohlfühlen. Oder kennen Sie einen Staat, in dem die meisten Menschen sagen, in unserem Land läuft es so, wie wir das wünschen? Wenn Sie so ein Land kennen, dann sagen Sie bitte möglichst laut Bescheid, von diesen Ländern könnten alle Nationalstaaten lernen. Sie meinen das wäre nicht möglich? Wenn es immer mehr Firmen gibt, die an Mitarbeiterzufriedenheit arbeiten und damit Erfolge erzielen, warum sollte das bei Nationalstaaten nicht möglich sein, dass es eine Bürgerzufriedenheit gibt, dass alle an dieser Bürgerzufriedenheit arbeiten? Warum arbeiten Parteien mit Ideologien und Wählergruppeninteressen statt mit Bedürfnissen ihrer Bürger? Warum arbeiten Diktaturen mit Gehorsam, wenn sie auch die Möglichkeit hätten, dass die Bewohner ihrer Länder ehrlich und zufrieden sind? Was glauben Sie, wie verehrt und beliebt Vorgesetzte und Staatschefs sind, die ihre Mitarbeiter und Bürger wertschätzen, die Ihnen Bildungs- und Qualifizierungsmaßnahmen ermöglichen, die ihre Gewinne und die Wirtschaft transparent machen und andere daran beteiligen? Wähler bilden nur einen Teil der Bevölkerung, und Gesetze und Verfassungen sind meist so verfasst, dass sie einem Teil der Bevölkerung wesentlich mehr Rechte einräumen als anderen. Natürlich soll sich die Leistung für die

Gemeinschaft lohnen, daran wird sich wohl auch niemand stoßen. Hätten Sie einen Vorschlag, wie sich Leistung lohnen kann, ohne dass andere dabei abgewertet und ausgebeutet werden? Genau, das ist das Problem, wir reden nicht über diese Themen, über diese Möglichkeiten der Verbesserung, weil wir längst aufgegeben haben daran zu glauben, dass es bessere Formen des Zusammenlebens geben kann. Deshalb machen wir weiter, immer weiter wie bisher, oder bis die nächste Hochkultur untergeht. Gesetze und Verfassung hören sich oft sehr ideal an und werden vorwiegend auf Müssen- und Sollens-Erwartungen oder Vorschriften aufgebaut, sie sind jedoch weniger auf das reale Leben und Erleben der Menschen zugeschnitten. Jetzt werden Sie vielleicht einwenden: Nicht das System passt sich an die Menschen an, sondern die Menschen müssen sich dem System unterordnen. Kein Staat gewährt den Bürgern das Recht, das in der Verfassung suggeriert wird. Ich stimme Ihnen zu, das ist schwer zu verwirklichen, aber warum geben die Regierungen nicht zu, dass sie es (noch) nicht schaffen, die Verfassungsrechte zu verwirklichen? Warum braucht es diese Scheinheiligkeiten, die Staaten und Unternehmen propagieren: Wir sind der beste Staat, die beste Nation, wir sind die beste und eine unbescholtene Firma, wir haben die Probleme am besten gelöst? Hören Sie sich die Staatschefs und großen Unternehmensvorstände an, kaum ein Staatschef oder eine bekanntere Führungsperson gibt zu, dass in ihrem Land, in ihrer Organisation Mängel zu beklagen sind. Dann lieber ein paar Bauernopfer, ein paar Menschen suchen, die man für diese Vorfälle beschuldigen und verurteilen kann, bevor Systemfehler angeschaut werden. Die Unfehlbarkeit ist nicht nur bei Päpsten ein Dogma, sondern unausgesprochen auch bei vielen einflussreicheren Führungskräften dieser Welt. Eine Führungskraft gilt nahezu überall als unangefochtene Autorität, solange sie nicht bei einer anderen höheren Person in Ungnade fällt, ein neuer Machtspielaufschrei durch die Medien hallt und wieder ein Rufmord geschieht. Und finden lässt sich bei allen Personen etwas, wofür man sie anklagen oder wie man sie unschädlich machen kann. Und wenn ein politisches oder wirtschaftliches System zu sehr in Gefahr gerät sich ändern zu müssen, kann ein Staat eine Person zum Staatsfeind erklären und über Jahrzehnte einsperren lassen und damit relativ mundtot machen. Auch in demokratischen Ländern sitzen Menschen zu Unrecht in Gefängnissen und Psychiatrien. Und die Justiz selbst tut sich noch sehr schwer, einen Fehler in der Rechtsprechung anzuerkennen. Wie sollen wir Bürger Fehler zugeben, wenn es unsere großen Vorbilder nicht können? Dass ein Festhalten an alten Systemen dauerhaft nicht funktionieren kann, ist auch der Tatsache geschuldet, dass sich so vieles verändert, ökologisch, technisch, wissenschaftlich: Das Recht heute ist ganz anders als das Recht von gestern, und morgen wird die Rechtsprechung eine andere sein als heute. Ganz zu schweigen von der Schwierigkeit, global Recht zu sprechen bei all den tausenden und abertausenden Rechtsurteilen der unterschiedlichen Nationalstaaten. Bitte verstehen Sie mich nicht falsch, ich empfinde es als wichtig, dass Recht und Ordnung im Zusammenleben der Menschen wichtige Grundlagen sind, und es ist wichtig, dass wir Menschen gegenseitig Respekt voreinander haben. Einen Namen, eine Autorität, die sich Menschen zu Recht erworben haben, ist zu achten und zu respektieren. Und ich glaube, auch Sie wünschen sich von ihrem Staat respektvoll behandelt zu werden, auch Sie wünschen sich, dass ihre Rechte geachtet werden, dass Sie unterstützt werden, wenn Sie Hilfe brauchen. Solange man zu der Schicht gehört, die dieses Recht erlebt, haben Bürger sicher kein Problem. Gehören Bürger zu Betroffenen, die beschuldigt, ausgebeutet und gemobbt werden, spüren wir sehr schnell die Defizite eines Staates. Und glauben Sie mir, es kann sehr schnell gehen, dass wir von der Position des Wohlfühlens in die Position »ich brauche Hilfe« rutschen. Es wird sicher nicht leicht für Nationalstaaten werden, Menschen mit all ihren Unterschieden zu respektieren. Wollen wir ein gutes Zusammenleben aller Menschen ermöglichen, ist es jedoch notwendig, an diesen Themen zu arbeiten, damit wir bei allen Menschen sehen, welche Fähigkeiten sie haben, damit wir langfristig allen Menschen Bildungsmöglichkeiten zugestehen und eingestehen, dass wir alle Fehler machen. Ich habe noch keinen unfehlbaren Menschen erlebt, und Sie?

Lutz von Rosenstiel, der berühmte Arbeits- und Organisationspsychologe, wurde nicht müde, in seinen Arbeiten zur Arbeits-und Organisationspsychologie immer wieder daran zu erinnern, dass wir lernende Organisationen brauchen: Wir brauchen lernende Unternehmen, lernende Staaten, lernende Familie, lernende Mitarbeiter usw.

Immer dann, wenn Staatschefs sehr schnell bereit sind, mit den anderen in Kriege zu ziehen, wird nicht konstruktiv gelernt, sondern destruktiv an alten Ideologien festgehalten. Kriegssolidaritäten werden geschlossen und bei Kriegsseilschaften kann sich das Konfliktpotenzial solange entfalten, bis die Zerstörungskraft so viel zerstört hat, dass die Bürger zu neuem konstruktivem Wiederaufbau gezwungen sind. Wollen wir diese Machtspiele endlos so weiterspielen? Wir könnten es einfacher haben, wenn wir immer wieder lernen, nicht nur unsere PCs upzudaten, sondern auch unsere Nationalstaaten, die nationalen und internationalen Beziehungen, die Rechtsprechung und unsere Bildungssysteme. Gewalt ist dabei kein geeignetes Mittel. Wenn Nationalstaaten erkennen, dass gegenseitiges Helfen, gegenseitiges Lernen, gegenseitiges Teilen und gegenseitiger Respekt hilfreicher sind als Bespitzelung, Misstrauen und der Aufbau von Feindbildern, dann wäre für das Zusammenleben der Menschen viel gewonnen.

Religionen

Die religiöse Erziehung beginnt meist schon kurz nach der Geburt mit Tauf-, Segnungs- oder Beschneidungsritualen. Viele Eltern haben den Anspruch, ihre Religion an die Kinder weiterzugeben. Die Angst, die sie selbst vor einem Gott haben, der sie strafen könnte, wenn sie nicht gläubig sind, geht damit von Beginn des Lebens an die Kinder über. Es gibt weltweit nur sehr wenige Religionen, die überwiegend Zuversicht und einen bedingungslos liebenden Gott verehren. Das Kind lernt im Laufe der Entwicklung immer mehr religiöse Rituale, Bräuche und Gewohnheiten kennen. Und das Kind lernt die Angst kennen, die erfolgt, wenn der überlieferten Religion nicht geglaubt wird, im schlimmsten Fall droht der Ausschluss aus der Religionsgemeinschaft. Auch hier haben wir wieder das wechselseitige Spiel, wenn das Kind sich in der Religion so angenommen und frei fühlt wie es ist, wird es keinen Widerspruch empfinden, dann wird es die Religion für sich annehmen können. Ansonsten beginnt das falsche Spiel: Das Kind beginnt sich an die Religion zu binden, die es nicht versteht, es unterdrückt die eigenen Fragen bezüglich Spiritualität, unterdrückt eigene Zweifel, die eigenen Vorstellungen und Gefühle und passt sich an die jeweilige Religion an, obwohl das eigene Gefühl, die eigenen Werte dagegen sprechen und die eigenen Gefühle sich sträuben. Das ist auch der Grund, warum Religionen so wenig Potenzial der Weiterentwicklung aufweisen. Die Angst ist viel zu groß, über die bisherige Form der Religion hinauszudenken. Und wie konflikthaft es sein kann, wenn sich Menschen trauen, eine eigene Gottesvorstellung in die Religion einzubringen zeigt die Ära Luthers, die folgenden Kämpfe, Kriege und gesellschaftlichen Verwerfungen. Ähnliches gilt natürlich in anderen Religionen, in denen Überlieferungen stets beachtet und eingehalten werden müssen und Menschen schnell als frevelhaft ausgegrenzt werden, wenn der Einzelne nicht das glaubt, was allgemein geglaubt wird. Welcher Religion fühlen Sie sich zugehörig? Stimmen Sie mit diesen Lehren überein, wie gelingt Ihnen der Spagat von religiösen Vorschriften und eigenem Empfinden? Wie wird Religiosität in der eigenen Familie erlebt und gelebt, sind sich in ihrer Familie alle darüber einig? Und wie konflikthaft entwickelt sich dadurch das eigene Gewissen, darf ich meinen Gefühlen und Werten trauen, wenn die Religion etwas anderes vorschreibt und erwartet, wenn sich meine Vorstellungen nicht decken mit denen meiner Familie, Freunde...

Als vorteilhaft bei Religionen kann man sicher erwähnen, dass wir durch die Überlieferungen und Tradition der Religionen Zugang zu Gefühls- und Wissensbeständen und zu den Nöten unserer Vorfahren erhalten und erahnen, wie sich die ganz alten Kulturen entwickelten. Religiöse Gesetze, Gebote, Speisen und Diätvorschriften werden ebenso übermittelt wie das Feiern von religiösen Festen und die Form der Religionszugehörigkeit. Kinder spüren sehr schnell, wie ernst den Eltern selbst ihre Religion ist, ob Spiritualität als echter Rückhalt oder als gespielte Floskeln gelebt wird. Und Kinder empfinden, in wie weit sie sich der vorgeschriebenen Frömmigkeit unterwerfen müssen. Damit machen Kinder auch die ersten Erfahrungen mit der doppelbödigen Anpassung an Religion, Kultur und Nationalstaaten. Religiöse Gebote und Gesetze werden individuell mehr oder weniger streng gelebt und tradiert. Mit diesen Erfahrungen kommen die ersten Zweifel auf, wer hat in der religiösen Praxis Recht? Warum predigt die Religion etwas anderes als der Staat? Warum gibt es unterschiedliche religiöse Lehren, unterschiedliche Kulturen innerhalb der Religionen? Und wie kann es sein, dass religiöse Bestimmungen so unterschiedlich ausgelegt, interpretiert und sanktioniert werden? Und ganz persönlich betrachtet, fragen sich nicht nur Kinder, welcher religiösen Richtung soll oder will ich folgen oder angehören? Und was will dieser Gott von mir? Über diese Themen wird meist in den Familien sehr wenig gesprochen, zum einen wissen die Eltern selbst auf die ungelösten religiösen Fragen keine Antworten, zum anderen gibt es fast in jeder Familie unterschiedliche Ansichten bezüglich Religion. Oft werden diese Themen ausgeblendet, damit es nicht immer wieder zum Streit kommt. Wie sollen Eltern die ungelösten religiösen Themen, die unsere ganze Menschheit noch nicht zufriedenstellend gelöst hat, den Kindern erklären und vermitteln? Lieber wird den Kindern dann erzählt, dass die eigene Religion die richtige ist, und dass sie das halt glauben müssen. Hier beginnt das religiöse Machtspiel, das von einer Generation auf die andere weitergegeben wird. Es werden religiöse Überlieferungen weitergegeben, die geglaubt werden müssen oder sollen, obwohl es dafür kaum Belege gibt, warum und wieso gerade das geglaubt wird oder werden soll. Sieht man die weltweiten religiösen Kriege, stellt sich zudem die Frage, ob die Religionen wirklich in der Lage sind, ihren Gläubigen einen Lebensstil, eine Lebenseinstellung zu vermitteln, der das globale Zusammenleben der Menschen und die Lebensgestaltung der Menschen erleichtert. Sicher ritualisieren Religionen das Leben, die Tage und Jahre und sie strukturieren Lebensereignisse mit bestimmten Festen. Das erleichtert vielen die mühselige Suche nach eigener Lebensgestaltung: Es ist nicht nötig, sich eigene Fragen zu stellen oder nach eigenen Antworten zu suchen, wenn die Religion die Antworten und die Lebensgestaltung vorgibt. Für viele Menschen bedeutet dies sicher auch eine Erleichterung. Das Denken des Einzelnen wird an die bisherigen Denkvorstellungen angepasst. Für die Integration der einzelnen Personen in der religiösen Gemeinschaft und für das Überleben der religiösen Gesellschaften selbst ist es sinnvoll, wenn Menschen sich religiös angepasst verhalten. Die vereinheitlichten religiösen Vorstellungen machen es Personen leichter zu erklären, warum der andere jetzt gerade so handelt, eben weil er dieser Religion angehört. Das Handeln des anderen ist damit berechenbarer und zuverlässiger. Ein weiteres Nachdenken über zwischenmenschliche Phänomene und Wechselwirkungen des Lebens sowie das Zusammenleben von Mensch und Natur erübrigt sich, da in der bisherigen Religion ja alles enthalten scheint. Gerade in Zeiten, in denen es politisch oder gesellschaftlich sehr schwierig wird, wenn Kriege geführt werden, Hungersnöte herrschen oder Naturgewalten toben, bieten die Religionen den Menschen ein Gefühl von Schutz. Die Religion selbst bietet kaum hilfreiche Strukturen, wie konflikthafte Dilemmata und schicksalhafte Ereignisse gelöst werden können, sie bieten den Menschen einen Ort des Trostes, des Gebetes, der Hoffnung, eine Macht in der Ohnmacht. Religionen sind nicht nur eine Hoffnung und ein Trost, sie selbst sind gefangen in den menschlichen Machtspielen des Rechthabens, der Hörigkeit und der Abhängigkeit. Im Nationalsozialismus schwiegen viele Christen, es war zu gefährlich; die Angst, dass auch reihenweise Christen getötet würden ging um. Und ähnlich verhalten und ohnmächtig reagieren die Religionen auf die Machtkonglomerate der globalisierten Marktwirtschaft, auf die globalen Umweltprobleme und auf die Kriege der Religionen und Kulturen untereinander. Junge Menschen lassen sich durch religiöse Themen in gewaltsame Gruppen führen. Der einzelne, der sich diesen fanatisch religiösen Gruppierungen oder radikalen kämpferischen Gruppen anschließt, glaubt in der Gruppe ein Ventil, einen Halt, Sicherheit und Ausdrucksmöglichkeit seiner Frustration zu finden. Die globalen Verwerfungsprozesse sind enorm; sicher finden Menschen in diesen unruhigen Zeiten Halt und Schutz in der religiösen Gemeinschaft, aber werden die Religionen die Welt retten können? Religionen schützen Menschen teilweise vor Unrecht, sie führen jedoch in der Konkurrenz und im Rechthabenstreit zu erheblichen Konflikten, zu heftigen Krisen und grausamen Kriegen. Vielleicht wären die Religionen gut beraten, wenn sie sich mehr um den Schutz der Menschen kümmern würden statt sich anzumaßen zu wissen, was Gott will und sagt. Wenn man von den Religionen, ihren Auserwählten und heiligen Vorbildern liest, erkennt man sehr schnell, dass sie Unterschiedliches berichten, was Gott Ihnen gesagt hatte. Es ist auch die Frage, warum Gott nur zu einigen Leuten spricht und warum er so unterschiedliche Sachen zu den Menschen sagt? Hatten Sie schon mal das sichere Gefühl, etwas ganz richtig zu machen, zum Beispiel eine

Handlung, die sowohl Ihnen als auch den anderen nützt? Und hat sich dieses Gefühl bestätigt? Ja, es gibt Vorahnungen, es gibt die guten Ideen, es gibt hilfreiche Strategien und liebevolle Beziehungen. Aber sind diese Entscheidungen Gottes Wille? Sind religiöse Erfahrungen Patentrezepte für immer und ewig? Und gibt es Religionen, die die Wahrheit gepachtet haben? Wie lässt sich erklären, dass sich Priester an Kindern vergehen und Sektenführer an Mädchen und jungen Frauen? Wie lässt sich erklären, dass Religionsgemeinschaften Kriege führen? Was hat Gott zu diesen Priestern und Religionsführern gesagt? Sicher nicht, dass es in Ordnung wäre, wegen Religionen zu töten, Kriege zu führen, zu streiten, die Natur zu vernichten.

Bitte verstehen Sie mich nicht falsch, ich achte und ehre Menschen, die sich einer religiösen Praxis unterwerfen, die sich bemühen und interessieren, ein integres Leben zu führen und anderen zu nützen. Das ist sehr ehrenwert und vorbildlich, für sie selbst, für uns und alle Mitmenschen und für die Tiere, denen sie nützen. Wenn Religionen dazu Hilfestellung bieten, ist das eine vorbildliche gesellschaftliche Aufgabe, die in jeder Gesellschaft unterstützt werden kann. Bei aller Achtung der Religion stellt sich die Frage: Vollzieht sich die Entwicklung eines Menschen zu einer edlen, wertvollen und wertschätzenden Person nur mit und in einer Religion? Ich habe auch Agnostiker kennengelernt, die ihre Kinder liebevoll erziehen, die ihren Kindern ganz ehrlich erzählen, wir wissen nicht, ob es einen Gott gibt und wie dieser Gott aussieht und wenn es ihn gäbe, wüssten wir nicht, was er von uns erwartet. Ist das möglicherweise nicht ehrlicher, als die Behauptung, wir wüssten wer Gott ist, was er zu uns sagt und was er von uns will? Zeigt nicht auch diese Lebenseinstellung eine große Ehrfurcht und Demut gegenüber der Größe und der Wunder des Universums? Ist nicht auch der Atheismus eine Form von Spiritualität? Muss Atheismus von religiösen Menschen abgewertet werden? Oder könnten gerade religiöse Menschen die Vielfalt von Gottes Schöpfung achten und ehren? Und dann gibt es die Gotteshasser, Menschen, die von der Überforderung der

Religion und von Grausamkeiten, die im Namen der Religionen geschehen, so enttäuscht sind. Viele Menschen können auf Grund des eigenen Schicksals das Leben nicht mehr als guten Willen Gottes sehen. Viele Menschen haben mir gesagt: »Wenn Gott das zulässt, dann kann es kein guter Gott sein.« Viele Therapeuten und auch Gelehrte arbeiten heute mit dem Begriff der Gottesbilder. Ein Gottesbild ist die Vorstellung des Einzelnen, wie Gott sein könnte, wie er sich dem einzelnen zuwendet und was er von dem einzelnen erwartet. Das bedeutet, jeder Mensch hat unabhängig von der Religionszugehörigkeit eine ganz individuelle Vorstellung und Ahnung von Gott sowie ganz eigene Wünsche und Talente, die er verwirklichen kann und darf. Wir wissen aus Untersuchungen auch, dass sehr streng erzogene Kinder oft sehr strenge Gottesbilder verinnerlichen und sehr liebevoll erzogene Kinder eher an einen liebevollen Gott glauben. Der Einfluss der Gefühle und Stimmungen, die in der Erziehung erlebt werden, prägt auch unsere Gottesbilder. Diese Gottesvorstellungen, ein männlicher oder weiblicher Gott, ein Gott der zürnt oder der verzeiht, prägen auch die Vorstellungen vom Zusammenleben von Mann und Frau, in Familien und im Arbeitsleben. Diese Erklärung des individuellen Glaubens und der Gottesbilder kommt einer gewissen nachvollziehbaren Wahrheit viel näher als das sture Nachbeten einer vorgefertigten und überlieferten Religion. Menschen machen sich Vorstellungen von Gott und diese Vorstellungen sind teilweise angepasst an die Religionen und teilweise sehr verschieden auch innerhalb der eigenen Religion. Warum macht uns eine differenzierte Sichtweise, dass religiöse Phänomene unterschiedlich gedeutet werden können, solche Probleme? Es existieren in der Natur Ähnlichkeiten und Unterschiede, warum darf das in der Religion und in den Vorstellungen von Gott und Universum nicht so sein? Die eine Person hat die Vorstellung von einem Gott, der ihm hilft, ihn unterstützt, der andere hat die Vorstellung, Gott erwartet etwas von ihm, er muss etwas leisten für Gott, wieder andere sehen sich als Berufene oder glauben, Gott möchte, dass Opfer gebracht werden müssen. Wieder ein anderer stellt sich vor, das ganze Universum ist Gott und wir sind ein Teil von ihm. Es gibt

Menschen, die meinen, Gott wohnt in uns, andere glauben er existiert außerhalb von uns. Ist das so verwerflich, wenn Menschen unterschiedliche Vorstellungen haben, anders denken und fühlen? Und für wie viele Dinge, die wir selbst verschulden, machen wir im Nachhinein andere verantwortlich. Und wenn andere Menschen leiden wird ihnen teilweise von Religionen unterstellt, dass sie Sünder sind, statt diesen Menschen zu helfen. Würden Sie sagen, wenn etwas geschieht, war das Gottes Wille? Und wie ist es mit den Dingen, die sehr leidvoll sind? Ist das auch Gottes Wille? Wenn wir Menschen uns auf diesem Planeten weiter entwickeln wollen, glaube ich persönlich, dass wir uns weit über die Religionen, Nationalstaaten und bisherigen Ordnungen hinausentwickeln dürfen, hin zu einem Leben, in dem es uns allen gut gehen kann und darf. Das ist natürlich mein ganz persönlicher spiritueller Glaube, der auch verbunden ist mit dem tiefen Wunsch, es möge allen Menschen und allen Wesen gut gehen auf diesem Planeten.

Kapitel 3c

Kulturen

Ähnlich wie die Religionen bilden auch Kulturen den Menschen eine gewisse Heimat und ein Gefühl von Zugehörigkeit. Aus der Anthropologie wissen wir, dass Kulturen nicht nur unser Denken und Fühlen ausprägen, sondern sich tief in unseren Körper, ja sogar in unsere Gene einprägen. Durch die gelebten Rituale, Essgewohnheiten, Handlungen, Erfahrungen und das gemeinsame Erleben, werden Überlieferungen in unserem ganzen Körper verinnerlicht und sogar genetisch verankert. Die Kultur ist somit eine Überlebensstrategie, die von einer Generation auf die andere kollektiv weitergegeben wurde, weil sie nützlich war oder sich innerhalb der Kultur durchsetzen konnte. Früher, als die Menschen auf der Erde noch weit verstreut waren, entwickelten sich sehr unterschiedliche Überlebensstrategien. Viele Stämme lebten als Nomaden, zogen von Ort zu Ort, um die guten Lebensmöglichkeiten zu nutzen, später wurden einige Stämme sesshaft, betrieben Landbau und Handwerk und sicherten sich damit ihren Lebensunterhalt. Einige Stämme begannen mit Raubzügen die Besitztümer anderer Stämme zu erobern, Frauen wurden geraubt. Kulturen begannen sich zu vermischen und aus den einzelnen Stämmen wuchsen Völker, die selbst schon aus gemischten Kulturen bestanden. Immer wieder glaubten Menschen in vielen Kulturen, die auserwählten Geschöpfe der Natur zu sein, sie erhoben sich über die Tiere und wollten die Natur beherrschen. Hier ist der Ursprung des heutigen Kriegswesens zu sehen. Machtspiele gegenüber der Natur wurden in den frühen Kulturen aus Angst etabliert, die Menschen hatten in ihrer relativen Schutzlosigkeit Angst vor all dem, was in der Natur vor sich ging. Sie verstanden nicht, wie wir heute, warum Gewitter entstehen, wie Erdbeben zu erklären sind, welche Naturereignisse es gibt usw. Unsere frühen Vorfahren hatten nicht unsere Luxusprobleme, sie kämpften tapfer um ihr Überleben in der Natur. Aus dieser Ohnmacht entwickelten sich Kulturen und aus dem Mangel der Kampf. Aus der Orientierungslosigkeit entbrannte die Frage: Wer hat Recht? Aus all diesen Überlebenskämpfen entwickelten sich Überlebensvorteile, Benachteiligungen und die Frage: wer hat das Bessere, die Schönere, wer hat die besseren Strategien? Mit dieser Entwicklung zogen der Neid, der Geiz und die Gier in die Herzen der Menschen ein. Das eigene war nicht mehr genug, es musste der Besitz des anderen sein um glücklich zu werden. Später kamen dann gezielte Ausbeutungen dazu und die Lust, andere Menschen auszunutzen, sich an anderen zu bereichern und sich am Leid anderer zu ergötzen. Schon bei den alten Griechen und Römern wurden Sklaven gehalten, die den gehobenen Familien dienen sollten. Im Kolosseum in Rom, um nur ein Beispiel zu nennen, wurden Tiere und Sklaven aufeinander gehetzt und die Zuschauer belustigten sich an den grausamen Überlebenskämpfen von Mensch und Tier. Die Grausamkeit und der Sadismus, die Lust am Bösen, hielt durch all die Überlebenskämpfe Einzug in das menschliche Gefühlsleben. All diese geschichtlichen und kulturellen Entwicklungen prägen auch unser heutiges Gefühlsrepertoire, unsere Rechtsprechung und unsere Vorstellungen der Grenzen von Gut und Böse. Und hat sich so vieles geändert? Werden heute keine Menschen ausgebeutet, belustigen sich heute keine Menschen an Gewalt und Gewaltphantasien? In uns allen sind auch die Gefühle und die Sehnsüchte unserer Vorfahren. In uns allen steckt die Hilflosigkeit, die Ohnmacht und der Wunsch, Kontrolle zu finden, in unterschiedlicher Ausprägung. Trotz aller Unterschiede sind sich die Wesen dieses Planeten sehr ähnlich und wir teilen alle die gleichen Wurzeln, auch wenn wir diese Zusammenhänge noch nicht so genau verstehen. Haben Sie schon Pflanzen und Tiere beobachtet? Alle Wesen haben die Sehnsucht sich auszudehnen und zu vermehren, zu wachsen, sich wohl zu fühlen, Pflanzen, Tiere und Menschen. Viele Menschen verspüren die Lust zu reisen, wie die Nomaden in der frühen Zeit, wir sehnen uns aber auch nach Heimat und einem sicheren Platz, wie die Menschen, die sich sesshaft machten.

Wir leben nicht das, wonach wir uns sehnen, wir leben in globalisierten Strukturen, die einander ausbeuten und bekriegen, auch heute noch ergötzen sich viele Menschen an der medialen Grausamkeit. Und wir nennen uns heute zivilisierte Kulturen: sind wir das wirklich?

Globalisierte Wirtschaft

Heute stehen wir vor einer neuen Herausforderung. Wir können nicht nur, wie die Kulturen früher, in ein anderes Land reisen, wir können in unterschiedlichen Kontinenten arbeiten, wir können nahezu alle anderen Kulturen kennenlernen. Die Wirtschaft und ihre Systeme haben sich weltweit ausgebreitet und all das, was früher in den Stämmen im Kleinformat gebildet wurde, wird heute global und in riesigen Mengen produziert. Die Menschen wollen Wohlstand erreichen, wir können ein bequemes Leben führen und viele können über die Natur herrschen, auch dieser Wunsch ist erfüllt worden. Sind wir jetzt am Ziel, sind wir wirklich glücklich damit? Haben wir in der Suche nach Glück, in dem permanenten Streben uns abzusichern, uns zu optimieren, über einander zu herrschen und besser sein zu wollen, noch die Orientierung, wo wir jetzt hingehen? Wo wollen wir hin? Wohin geht die Reise des Einzelnen und der ganzen Menschheit? Wenn ich die Menschen auf den Straßen beobachte, habe ich oft das Gefühl, von fremdgesteuerten Zombies umgeben zu sein. Ein Hasten und Jagen, das den meisten Menschen ins Gesicht geschrieben ist; das Getrieben-Sein, das Abspulen der gewohnten Rituale und Automatismen ist den meisten Personen gar nicht mehr bewusst. Die modernen Menschen leben ihr Leben so, dass sie von außen betrachtet wie Maschinen wirken, die eine exakt programmierte Software abspielen. Immer das gleiche, die gleiche Wahrnehmung, die gleichen Erwartungen, die gleichen Beschwerden, die gleiche Umgebung, die gleiche Partei, die gleichen Orte, die gleiche Arbeit usw. Hat der moderne Mensch sich in all der Bequemlichkeit eingerichtet, verlernt er, sich weiter zu entwickeln? Selbst in Urlaubsreisen werden inzwischen die üblichen Zuhause-Standards geboten, vielleicht etwas luxuriöser, dass es noch den Anschein von Veränderung erweckt. Welche Ziele verfolgen Sie gerade? Möchten Sie auch gern alles so beibehalten wie es ist? Vielleicht bietet uns die zivilisierte Marktwirtschaft heute so viel, dass sich der einzelne Mensch nicht mehr entwickeln braucht; um dazu zu gehören, reicht es, sich an die jeweiligen empfohlenen oder verordneten Neuerungen anzupassen und mit den alten Programmen im Kopf weiter zu laufen. Manchmal frage ich mich: Ist das gewünscht, dass die Menschen heute kaum mehr Eigeninitiative ergreifen. Ist das die neue Normalität, dass die Menschen ihr Leben nicht mehr selbst gestalten, sondern sich gestalten lassen, konsumieren, denken lassen und nur mehr nach Rezepten, Standards, Leitlinien und Vorschriften funktionieren? Hat das Funktionieren, das Getrieben-Sein des Denkens das eigene verantwortungsbewusste Handeln überflüssig gemacht? Ist es bewusst so gesteuert, dass die Mehrzahl der Menschen sich wie Marionetten und Roboter fremdbestimmt und fremdgesteuert leben lassen? Oder hat es sich so entwickelt und niemand hinterfragt es? Wo arbeiten Sie? Sind Sie zufrieden und glücklich? Haben Sie noch Ziele, oder schon alles erreicht? Funktionieren Sie, oder leben Sie?

Interessant ist, dass gerade Kranke und Schwerkranke sich häufig sehr tiefgründige Fragen stellen. Was war in meinem Leben bisher, was möchte ich verändern, warum klappt vieles nicht? Ich möchte mich nicht dominieren lassen, wie kann ich das erreichen? Machen uns diese kollektiven Formen der Fremdbestimmung, diese Machtspiele, denen wir uns so blind unterwerfen krank, ohne dass wir es spüren?

Die meisten funktionierenden Menschen stellen sich diese Fragen nicht, es ist keine Zeit, über das nachzudenken und wozu auch, uns geht es ja gut, warum sollten wir etwas ändern. Wir leben im Wohlstand, und dass das bei einigen Menschen nicht so ist, damit haben wir uns längst abgefunden. Oder ist das bei Ihnen anders? Es stellt sich nicht mehr die Frage, worüber wir Menschen heute eigentlich herrschen und wer über wen herrscht? Wir haben uns in den bestehenden Herrschafts-apparat gefügt. Haben Sie noch einen Überblick? Während Kulturen und Religionen übermäßig der Tradition verhaftet sind, reitet die Wirtschaft exzessiv voran und Händler, Kunden und Medien kommen kaum mehr hinterher den Kunden zu vermitteln, was sich alles wieder geändert hat. Wir verwalten Besitztümer, führen politische und juristische Debatten. Großfirmen produzieren Güter, die niemand mehr braucht. Wer wird überleben in diesem neuen modernen Überlebenskampf? Die Firmen, die Menschen, die Maschinen, die Natur, alle oder keiner? Inzwischen gibt es innovative wirtschaftliche Zusammenschlüsse von Firmen; wird das reichen? Vielleicht ist es nötig, dass wir Menschen wieder handeln, dass wir uns Fragen stellen, dass wir nicht kritiklos hinnehmen was uns vorgesetzt wird. Vielleicht kann es uns mit vereinten Kräften gelingen, die Entwicklung der Menschen, in der Natur und im Universum ohne all diese Machtspiele zu gestalten.

Kapitel 3e

Vernetzte Medien

In Europa wurde im Mai 2018 eine neue Datenschutz Grundverord-nung eingeführt, die Bürger von und in den Medien schützen soll. Die vernetzten Medien sind eine ganz neue Form der Wirklichkeit geworden, eine unwirkliche und unfassbare Wirklichkeit. Dies erscheint nicht nur ein Widerspruch in sich, es ist auch ein Widerspruch für unsere Wahr-nehmung. Die menschliche Wahrnehmung ist darauf ausgerichtet, mit

allen Sinnen in Echtzeit und in der Gegenwart wahrzunehmen. In der
Natur konnten wir so überleben. Mit den Jahrtausenden hat sich eine
sehr komplexe soziale Wirklichkeit entwickelt, die für uns Menschen
schwer durchschaubar ist. In der sozialen Wirklichkeit ist nicht immer
klar: Wer mag mich und wer nicht, wer erzählt mir die Wahrheit, wer
belügt mich, mit wem kann ich faire Geschäfte machen, wer wird mich
betrügen, wem kann ich vertrauen, wer wird mich verraten? Kennen Sie
diese Unsicherheit auch in Ihrem sozialen Alltag? Was denkt der Kollege
über mich, warum hat er so komisch geschaut, warum sagt er jetzt
nichts? Oder auch das böse Erwachen, wir haben anderen Menschen
nahezu blind vertraut und dann wurden wir enttäuscht, betrogen,
belogen, hintergangen. Wir Menschen neigen dazu, Probleme durch
neue Erfindungen zu erleichtern; sie sind ein großes menschliches
Potenzial und zugleich eine große menschliche Schwäche. Mit all den
neuen Erfindungen sind wir ungeduldig, Probleme sollen so schnell als
möglich gelöst werden: Mit dieser Schnelligkeit und Impulsivität sind
wir oft zu schnell, wie das Auto in der Kurve, das von der Fahrbahn
abkommt und sich überschlägt. Wir prüfen kaum, ob neue Entwicklungen uns wirklich weiterhelfen und in wie weit wir uns damit neue
Probleme schaffen oder selbst schaden. Diese Impulsivität und Unvor-
sichtigkeit stellt uns immer wieder vor neue Herausforderungen. Wer
dachte im letzten Jahrhundert an die Möglichkeiten von Cyberwar und
Cyberkriminalität, es gab die Begriffe Hacker, Datenklau und Darknet
nicht. Die Entwicklung von Computern und digitaler Vernetzung schien
nur Chancen, jedoch keine Risiken zu bringen. Gerade die neuen
Medien schaffen Möglichkeiten, von denen die Menschheit im letzten
Jahrhundert nicht zu träumen wagte. Wir haben sehr schnell Zugriff
zum kollektiven Wissen, Zugriff auf alle möglichen Fähigkeiten und Fertigkeiten der Menschheit, von der Bauanleitung für das Gartenhaus, bis
zur Gestaltung von Karrieren. Bildungsinhalte, für die Personen früher
viel Geld und Engagement aufbringen mussten, werden heute im
Internet angeboten, ganz selbstverständlich geteilt und fast spielerisch
wird Neues gelernt. Zugleich werden mit dem gesammelten Wissen die

ungelösten Fragen und Probleme sichtbar. Die menschlichen Abgründe sind nicht mehr in Gefühlen und Gedanken versteckt, sie tauchen auf, sichtbar und lesbar in Beiträgen, in Foren, in Chats, in medialen Communities. Die menschlichen Abgründe werden nicht mehr in Geschichten und Märchen kaschiert, sondern sehr offen medial geteilt und getauscht. Es entwickeln sich Communities, die sich am Leid der anderen ergötzen, die Wahlen manipulieren; Gruppen, in denen die Sprache und der Umgang untereinander verroht. Eine Entwicklung, die trotz des ersichtlichen ethischen Verfalls kaum Kontrolle erfährt; die Verantwortlichen können trotz Unrecht kaum zur Verantwortung gezogen werden. Bisherige Gesetze werden virtuell ausgehebelt, durch internationale Verträge legitimiert, durch Irrwege und Scheinfirmen kaschiert. So sehr die Daten eine Überprüfbarkeit zulassen, so anfällig sind sie gegen jede Form von Manipulation. Die bisherigen national-staatlichen Systeme wie Rechtsprechung, Inhaftierung und Strafverfolgung greifen in den virtuellen Dimensionen nur bedingt. Wer kann die Flut der Daten noch verfolgen, welcher Computer kann ethische Richt-linien beurteilen? Empathie, Verantwortung und Gefühle sind eine fremde Welt für die virtuelle Berechenbarkeit. Umso deutlicher wird gerade in der virtuellen Welt die menschliche Verwirrung, das Para-doxon im Zusammenspiel von Denken und Gefühl: Die Daten selbst sind frei von Ethik und Moral und völlig gefühllos, mit diesen neutralen Daten werden jedoch hochemotionale Inhalte, ideologische und morali-sche Einstellungen und ethische Ansprüche formuliert und transpor-tiert. Trotz aller Neutralität und Objektivität, die sich viele Personen wünschen und Fachrichtungen immer wieder einfordern, werden wir nicht umhin können, die menschlichen Gefühle als eine Form der Reali-tät anzuerkennen. Gerade diese Verknüpfung von Daten und Gefühle macht das Internet interessant für die Nutzer. Gerade die Verknüpfung von Datenautobahnen und Gefühlen, Gewissen, Normen und Werte verdeutlicht die spiegelbildliche Ähnlichkeit von unserem Denken und Fühlen mit der externen Möglichkeit, Daten und Gefühle in die äußere Welt zu transportieren. Dieses Spiegelbild zeigt jedoch auch, welche

Probleme wir in unserem Kopf und im menschlichen Geist noch nicht gelöst haben. So ungeordnet wie die Gedanken und Gefühle in unserem Gehirn verschwimmen, so unkontrolliert und chaotisch wie menschliche Beziehungen und Konflikte gelebt werden, so ungeordnet zeigen sie sich in der virtuellen Welt. Die sozial-emotionalen Probleme, die wir in den letzten Jahrtausenden geschaffen haben, sind noch nicht gelöst, damit stehen wir vor einer riesigen Herausforderung; wir haben zwei Großbaustellen zu bewältigen: die soziale und die virtuelle Welt. Die soziale Welt mit all ihren Verwerfungen taucht in eine neue mediale Welt ein. Damit werden die ungelöste sozialen Probleme in die mediale Welt getragen: Kriminalität, politische Auseinandersetzungen, religiöses und ideologisches Machtstreben, ungerechte Verteilung der Geldwirtschaft, unerfüllte Beziehungen, frustrierte Sexualität, traumatisierte Gefühle, Sadismus, unerfüllte Sehnsüchte, Sucht, Krankheit, Schuld, Scham, Beschämung, Verurteilung, Beschimpfungen, ungelöste Konflikte, Mobbing, Lügen, Fake News... Die virtuelle Welt, diese neue Welt, die uns erlösen sollte von der Begrenztheit der bisherigen Welt, genau sie zeigt uns die menschlichen Grenzen und Abgründe. Verstehen wir das Ganze als Lernaufgabe, dann können wir diese Herausforderung als menschliches Gemeinschaftsprojekt meistern oder wir können in neue mediale Cyber-Machtkämpfe einsteigen. Gerade die virtuelle Welt zeigt sehr deutlich, dass das sogenannte Böse nicht außen und bei den Anderen ist. Die sozialen Probleme existieren vor allem in unseren verwirrten, ungeduldigen Gedanken, in unseren unbewältigten inneren Konflikten, die sich, dann in der äußeren Welt zeigen. Viele glauben, eine ideale Lösung zu haben oder finden zu müssen: Ideologen überschwemmen andere Nutzer mit ihren feindseligen Gedanken, Menschen werden im Internet zu Prostitution und Terror verführt. Die Grenze von legal und illegal, von Freiheit und Verbrechen, von Wahrheit und Lüge beginnt zu verschwimmen. Natürlich können wir auch daraus wieder neue Katastrophenszenarien zimmern oder ignorant darüber hinwegsehen, nach dem Motto: das geht doch mich nichts an. Und wir können lernen bessere Wege zu finden. Wir können Gefühle von anderen ernst nehmen, wir können trauern, dass so viele Menschen auf diesem Planeten Leid erfahren, wir können uns gemeinsam engagieren wie bei den Überschwemmungen und Fluten der letzten Jahre. Immer wenn wir aus Situationen lernen wollen, ist es wichtig, sich nicht in Jammern und Hilfosigkeit zu verlieren. Gerade weil die Menschen ihr Innerstes so bedenkenlos den virtuellen Medien anvertrauen kann es möglich sein, dass wir viel mehr über uns Menschen lernen, uns viel ehrlicher durch eine neue Form des Spiegels betrachten können, wir können uns als Menschheit im virtuellen Spiegel betrachten. Wir können uns ein ehrliches Bild davon machen, wie wir Menschen ticken, zu welchen Größen und Abgründen wir fähig sind. Und vielleicht entdecken wir in all den Daten die Verbindung individueller und kollektiver Dynamiken, eine gemeinsame Richtung, eine Verbindung von individuellen und kollektiven Wünschen: den Wunsch nach menschlicher Würde, nach Respekt, den Wunsch nach Vergebung, den Wunsch sicher zu leben, den Wunsch nach Ehrlichkeit, Gesundheit und nach Orientierung sowie den Wunsch nach wertschätzenden Beziehungen. Vielleicht können wir gerade durch die virtuelle Realität einen neuen Wahrheits- und Wirklichkeitsraum entdecken und entwickeln, eine neue Dimension erkunden, die uns über die bisherige Trennung der Polarität und über die Begrenzung von Zeit und Raum hinausträgt.

Mobilität

Während Mobilität früher hauptsächlich durch Handelswege, Kriege, Völkerwanderung, Kolonialisierung und Sklavenhandel bestimmt waren, hat sich die Mobilität heute sehr verändert. Viele Handelsrouten, auf denen früher Menschen und Tiere unterwegs waren, sind überflüssig geworden, ersetzt durch effektive und moderne Logistik. Wo sich früher Tiere bewegten sind heute Maschinen unterwegs. Kriege können inzwischen mit Drohnen und Wirtschaftssanktionen von Staaten und durch die Geheimdienste sehr unerkannt geführt werden. Schwere Waffen werden nur mehr bei unlösbar erscheinenden Konflikten eingesetzt, in denen mehrere Akteure mit den jeweiligen Machtinteressen ein Land beherrschen. Die diversen Machtakteure werden von mächtigen Nationalstaaten mitbeeinflusst und unterstützt. Oft spielen dabei wirtschaftliche Interessen verschiedener globaler Player eine schwer durchschaubare Rolle: Ölgeschäfte, Waffen- und Drogenhandel, Medienkonzerne, Bauunternehmen, Immobilienhandel, Tourismus, Pharmafirmen, Autoindustrie, Chemie- und Saatgutkonzerne, Nahrungsmittelhersteller. In der Zukunft ist anzunehmen, dass auch Wasser, Luft, Klangräume usw. vermarktet werden können. Mobilität ist somit ein verwirrendes Durcheinander geworden, das von Menschen beherrscht wird, welche die Welt vermarkten, steuern und regieren. Viele reisen, fliegen und fahren dabei für ihre Arbeit durch die Welt, ohne dass der Sinn für die einzelne Person noch durchschaut werden kann. Natürlich fühlen sich die Menschen in dieser Form des Getrieben-Seins gestresst und unfrei. Das tagtägliche Arbeiten muss entgegen dem eigenen Biorhythmus ausgeführt werden, der Verzicht auf Selbstbestimmung und Selbstwirksamkeit führt dazu, dass sich die meisten Menschen weder frei noch geborgen fühlen. Die Menschen spüren weder das Gefühl des Zuhause-Seins, nach dem sich unsere Ahnen sehnten, die ein sesshaftes Leben begründeten – noch fühlen sie sich frei, wie die Nomaden, die in früheren Zeiten ihre Behausungen immer dorthin verlagerten, wo gerade Lebensgrundlagen zu finden waren. In dieser Mischung aus Gesättigtsein und relativer Unzufriedenheit sehen viele nur noch die Flucht als Ausweg, der Aufbruch zum alljährlichen Urlaub: Die Sehnsucht nach Ruhe, nach Freiheit und Geborgenheit, die meist bewusst gar nicht wahrgenommen wird, soll im Urlaub wieder erlebt werden, wird jedoch meist schnell wieder erstickt im neuen Getriebensein der Urlaubstermine. Die Hoffnung, Freiheit zu erleben, erweist sich in der Schlange vor dem Flieger als Illusion. In der Menge der Touristen zerrinnt der Traum von Erholung und die bekannte Reizüberflutung, die in der Arbeit schon nervig erlebt wurde, holt den Urlauber schnell wieder ein. Auch der Traum von Selbstbestimmung im Urlaub zerschellt meist schnell an den Grenzen und Gesetzen des Urlaubslandes, in dem erneut Verhaltensregeln einzuhalten sind. In manchen Ländern sind diese Regeln sogar schlimmer als zuhause und es drohen empfindliche Strafen, wenn man sich verhält, wie es im Heimatland erlaubt und gewohnt war. Andere Formen der Mobilität entstehen durch Menschen, die unter elenden Lebensbedingungen leiden und nur noch in der Flucht eine Überlebenschance sehen, eine Möglichkeit ihr Schicksal zu verbessern. Nicht selten beginnt mit dieser Flucht eine neue Form der Qual und eine Odyssee, da sich Länder, die früher Flüchtlingen Asyl geboten haben, inzwischen darüber streiten, wer wo aufgenommen werden kann. Während Reisen und Heiraten unter den Kulturen oft zur Völkerverständigung beiträgt, führen Ausbeutungsstrukturen und Machtinteressen der Länder untereinander zu Verwerfungen und unmenschlichen Lebensbedingungen für viele Menschen weltweit.

MACHT-
SPIELE UND
GESELL-
SCHAFT

Die Machtspiele der Wirtschaft

Weltweit arbeitet die globalisierte Wirtschaft mit Wachstumsannahmen und mit Gewinnmaximierungsstrukturen, die in ärmeren Ländern, wenn auch in deutlich abgeschwächter Form an die Kolonial- und Sklavenzeit erinnern. Viele Unternehmer haben das Gefühl Gutes zu tun, wenn sie möglichst viele Arbeitsplätze schaffen. Auch hier wieder die irrige Annahme Quantität ist der Erfolgsfaktor. Die Qualität der Arbeitsplätze wird dabei häufig übersehen. Ist es wirklich gesamtgesellschaftlich hilfreich tausende Arbeitsplätze im Niedriglohnsektor zu schaffen, wenn damit Wohnungslosigkeit gefördert wird, weil sich diese Arbeitnehmer keinen bezahlbaren Wohnraum mehr leisten können? Die Firmen finden sich oft in einem Dilemma: In der Not Rentabilität zu gewährleisten, aber auch im Ehrgeiz das eigene Unternehmen noch weiter in den Erfolg zu treiben, werden teilweise Zahlen frisiert, Angaben an Kunden und Regierungen werden zuerst im Kleinen, dann im größeren Stil manipuliert um Steuern zu sparen. Um Aktionäre mit Zahlenwerten zu beeindrucken und andere Akteure von der Effektivität des eigenen Unternehmens zu überzeugen, können Gewinnangaben und Prognosen besser dargestellt werden. Diese Spiele erscheinen zwar attraktiv, sind aber sehr gefährlich, sie führen zu unseriösen Machenschaften und zu Vertrauensverlust im Ansehen der Bevölkerung und zu unberechenbaren Folgekosten. Eine weitere Folge von unseriösen Geschäften ist der Werteverfall in der gesamten Bevölkerung. Wenn Politiker, Firmenchefs und Unternehmer Werte wie Ehrlichkeit, Rücksicht, Wertschätzung nicht vorleben, warum sollten sich dann die Arbeitnehmer und Bürger so integer verhalten? Es geht in der Wirtschaft nicht darum andere auszubeuten oder schnelle Gewinne zu machen. Es sollte in der Wirtschaft darum gehen im Einklang mit der Natur und den Menschen ein Leben zu ermöglichen, das sich für möglichst alle Wesen gut anfühlt. Um das zu erreichen kann es sinnvoll sein Machtspiel und Machtdemonstrationen von Politik und Wirtschaft zu Gunsten von Werten zu verändern. Jeder Mensch freut sich über Wertschätzung und Anerkennung. Und es gibt bei allen Menschen etwas, das ich wertschätzen und anerkennen kann. Schon mit dieser Umstellung der Wahrnehmung und der Handlung lassen sich erste Veränderungen erzielen. Anerkennung muss nicht zwangsläufig eine monetäre Anerkennung bedeuten. Anerkennung kann auch ein Dank an Mitarbeiter sein, z.B. für ihr tägliches Erscheinen. Wertschätzende Chefs gehen zu ihren Mitarbeitern und sprechen mit ihnen, fragen nach, was sie brauchen, um eine gute Arbeit zu leisten. Haben Sie schon in einer Firma gearbeitet in der gegenseitige Wertschätzung alltägliche Praxis war? Mitarbeiter, die sich bei ihrer Arbeit wohlfühlen, die sich mit dem Wert der Produkte oder Dienstleistungen identifizieren können, werden wesentlich effektiver und freudiger arbeiten und seltener krank sein. Es geht nicht darum aus einer Firma möglichst viel Profit heraus zu holen, es geht darum die Arbeit auch mit gutem Gewissen zu tun, mit gutem Gewissen mir selbst, sowie gegenüber, den Mitarbeitern, den Kunden und der Natur gegenüber. Watzlawick nannte diese Lebens- und Arbeitshaltung die Kettenreaktion des Guten. Stellen Sie sich vor es wird Mode unter den Firmenchefs, dass Mitarbeiter sich in der Firma wohlfühlen, dass sie gefördert und wertgeschätzt werden. Stellen Sie sich vor Unternehmen würden sich freiwillig gegenüber Umweltstandards verpflichten und ihre Gewinne für Ausbildung und Förderung von sozial Benachteiligten investieren, für Drogenprogramme und Bildungsinitiativen. Der Respekt der Bevölkerung, der Mitarbeiter und derjenigen die sie unterstützen wäre ihnen sicher. Investitionen im Sozialbereich werden noch nicht als Investitionen wahrgenommen, sondern als Ausgaben. Diese Investitionen sind es jedoch, die möglicherweise alles

verändern können, in dem Mitarbeiter und Bürger von der Kettenreaktion des Guten nicht nur lesen, sondern im realen Leben erleben:
Menschen, die füreinander da sind, Vorgesetzte, die ihre Stärken fördern
und ihre Verletzungen ernst nehmen, auch die seelische Verletzungen.
In Altruismus-Studien konnte nachgewiesen werden, dass Menschen
im Alltag wesentlich hilfsbereiter und zugewandter reagieren, wenn sie
unmittelbar vorher wertschätzende zwischenmenschliche Erfahrungen
machten. Warum nutzen wir dieses Potenzial nicht viel mehr?

Kapitel Cb

Die Machtspiele der Arbeit

Kein Mensch kann sich heute mehr leisten nicht zu arbeiten.
Nicht weil wir verhungern würden, nein weil wir möglicherweise
nicht mehr dazu gehören, ausgegrenzt werden. Die Angst geht um vor
dem gesellschaftlichen Absturz. Ja es gibt sie die Obdachlosen und
die Wohnungslosen, trotz aller Antidiskriminierungsgesetze gehören
sie nicht mehr richtig dazu, das ist die Gruppe in der Gesellschaft, die
nach Ansicht der «normalen» arbeitenden Bevölkerung versagt hat, die
mit der Leistungsentwicklung unserer westlichen Industrienationen
nicht mithalten konnten oder wollten. Obdachlosigkeit ist das Schreckgespenst der Eltern, die ihren Kindern dieses Los ersparen möchten.
Obdachlosigkeit ist das Schreckgespenst der arbeitenden Bevölkerung,
Arbeitnehmer tun alles um nicht in einen Sumpf der prekären Arbeitsverhältnisse abzurutschen. Unsichere schlecht bezahlte Arbeitsplätze,
ermöglichen es nicht mehr eine bezahlbare Wohnung zu finanzieren.

Städte versuchen mehr oder weniger erfolgreich das Problem der Obdachlosigkeit und der Wohnungslosigkeit zu lösen. Laut einem Spiegelartikel vom 21.12.2017 sind inzwischen ca. 860000 Menschen (nach Schätzungen der BAGW) in der Bundesrepublik von Obdachlosigkeit und Wohnungslosigkeit betroffen. Während die Zahl der Obdachlosen mit 52000 noch moderat erscheint, sind die Wohnungslosen mit ca. 800000 Betroffenen schon eine beachtliche Zahl der Bevölkerung. Wie geht es Ihnen, haben Sie manchmal Angst Ihre Arbeit, ihren Wohnraum zu verlieren? Oder zählen sie zu den glücklichen, die noch hart arbeiten können und versuchen diesen Standard zu erhalten? Das Mantra des Machtspiels der Arbeit lautet: Ich versuche alles um meinen Arbeitsplatz zu erhalten. Und gerade in diesem Erhalten des Status quo lauert die nächste Falle: Arbeitnehmer, die sich aus Angst um den Job nicht mehr weiter entwickeln, haben bei der nächsten Firmenpleite, bei dem nächsten Stellenabbau schlechte Karten. Firmen suchen junge hocheffektive Mitarbeiter, keine Arbeitnehmer, die 30 Jahre an ein und demselben Platz gearbeitet haben und damit wenig flexible Berufserfahrung

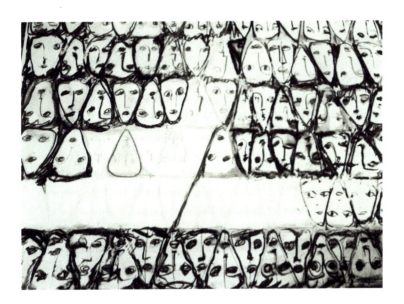

vorweisen können. Gutbezahlte Arbeitsstellen bleiben unbesetzt, während minderqualifizierte Arbeitskräfte in Hartz IV Karrieren abrutschen. In den nächsten Jahren werden sich die Probleme am Arbeitsmarkt weiter verschärfen. Unternehmer suchen teilweise weltweit nach Arbeitskräften und lösen damit eine neue Form der Globalisierung des Weltarbeitsmarktes aus, Wanderungsbewegungen, die sicher Chancen bergen jedoch auch viele Verwerfungen gewachsener Strukturen verursachen. Während die Technisierung weltweit voranschreitet, verelenden immer mehr Menschen mitten in wohlhabenden Städten, eine Brutstätte der Unzufriedenheit, der Kriminalität, ein Symptom von Frustration und Hoffnungslosigkeit. Firmen versuchen ihre gewachsenen Strukturen krampfhaft zu verteidigen um nicht vom Sog dieser Hoffnungslosigkeit erfasst zu werden, vom Schreckgespenst der Abwärtsspiralen bei Kursschwankungen der Börse oder vom Elend da draußen. Als Kosmetik werden Charity Programme mit Mitarbeitern organisiert um wenigstens den Anstrich des sozialverträglichen Arbeitgebers zu zeigen. Ein wirkliches Umdenken findet jedoch nur sehr eingeschränkt statt. Wie auch, es wurde ja im Bildungssystem von klein auf gelernt, wie wichtig es ist die Ordnung der Strukturen zu tradieren. Spätestens jetzt wird deutlich was das Bildungssystem versäumte; es gibt zu wenig Förderung kreativer, innovativer, individueller Begabungen, und damit gibt es auch zu wenig Unternehmer, die es wagen ganz neue Dienstleistungen anzubieten. Es gibt zu wenige Möglichkeiten für Menschen um in emotionale und soziale Bildung, in kooperative Strukturen und in Sharing-Strukturen zu investieren, sowie in modernes innovatives Lernen. Menschen werden viel zu sehr über ihre Defizite und Fehler wahrgenommen und definieren sich in der Folge über die Selbstdarstellung von erwünschten Verhaltensweisen. Mal ehrlich sind Sie zufrieden mit Ihrer Arbeit? Gehen Sie jeden Tag mit Freude in Ihre Arbeit? Oder leben Sie immer noch in der Vorstellungswelt der Mensch muss im Schweiße seines Angesichts seinen Lohn verdienen? Erstaunlicherweise zeigen uns viele gelingende Firmen das Gegenteil, hoch motiviert sind Arbeitskräfte, die eine Arbeit leisten, die sie gern machen,

Mitarbeiter zeigen viel mehr Ausdauer und Arbeitswillen, wenn sie Tätigkeiten machen dürfen, die sie gut können und gerne machen. Ja es gibt auch diejenigen die ihr Hobby zum Beruf gemacht haben und richtig gut werden, weil sie gern und viel und freiwillig arbeiten. Viele Schul- und Studienabbrecher, Menschen die durch Krisen neue Lebenserfahrungen machten und mutig genug sind anderes zu wagen, tun sich in der sich verändernden Welt oft leichter, als diejenigen, die um Biegen und Brechen alte Strukturen aufrecht erhalten wollen. Zusammengefasst lässt sich sagen, dass die Zukunft der Arbeit sicher eher in den Bereichen zu finden ist, in denen die Menschen Freude an ihrer Arbeit haben. Vielleicht werden gerade durch diese neuen Unternehmer die Machtspiele der Wirtschaft überwunden.

Machtspiele in der Wissenschaft

Glauben Sie an die Seriosität wissenschaftlicher Studien? Kaufen Sie Produkte eher, wenn die Wirkung wissenschaftlich erwiesen ist? Wir lieben Beweise und Belege für unsere Entscheidungen und unser Handeln, deshalb sind Studien sehr praktisch, um sich zu orientieren, zum Beispiel ob eine Impfung sinnvoll ist, ob das Produkt für den gewünschten Gebrauch geeignet wäre. Viele Kunden in der modernen Welt verlassen sich auf Studien, bei Kaufentscheidungen, Lebensfragen, Nöten in Beziehungen, oder bei der Wahl von Zukunftsoptionen. Der moderne aufgeklärte Mensch fragt kein Orakel, er geht nicht zum Wahrsager. Der moderne Mensch liest wissenschaftliche Studien. Wenn wir in den Medien lesen, dass Studien sich als überholt erweisen und hören, dass Firmen wissenschaftliche Untersuchungen manipulieren um ihre Produkte besser darzustellen und dadurch die Schädlichkeit von Produkten mit wissenschaftlichen Untersuchungen zu minimieren, dann erkennen wir, dass Wissenschaft nicht immer so seriös, glaubwürdig und integer ist, wie wir das wünschen und von einer unabhängigen, gebildeten Wissenschaft annehmen. So ganz frei und unabhängig ist auch die sonst so objektive Wissenschaft nicht immer; auch in der Wissenschaft spielen Machtinteressen eine Rolle: Wer veröffentlicht in welchem Journal? Welche Studien gewinnen am Markt Aufmerksamkeit, welche Wissenschaftler können Forschungsgelder akquirieren? Studien sind teilweise über Drittmittel finanziert, diese Drittmittel sind häufig auch Gelder aus der Wirtschaft. Zudem ist die Wirtschaft selbst häufig Auftraggeber für Studien. Und da hinter einigen wissenschaftlichen Studien erhebliche Macht- und Geldinteressen stehen, sind diese für die relativ »arme« Wissenschaft lukrativ. Technische Untersuchungen werden nicht nur durchgeführt um Menschen zu nützen, sondern auch um zu testen wie neue Waffensysteme hergestellt werden können, wie Menschen vernichtet werden können, wie man (Im Krieg) möglichst viele Opfer töten kann, ohne selbst geschädigt zu werden, wie Drohen und Computerspiele in gemeinsamer Nutzung als neueste Waffentechnologien genützt werden können. In der Wissenschaft werden immer wieder neue Medikamente getestet, von denen einige nach wenigen Jahren wieder vom Markt genommen werden, da sich Nebenwirkungen als zu gravierend herausstellten oder der erwartete Nutzen sich nicht messen lässt. Unkrautvernichtungsmittel und manipuliertes Saatgut wird ebenso getestet wie Genmanipulation von Früchten, schnell wachsende Tiere und tierfeindliche Massentierhaltung für die billige Fleischproduktion. Entschuldigen Sie wird Ihnen schon übel? Ich möchte Ihnen nicht den Appetit verderben. Aber ich möchte auch nicht, dass Sie auf alles reinfallen, was uns an Machtspielen im Bereich Konsum und Wissenschaft vorgegaukelt und verkauft wird. Man sieht auf den Prospekten und den Produkten, die schön gefärbten Bilder und Etiketten, die raffiniert verfassten Texte, die verschlüsselten Inhaltsangaben und kauft gutgläubig scheinbar schadstoffarme, gesunde und wissenschaftlich getestete Produkte. Bitte vergessen Sie nicht, dass auch die Werbepsychologie und die Marktforschung sehr viel forscht, es wird geforscht nach Kundenverhalten und Kundenwünschen und damit indirekt auch wie Kunden manipuliert werden können, wie manipulierbar Kunden sind, welche Gefühle bei Kunden angeregt werden müssen um ein verstärktes Kaufverhalten hervorzurufen. Es wird geforscht nach welchen Sendungen die Werbung geschaltet werden muss, um den Kunden möglichst effektiv zu animieren das Produkt zu kaufen. Wissenschaft, Werbung und Marketing sind ein riesiges sehr gut ausgeklügeltes Machtkonglomerat geworden, das kaum mehr durchschaut werden kann, selbst nicht von denen, die mitten in diesen Branchen arbeiten, forschen und Verantwortung tragen. Wenn einzelne Branchen und Mitarbeiter immer nur Teilaufgaben erledigen, erkennen Sie nicht mehr an welchen Entwicklungen Sie mitarbeiten und welche Auswirkungen aus ihrer Arbeit entstehen. Weder Mitarbeiter, noch Vorgesetzte geschweige denn Kunden erkennen, ob all das, was da weltweit geforscht, erarbeitet, gebildet, gebaut und vermarktet wird sich zu unseren Gunsten entwickelt oder möglicherweise in eine ethisch höchst fragwürdige Zukunft führt, die sich wie ein großes Gewitter aus Größenwahn, Machtgier und Show zusammenbraut und eines Tages wie ein Blitz entlädt und das ganze künstliche Kartenhaus zusammenkrachen lässt. Es ist fraglich, ob irgendein Mensch noch den Überblick über das hat, was wir Menschen kollektiv gerade erzeugen. Trotz aller Unerfreulichkeit kann uns die Wissenschaft helfen mehr zu verstehen, wie wir in der Zukunft auf unserem Planeten gut leben können. Dazu benötigten wir eine ehrliche durchschaubare Wissenschaft, ehrliche Wissenschaftler und eine ethisch fundierte und von Macht- und Eigeninteressen befreite Wirtschaft, eine ehrliche Kundeninformation, die sich vom Manipulationsdenken der bisherigen Werbebranche verabschiedet. Und wir benötigen Verbraucher, die mehr Produkte von Firmen kaufen, die menschliche Arbeit wertschätzen, Tiere schonen und die Natur achten. Werden wir das schaffen, dass Mitarbeiter ihr Hörigkeitsdenken aufgeben, die Firmenchefs die Verantwortung auf die Zukunft aller richten und erst dann auf die eigene Gewinnmaximierung achten? Werden wir es schaffen, dass die Führungskräfte der Welt daran interessiert sind, dass Menschen, Tieren und die Natur in der Zukunft so zusammen leben, dass es uns allen gut geht? Werden wir Politiker ausbilden und wählen, die nicht nur das eigene Volk vertreten, sondern auch tragbare und wertschätzende Beziehungen zu anderen Ländern anderen Kulturen pflegen?

Von einer Wissenschaftsethik, die der Wirtschaft und der Werbung diese Zukunftsvisionen vermittelt sind wir noch weit entfernt. Werden Verbraucher informiert, welche Produkte wirklich gesund sind? Werden Regierungen von der Wissenschaft informiert wie sie die Natur schützen und die Tiere achten können? Ja es gibt Wissenschaftler, die mahnen und sich engagieren, aber werden Sie gehört? Wie geht es Ihnen mit der aktuellen Wissenschaft und den wissenschaftlichen Empfehlungen der Werbung? Ist es wirklich hilfreich, wenn immer mehr Wissenschaftler, den Firmen zeigen, wie sie noch bessere Werbung machen? Finden Sie all das als Vertrauen erweckend? Sind Sie auch genervt von der vielen Mails, der Post und den vielen Werbeclips, die in allen möglichen Sendern abgespielt werden? Finden Sie die riesigen Werbeplakate, die blinken und Musik machen schön? Wissenschaftlich untersucht ist die Schädigung der Natur, die Belästigung der Bürger und die Schädigung durch völlig übertriebene Verbreitung von Konsumgüter, die Belästigung der Bevölkerung durch Lärm, Licht, fragwürdige Fernsehsendungen. Aber wen kümmern schon solche Untersuchungen? Ab in die Schublade, da werden sie dann teilweise nach Jahrzehnten wiedergefunden und mit Bedauern festgestellt, dass die Machtinteressen doch wieder größer waren als alle Vernunft und Ethik. Trotz zweier Weltkriege und Millionen von Menschenopfern gibt es heute weltweit viele Militäruniversitäten um akademisch gebildete Befehlshaber auszubilden. Gibt es auch Universitäten und Schulen, die über Frieden forschen und Menschen für ein friedliches Zusammenleben ausbilden? Warum gibt es das nicht oder nur so versteckt, dass es kaum wahrgenommen wird? Es könnte wissenschaftlich untersucht werden wie Frieden entsteht, wir Staatschefs ausgebildet werden können, damit sie die Interessen der Menschen erkennen, die in ihrem Volk leben. Es könnte wissenschaftlich erforscht werden, wie Menschen vor Gewalt, Überforderung und Katastrophen geschützt und Konflikte konstruktiv gelöst werden könnten. Ganz zu Recht werden Sie jetzt einwenden und wer zahlt das? Es stimmt in einer Welt, in der das ganze Geld in Machtinteressen fließt, bleiben für diese Art von Wissenschaft wenig Mittel. Es liegt nicht daran, dass nicht genügend Geld da wäre, es liegt an der Verteilung und an der Entscheidung, wie wir das Geld ausgeben: Jeder einzelne Bürger, die Organisationen und Regierungen entscheiden welche Produkte und Dienstleistungen sie einkaufen. Momentan wird weltweit entschieden, dass viel Geld in Waffen und militärische Strukturen investiert wird. Geld wird in die Gewinnmaximierung der Geldwirtschaft investiert und damit finanzieren wir die weltweiten globalen und wechselseitigen Macht-kämpfe. Wir haben uns daran gewöhnt, dass Milliardensummen in die Militärs und die Rüstung fließen, wir haben uns auch an die Bilder der zerbombten Städte, der verhungernden und leidenden Kinder gewöhnt. Wir haben uns dran gewöhnt, dass ein Teil der Menschen in höchstem Wohlstand leben, während andere kläglich leiden und vernichtet werden. Es wäre eine interessante Studie, zu erforschen warum sich weltweit Dinge entwickeln, die kein Mensch wirklich will, weil dieses Handeln völlig absurd und schädlich für uns alle ist. Es wäre interessant zu untersuchen, warum sich so wenig Menschen ernsthaft für eine bessere Welt engagieren, obwohl wir so viele Koryphäen ausbilden, so viel Wert auf Vernunft aus akademischer Bildung legen. Wir gewöhnen uns in den Großstädten an Konsum und Komfort, an die schmutzige Luft, die überfüllten Straßen an Hetze, Lärm und zunehmend an das neue Elend der Ausgegrenzten, der Abgehängten. Ob der so verstandene wirtschaftliche Aufschwung die Lebensqualität wirklich nachhaltig verbessern kann? Es wäre eine Studie wert finden Sie nicht? Wer weiß was kommen wird in der Zukunft. Vielleicht entscheiden in der Zukunft die Gerichte, was getan werden muss, wenn der Wohlstand zum Himmel stinkt, wenn die Luft verpestet ist, wenn die Nahrung immer mehr zur üblen Zuckerbrühe verkommt, die Böden vergiftet sind, die Tiere ausgerottet und immer mehr Menschen krank werden an dem Wahnsinn der ganzen Überforderung. Vielleicht müssen Wissenschaftler eines Tages untersuchen, was uns allen dient, weil wir wieder ums Überleben kämpfen müssen. Wäre es nicht schön, wenn wir vorausschauender handeln würden? Wäre es nicht schön, wenn Wissenschaftler nicht nur an die eigenen Karrieren dächten, sondern wieder mehr aus eigener Motivation forschen würden: aus Achtung vor der Welt. Wäre es nicht erstrebenswert, wenn das Motiv der Forschung den menschlichen Bedürfnissen gelte, sowie den Tieren, der Umwelt, dem wertschätzenden Zusammenleben? Ist die Forschung an einer guten Zukunft für uns alle interessiert, oder wird sie mehr und mehr Handlanger machtorientierter Wirtschaftssysteme? Ist eine nachhaltige, an Mensch und Natur orientierte Wissenschaft ein neuer Wissenschaftszweig, der sich etablieren kann? Kann es sein, dass Ihr innerer Zweifler wieder sagt, das wird nicht gehen?

Vielleicht müssen Wissenschaftler zuerst erforschen, wie wir den kollektiven Zweiflern mehr Mut machen können, Mut an eine gute Zukunft für alle zu glauben.

Machtspiele und Medizin

Als junge Schwesternschülerin Ende der 70er Jahre, dachte ich die Medizin würde bedingungslos den Kranken und Verletzten helfen, um sie zu unterstützen und ein gesundes Umfeld zu schaffen, damit Patienten gesund werden können. Sehr schnell war mir klar, dass das eher meiner naiven Vorstellung entsprang, als der Realität. Schnell erkannte ich welche strengen Prinzipien in der Medizin herrschen, eine Medizin, die damals noch weit verbreitet in klösterlichen Häusern geleistet wurde. Medizin muss finanzierbar sein, verfolgt strategische Interessen von Kommunen und orientiert sich an der Notwendigkeit der regional auftretenden Gesundheitsprobleme. Das Zusammenwirken der Probleme, die Notwendigkeiten der Verwaltung und Wirtschaftlichkeit der Bereiche führt dazu, dass das medizinische Personal teilweise bis an die Grenzen der Belastbarkeit ausgelastet ist. Die Bediensteten in Medizin und Pflege wissen, neben einer guten medizinischen Versorgung braucht das ganze System Ordnung, Hygiene und Sparsamkeit. Wird aber in medizinischen Systemen gespart, sind die Personalkosten immer das erste Mittel, Personalkosten sind teuer. Die Kliniken rüsten eher mit Technik auf. Neueste medizinische Versorgungsgeräte sind der Faktor, mit dem sich Patientenwerbung gestalten lässt. Ist es wirklich sinnvoll in so einem sensiblen Bereich immer mehr in Technik zu investieren, während der persönliche Minutenwert des Patientenkontaktes immer weiter reduziert wird? Waren Sie oder Ihre Angehörigen schon in Kliniken? Es bemühen sich alle in den Kliniken, das ist nicht die Frage. Aber wie wirkt das auf Sie als Patient, wenn alle sagen, dafür hab ich jetzt leider keine Zeit, der Arzt kann jetzt nicht kommen, die OP muss auf Morgen verschoben werden, heute haben wir keine Kapazitäten mehr. Kann es gesund sein für Personal und Patienten, wenn Ärzte und Pflegekräfte schon dem Nervenzusammenbruch nahe sind und sich gegenseitig weiter antreiben, um noch mehr noch schneller noch effektiver zu arbeiten. In Notfallsituationen ist das sicher notwendig und auch möglich, als Dauerzustand ist das weder für die Medizin noch für die Pflege, schon gar nicht für Patienten hilfreich. Die Patienten erleben in den medizinischen Strukturen, dass diejenigen, die über Gesundheit Bescheid wissen sollten, sich selbst massiv schädigen, zu wenig schlafen, rauchen, übergewichtig sind und Stress nicht verhindern können; ganz zu schweigen von der ungesunden Ernährung, die in den meisten Kliniken angeboten wird. In den 80er bis Mitte der 90er Jahre waren die Zeiten in den Kliniken vorübergehend etwas besser. Der Pflegenotstand führte dazu, dass mehr Krankenpflegepersonal eingestellt werden konnte. In manchen Bereichen hatte man den Eindruck die Medizin könnte die Tugenden der Güte und Menschlichkeit entdecken. Neue Arbeitszeitregelungen, Gehaltserhöhungen und mehr Personal brachten eine deutliche Entlastung, Pflegekräfte und Mediziner arbeiteten in einigen Bereichen wesentlich konstruktiver zusammen. Die Anästhesie machte Fortschritte, Operationen und Therapien wurden immer mehr so gestaltet, dass Patienten wesentlich weniger litten. In einigen Kliniken wurden Umweltschutzmaßnahmen ergriffen um Plastikmüll zu reduzieren und es wurden Kräutergärten angelegt, in denen die Patienten ihre Gesundheitsspaziergänge machen konnten. Diese positive Entwicklung hielt jedoch nicht lange an. Die Macht der Wirtschaftlichkeitsdynamik erfasste die Kliniken; unterschiedliche Gehaltsverhandlungen von Ärzte und Pflege begünstigten die Ärzte wesentlich und verschlechterten die Arbeitsbedingungen der Pflegekräfte immer mehr. Es wurden viele Stellen im Pflegebereich abgebaut, viele einheimische Pflegekräfte wanderten in andere Berufe ab. Die Kluft zwischen den Berufsgruppen der Ärzte und der Pflege wurde größer, die Kommunikation schlechter, zum einen aus Zeitmangel, zum anderen wurde immer mehr günstigeres Personal aus anderen Ländern angeworben. Die Sprache im neuen Land und die unterschiedlichen Bedürfnisse mussten und müssen von allen erst erlernt werden, auch das erfordert Zeit und viel Engagement aller Beteiligten. Es wurde und wird im medizinischen System sehr viel geleistet, deshalb wurde trotz aller Belastung der Standard der medizinischen Behandlungen weiter verbessert. Spätestens seit der Einführung der modernen Computer gestützten Diagnostik und der DRG-Abrechnung, werden Patienten immer mehr nach Befunden und Zahlenwerten behandelt, weniger nach den von ihnen genannten Symptomen und Beschwerden. Nach dem Motto der Patient ist gesund, wenn die Werte stimmen, wenn er sich immer noch krank fühlt, ist das kein medizinisches Problem mehr. Der Patient ist nicht mehr der Leidende, dem geholfen werden muss, er ist Kunde im System geworden und ein Wirtschaftsfaktor. Durch dieses veränderte Verständnis haben Pflegekräfte und Ärzte ihren Anspruch an Fürsorge in Richtung Kundenorientierung verändert. Für jüngere und an Einzeldiagnosen erkrankte Patienten ist die beschleunigte Behandlung ein Vorteil, sie haben mehr Mitspracherecht in der Behandlung und werden deutlich schneller wieder leistungsfähig. Für ältere Patienten und chronisch Kranke mit größeren und multiplen Erkrankungen sowie Menschen mit Behinderungen ist dieses System weniger geeignet und wird von Ihnen als belastend erlebt. Diese Patienten fühlen sich in der gehetzten Arbeitsatmosphäre der Kliniken nicht wohl, die Eigeninitiative ist für sie eine Überforderung und die schnellen Entlassungszeiten eine Zumutung, da sich diese Patienten zuhause nicht alleine versorgen können und auf Unterstützung von Angehörigen angewiesen sind. Zudem klagen Patienten darüber, dass sie nicht mehr wissen, ob die Behandlung durchgeführt wird, weil sie hilft die Krankheit zu heilen, oder weil sich damit Geld verdienen lässt. Mir sagte vor kurzem ein Patient: »Zu dem Arzt gehe ich nicht mehr, der hat ja einen Dollarblick in den Augen.« Für manche Ärzte und einige Kliniken ist das Überleben in der konkurrierenden Medizin, wirklich ein Kampf ums wirtschaftliche Überleben, sensible Patienten spüren das. Gerade für schwerkranke Patienten ist es schwer zu verstehen, dass so schnell gearbeitet wird in der Medizin und dadurch ihre Ängste und Sorgen nicht gehört werden. Und so kommen dann Interpretationen zu Stande, dass der Arzt an mir verdienen möchte. Im Medizinsystem entstehen Enttäuschungen, dass das was gebraucht und gewünscht wird nicht erreicht werden kann. Auch die Ärzte und das Pflegepersonal sind oft enttäuscht, wenn die enorme Leistung, die erbracht wird, nicht gewürdigt wird. Der Patient hat als Kunde eine Dienstleistung eingekauft, er hat nicht mehr das Gefühl dankbar sein zu müssen, er fühlt sich zwar behandelt, aber ob er sich gut behandelt fühlt? Wofür soll er sich denn bedanken, wenn er sich nicht gut behandelt fühlt? Schwerkranke Patienten, die im Krankenhaus nicht weiterbehandelt werden, können übergangsweise Kurzzeitpflegen in Anspruche nehmen oder in andere Spezialeinrichtungen verlegt werden; nicht selten beginnt eine Odyssee der Schwerkranken. In der Medizin wird sehr viel Geld umgesetzt und es muss genau kalkuliert werden: Sonden entlasten Pflegekräfte, früher hatten die Pflegekräfte Zeit um den Patienten das Essen einzugeben. Harnableitungssysteme und deutlich verbesserte Einlagensysteme ersparen Toilettengänge. Mit mehr Pflegekräften könnten Patienten unterstützt werden, selbstständiger zu werden. Aktivierende Pflege ist ein Gütekriterium, wird an allen Pflegeschulen gelehrt und ist dennoch bei den errechneten Pflege- und Abrechnungsminuten in der Praxis kaum durchführbar. Ähnlich verhält sich die Situation bei den Ärzten, die Therapien werden moderner, vielfältiger, komplexer. Der Beratungsaufwand erhöht sich dadurch deutlich, die Verständigung mit den Patienten, wird schwierig, wenn Mediziner die unterschiedlichen Behandlungsmethoden anbieten müssen, die der Patient in seinem Laienverständnis jedoch kaum verstehen kann. Es werden Zweitmeinungen eingeholt, im Internet nach Rat gesucht. Der Vorteil, den moderne Therapien bringen – mehr Komfort und schnellere Behandlung – wird nicht selten zur Belastung und zur Frustration von Patienten und Personal. Patienten fühlen sich nicht verstanden, wenn nur wenige Minuten für die Kommunikation mit dem Arzt bleiben, die Wartezeiten vor Untersuchungen dafür sehr lange dauern. Bei längeren Erkrankungen haben Patienten oft viele unterschiedlichen Bezugspersonen und fühlen sich dadurch nicht wohl. Die moderne Medizin ist hoch effektiv, dafür wird jedoch ein großer Preis an Lebensqualität bezahlt, sowohl beim Personal als auch bei den Patienten. Der Preis der höheren Frustration: Ärzte und Pflegekräfte erkranken selbst immer häufiger an Burnout, die schnellen Arbeitsabläufe verhindern, dass Hygienekriterien teilweise nicht mehr so konsequent durchgeführt werden können, Krankenhausinfektionen nehmen zu und resistente Krankenhauskeime verbreiten sich. Kommunikationsprobleme führen zu Missverständnissen, die gerade in der Medizin zu schweren Komplikationen führen können. Hier sehen wir, dass selbst der gute Wille, alles besser zu machen, alles durch Vorschriften und Effizienz zu steuern, oft zu paradoxen Folgewirkungen führen, in denen der einzelne Protagonist sich nur mehr wie ein Rädchen im Getriebe fühlen kann. Langsam wird erkannt, dass Gesundheit nach anderen Regeln funktioniert als Krankheit und Gesunderhaltung ein wesentlicher besserer Faktor sein könnte um Krankheitskosten zu reduzieren. Sport, Bewegung in der Natur, gesunde Ernährung, entspannte Lebensführung, glückliche Beziehungen und erfüllte Arbeit tragen wesentlich zur Gesundheit bei. Ist das wirklich so gewollt? Lässt sich damit Geld verdienen? Wir müssen nicht auf andere warten bis sich etwas verändert: Jeder Arzt, jede Pflegekraft und jeder Patienten kann sich für Gesundheit im eignen Leben und in der eignen Umgebung engagieren: Stressabbau, angenehme Arbeitsatmosphäre, Einsatz für Menschlichkeit und gemeinsame Werte.

Machtspiele der Lobbyisten

Großkonzerne haben inzwischen so viel Macht und Einfluss gewonnen, dass nicht mehr klar ist, wo fängt die Politik anfängt und wo hören die Organisationen auf. Politiker sitzen in Aufsichtsräten, Firmen spenden für Parteien. Wahlkampf wird durch die Wirtschaft unterstützt, durch die internationalen Sitze gewinnen die Großkonzerne globalen Einfluss. Dass Firmen den heutigen Wohlstand ermöglicht haben ist sicher für viele Bürger sehr angenehm und dafür erhalten die Firmen zu Recht viel Anerkennung und Wertschätzung. Befremdlich erscheint, warum Firmen weder ihre Mitarbeiter, noch ihre Kunden und Bürger über viele ihrer Taktiken und Strategien aufklären. Was haben denn diese Firmen zu verbergen? Wenn eine ehrliche Arbeit geleistet wird, zum Wohle der Kunden und Bürger, dann brauchen Firmen und Politik nichts verbergen. Der Verdacht liegt jedoch nahe, dass nur einzelne Aktionäre und bestimmte Gruppen der Weltbevölkerung an den massiven Gewinnen beteiligt werden, während vielen anderen der Zugang zu Wohlstand verwehrt bleibt. Wie sonst ließe sich erklären, dass viele Länder und Menschen so bitterarm sind, während andere im Reichtum ihrer Geldberge versinken. Wenn faire Handelsbeziehungen und wechselseitige Hilfe und Lernbeziehungen aufgebaut und etabliert werden, ist die weltweite Schieflage von arm und reich, die derzeit besteht, nicht zu erklären. Zudem ist die Frage wie Firmen ihre ethischen Kriterien formulieren, wenn Sie an Krankheit und Gewalt der Menschen sehr viel Geld verdienen. Kann Menschenwürde, Konfliktbewältigung und Gesundheit im Interesse von Großkonzernen sein, die Milliarden an

Geld durch Krankheit und Gewalt verdienen? Welche Zukunftsvisionen verfolgen diese Konzerne? Ich denke es kann nicht das weltweite Ziel der Menschheit sein weiterhin Kriege zu führen und Krankheit zu fördern. Natürlich haben wir einfachen Bürger zu wenig Einblick, um uns darüber ein Urteil zu bilden. Es wäre doch sehr schön, wenn wir darüber aufgeklärt würden, welche Vorstellungen die Firmen bezüglich der Zukunft haben. Wie stellen sich die großen globalen Firmen ein Zusammenleben der Menschen auf dem Planeten vor, wie stellen sie sich vor dass die Natur in der Zukunft geschützt werden kann? Vermutlich vermisse nicht nur ich diese Informationen, die meisten Menschen vermissen Informationen darüber: Welche Maßnahmen ergreifen Waffenkonzerne um zur Friedensentwicklung beizutragen, welche Beiträge leisten Pharmafirmen zur Entwicklung von Gesundheitsförderung und welche Maßnahmen ergreifen Autokonzerne um die Luft und die Lebensqualität unserer Städte zu erhalten? Die Menschen wollen nicht noch 100 Jahre hören, dass sich Menschen in Kriegen zerfleischen, dass wir in Abgasen und Umweltverschmutzung ersticken, dass wir die Natur zerstören, an den Folgen der Umweltvergiftung erkranken und uns gegenseitig auf diesem Planeten das Wasser abgraben. Alle Menschen wollen in Gesundheit und Wohlstand leben, das ist die Aufgabe, die wir global meistern können und müssen, sonst treiben wir global unsere eigene Ausrottung voran. Das, glaube ich, wünscht sich niemand. Ich bin mir sicher, dass wir alle und auch die globalen großen Firmen einen wesentlichen Beitrag leisten können und wollen, dass wir Menschen auf dieser Erde in Gesundheit und Wohlstand leben können. Wenn wir als Kunden und Bürger solche glaubhaften Signale von den Großunternehmen lesen und hören, wenn wir spüren, dass große Unternehmen ehrlich daran interessiert sind, dass es den Menschen und der Natur in der Zukunft gut geht, dann können wir alle wieder mit gutem Gewissen die Produkte der großen Firmen kaufen. Und das ist es doch was wir alle wollen, wir wollen stolz sein auf unsere Mitspieler hier auf diesem Planeten, wir wollen alle mit gutem Gewissen und unbeschwert leben, frei von Betrug, Ausbeutung und Korruption, frei von Skandalen und Machenschaften. Wenn davon eines Tages die Medien die Mitarbeiter, die Kunden und Geschäftspartner berichten können, dann glaube ich ist ein großer Schritt aus den lobbyistischen Machtspielen getan. Die Menschen haben die ewige Ausbeutung satt, die Schlagzeilen, dass Manager sich wieder Milliardenboni verteilen und ihre Gelder in Paradise-Papers und Panama-Papers und wie sie alle heißen hin- und herschieben. Ich frage mich oft warum Menschen das Bedürfnis haben so viel Geld anzuhäufen. Die Glücksforschung belegt ganz klar. Über eine gewisse Summe an Geld erleben Menschen keinen Mehrwert an Glück. Das ist auch völlig nachvollziehbar. Kein Mensch kann mit zwei Autos gleichzeitig fahren, jeder Mensch ist einmal satt, jeder Mensch braucht Schlaf und sich zu Tode trinken bringt auch keinen Spaß. Warum nur jagen die Menschen dem Geld so hinterher, den Zahlen den Beweisen, dass sie immer mehr, immer höher und immer schneller im Hamsterrad laufen können? Liebe Lobbyisten und Milliardäre wäre es nicht viel schöner, wenn Ihr euch Projekte ausdenkt, wie ihr Geld verteilen könnt, anderen eine Freude macht. Wäre es für uns alle nicht schöner, wenn wir nicht mehr täglich mit Mord und Totschlag bombardiert werden würden, von Amokläufen und Schulmassaker hörten und uns vor Selbstmordattentaten fürchten müssten? Und wie erholsam wäre es wenn die Umweltzerstörung endlich ein Kapitel der Vergangenheit ist? Stellt euch vor, wir hätten Frieden und könnten die ganzen Rüstungsgelder in Aktionen stecken, die uns weltweit Lebensfreude bescherten. Ich glaube die gesamte Weltbevölkerung hätten viel mehr Respekt vor Milliardären, Firmen und Politik, wenn sie sich für das Wohl der Menschen engagierten, statt den Reichtum der Mächtigen im Machtspiel zu sichern.

Die Machtspiele im Bildungssystem

Gerade im Bildungssystem zeigen sich Machtspiele besonders deutlich. Ein Kind ist noch nicht in der Lage die große Welt zu verstehen. Es saugt alles auf, glaubt alles, was man ihm erzählt. Kinder sind sehr formbar, das Denken und die Gefühle werden erst gebildet; daher sind Kinder in gewisser Weise gestaltbar durch die Eltern, Religion, Kultur. Kinder sind wehrlos gegenüber dem, was ihnen Eltern, Erzieher und das gesamte Umfeld erzählen. Kinder fürchten sich davor abgelehnt und ausgegrenzt zu werden, sie wissen – allein sind sie hilflos. Deshalb passen sich Kinder an, sie reden wie die Eltern, sie folgen meist den Erziehern und der Umgebung, sie lernen so zu denken wie das Umfeld und gewöhnen sich die Verhaltensmuster der Familie und der Umgebung an, auch dann wenn das, was sie lernen unsinnig ja vielleicht sogar sehr schädlich für sie selbst und andere ist. Häufig werden Kinder gewalttätiger Eltern ebenfalls gewalttätig oder entwickeln sehr unterwürfige Opfermuster. Kinder von Suchtkranken werden wieder suchtkrank, Kinder von depressiven, traumatisierten oder psychisch kranken Eltern, sind später sehr anfällig an psychischen Erkrankungen zu leiden, Kinder aus Streitfamilie erlernen keine Konfliktkompetenz und so weiter... Sicher lernen Kinder in Kriegsgebieten nicht, in sich zu ruhen und in Gelassenheit und Ruhe die Welt zu betrachten. Kinder von sehr leistungsorientierten Eltern lernen sehr viel zu leisten, sie werden motiviert, belohnt, bei weniger Leistung bestraft oder mit Missbilligung angesehen. Soweit es ihnen gelingt, versuchen diese Kinder deshalb den Leistungserwartungen der Eltern zu entsprechen. Falls diese Leistungserwartung für das Kind unerreichbar ist, oder nicht seinen Begabungen entspricht gehen Kinder auch in die Gegenreaktionen, wollen nicht mehr lernen und nichts mehr leisten. Kinder aus leistungsorientierten Familien, die ihre Eltern nachahmen oder die Leistung verweigern, lernen keinen Ausgleich von Leistung und Erholung. Damit sind sie schon in ihrer Kindheit geprägt und laufen Gefahr Erkrankungen zu entwickeln, die durch Stress und Überforderung entstehen, oder sie erleiden Ausgrenzungserfahrung in der Familie durch Leistungsverweigerung. Ähnliches gilt natürlich für Kinder aus einem armen und verzweifelten Milieu, auch diese Kinder werden sich an den Eltern orientieren und sich leistungsschwach und hoffnungslos fühlen. Natürlich gibt es auch hier die Ausnahme, manche Kinder aus leistungsschwachen und armen Milieus werden sehr ehrgeizig. Selbst wenn diese Kinder Karriere machen, fehlt ihnen später im Vergleich zu anderen, das Know-how sich in höheren Gesellschaftsschichten angemessen zu verhalten. Der französische Soziologe und Sozialphilosoph Pierre Bourdieu untersuchte diese Phänomene und kam zum Ergebnis, dass diesen Kindern das ökonomische, soziale und kulturelle Kapital der Oberschicht fehlt und sie damit in der Oberen Gesellschaftsschicht, trotz Intelligenz, Erfolg und Fleiß kaum Akzeptanz finden. Besonders tragisch ist es, wenn Kinder in ihrer Kindheit Misshandlungen, Verbrechen, Kriegen und existentiellen Bedrohungen ausgesetzt sind. Wir können uns als Kind nur an der eigenen Umgebung orientieren und übernehmen eher unbewusst, einen Teil der Verhaltensweisen der Mutter, einen Teil vom Vater, einen Teil von den Geschwistern und einen Teil von der Schule und den Schulkameraden. Kriegskinder übernehmen Kriegserfahrungen, traumatisierte Kinder tragen seelische und körperliche Verletzungen davon. So wachsen wir auf mit völlig unterschiedlichen Kindheitserfahrungen und Prägungen. Was haben Sie von Ihren Eltern und ihren Geschwistern und der Schule übernommen? Wenn wir erkennen, dass wir als Erwachsene noch Opfer unserer Erziehung sind und nicht handeln können, wie wir wollen, sondern wie wir sollen und müssen, dann kann es gelingen diese Opferrolle abzulegen. Wir können diese Opfer- und

Machtdynamiken erkennen und müssen nicht länger Opfer unseres Schicksals bleiben, sondern können zum Gestalter unseres Lebens werden. Mit dieser neuen Rolle können wir großzügiger mit den anderen sein, die noch in ihren Erziehungsmustern gefangen sind. Keine Familie, keine Schule ist perfekt oder ideal. Oder haben Sie schon eine ideale Familie, ein ideales Umfeld, eine ideale Schule gesehen? Unser Bildungssystem suggeriert uns, es gäbe sie, die optimale Bildung, dabei wird unter dieser Bildung oft eine Art Denkdressur verstanden. Die Kinder lernen zu denken, aber lernen sie auch sich wohl zu fühlen, lernen sie Grenzen zu setzen, nein zu sagen, Konflikte zu lösen? Lernen Kinder, dass sie Materialien, Situationen und Ideen ausprobieren dürfen oder innovativ und kreativ nach neuen Lösungen zu suchen? Oder lernen Kinder eher das zu wiederholen, was der Gesellschaft und der jetzigen Generation bekannt ist – die alten Traditionen – lernen sie das bisherige Wissen zu reproduzieren? Sicher ist beides wichtig. Was würden Sie sagen, haben Sie mehr gelernt Altes zu reproduzieren oder Neues zu gestalten? Werden Kinder hauptsächlich dazu erzogen sich an bestehende Systeme anzupassen, lernen sie weder sich selbst in der Umwelt zu verstehen, noch das eigene Leben zu gestalten. Im bisherigen Schulsystem werden Kinder so beschult, dass sie ständig die eigenen Bedürfnisse, die eigenen Gefühle, und eigene neue Ideen unterdrücken müssen, um im Schulsystem zu funktionieren. Und später funktionieren die einstigen Schüler genauso in ihren Berufen, arbeiten wie Maschinen die alten Gewohnheitsmuster ab und werden wie die Generationen vor Ihnen mit der Zeit alt und abgehängt, da sie nie gelernt haben für sich aktiv neue Lösungen, neue Lernmöglichkeiten zu suchen, sich mit Neuerungen weiter zu entwickeln. Beobachten Sie Personen im Arbeitsleben, haben Sie nicht auch den Eindruck, dass viele gar nicht mehr reflektieren, was sie da eigentlich machen, sondern viel mehr tagein tagaus Rollenmuster und Arbeitsanweisungen abspulen? Menschen sind keine Maschinen! Wenn wir Menschen ihre Fähigkeiten absprechen und sie behandeln wie funktionierende Maschinen, sie als Humankapital verwalten, dann brauchen wir uns nicht zu wundern, wenn so viele

Burnout, Depressionen, Aggressionen und andere Störungen entwickeln. Jeder möchte sich selbst ausdrücken können und über sich selbst bestimmen dürfen. Gerade der Ausdruck von eigenen Wünschen und Zielen macht Menschen doch menschlich. Stellen Sie sich vor wir dürften in der Schule und im Beruf wieder Mensch sein, wir dürften über Grenzen, Möglichkeiten unserer Gefühle und Ideen sprechen. Stellen Sie sich vor Schüler könnten das lernen, was sie selbst begeistert und Mitarbeiter könnten an dem arbeiten, was ihnen am meisten Spaß macht und den eigenen Begabungen entspricht. Sie meinen so ein Schul- und Gesellschaftssystem ist nicht möglich? Wenn wir in die Schulsysteme nach Finnland schauen und auch in die Schweiz, in Montessori-Schulen und manch anderen Schulsystemen wird ersichtlich, dass es für Kinder sehr hilfreich sein kann, wenn Sie sich selbst mehr ausdrücken dürfen. Sogar bessere Pisa-Werte können erzielt werden, wenn Kinder ihr Lernen selbst mitbestimmen können, das belegen Pisa-Werte in Finnland. Und sogar Kinder, die gar nicht beschult werden und in einem anregenden Umfeld aufwachsen, können sehr viel lernen, leistungsfähig, sehr gebildet sein und eine wertvolle, authentische und wertschätzende Persönlichkeit entwickeln. Ein lebendes Beispiel ist der Musiker André Stern, der das Buch veröffentlichte: »...und ich war nie in der Schule«. In diesem Buch schreibt er, wie er frei von Stress und Konkurrenzkampf seine Talente entdecken und entfalten konnte. Wenn ich die Menschen anschaue, die völlig lustlos in ihre Arbeit gehen und an dieser Lustlosigkeit und Sinnlosigkeit erkranken, dann frage ich mich: Ist es vielleicht sogar gewollt, dass Kinder ihre Gefühle und Wünsche nicht kennen lernen und damit keine eigenen Ziele verfolgen? Sind die Menschen so leichter steuerbar, manipulierbar, angepasst und fällt es Staaten und großen Firmen auf diese Weise leichter Menschen zu organisieren und zu kontrollieren? Sie meinen das ist legitim und nützlich? In gewisser Weise sicher, wir übersehen jedoch bei diesen kurzsichtigen Überlegungen und den begrenzten Berechnungen die Folgekosten: Krankheitskosten, Scheidungen der Familien, hohe Kosten durch Unselbstständigkeit im Alter, Devianz, Kriminalität und die Behandlung von zahllosen körperlichen und psychischen Erkrankungen. Ganz abgesehen davon, dass wir in all den Berechnungen, den Ausgleich von Jung und Alt übersehen. Auch junge Leute brauchen später eine Versorgung im Alter und die alten Menschen brauchen heute eine gute Versorgung durch die jüngere Generation. Wenn dieser Austausch durch staatliche, karitative und zwischenmenschliche Initiativen nicht gelöst werden kann, drohen schwere innergesellschaftliche Verwerfungen, neue Formen der Macht, des Funktionierens, des Wegschauens und des Durchlavierens. Gesamtgesellschaftliche Verlustrechnungen sind immer unrentabel, auch wenn sich die Zahlenrechnung der einzelnen Firma, als rentabel darstellen lässt. Für Parteien, Führungskräfte und für die betroffenen Arbeitskräfte ist nur schwer erkennbar und durchschaubar, wie dieser hohen Komplexität der Phänomene valide begegnet werden kann. Softskills, Innovation, Kreativität und Lebensgestaltung werden bei vielen Bildungswissenschaftlern gefürchtet, sie haben Angst die Komplexität des Bildungssystems könnte weiter zunehmen. Vielleicht wäre es gerade jetzt eine Chance für die Zukunft, wenn wir viel mehr Menschen mit kreativen und sozialen Begabungen fördern, wenn wir neben all der Quantität auch in Lebensqualität investieren und neue kreative und soziale Lösungen finden.

Erst wenn das Schul-, Familien- und Bildungssystem zu sichtbaren Schäden führt, wird dies als Krankheit, als abweichendes, kriminelles Verhalten diagnostiziert, die einzelne Person wird bestraft oder medizinisch behandelt und die Verantwortung wird dem Schulversager selbst oder dessen Familie zugewiesen. Wir könnten die Ministerien und Kinderärzte fragen: Gibt es einen Lehrplan, ein Diagnose-Manual für soziale Fähigkeiten, für Elternkompetenz und wie sieht dies aus? Und wenn es nichts von beidem gibt, warum nicht? Werden Lehrer dazu ausgebildet selbst Softskills, innovative Kompetenzen und Fähigkeiten der gesunden wertschätzenden Lebensgestaltung zu entwickeln? Wenn ja, warum erkranken so viele Lehrer an Burnout, warum verlassen viele Lehrkräfte den Beruf vorzeitig? Werden Kinderärzte dazu ausgebildet traumatisierte, suchtkranke, depressive Eltern zu erkennen und diese zu adäquat unterstützen? Wenn nein, warum nicht? Natürlich können Sie einwenden, jeder ist für seine Softskills selbst verantwortlich und wir haben alle einen freien Willen. Ist das wirklich so, dass der freie Wille angeboren ist? Ja es stimmt, wir nehmen uns oft schon als Kinder vor etwas anders zu machen, anders als die Eltern und Lehrer von anno dazumal. Aber sind wir ehrlich, ist das nicht sehr schwer? Der Forscher Benjamin Libet hat festgestellt, dass in unserem Gehirn bereits sehr wirksame Voreinstellungen existieren, die unsere Wahrnehmung und unser Handeln steuern, bevor es uns bewusst ist. Diese Grundeinstellungen haben wir in der Kindheit gelernt, in unseren Familien, in der Schule, sie sind jedoch auch teilweise genetisch, evolutionär verankert, wir können diese unbewussten Muster nur bedingt erkennen und steuern. Zum Beispiel ist die Höhen- und Fallangst angeboren und kann schon bei Säuglingen getestet werden. Menschen ohne diese Fallangst würden wahrscheinlich nicht überleben, da sie nicht erkennen, wenn sie in einen Abgrund fallen. Wir können lernen mit diesen angeborenen Ängsten umzugehen. Kinder in Bergregionen lernen die Angst vor der Höhe zu bewältigen, ausschalten können auch sie diese Angst nicht. Bergsteiger lernen diese Angst sogar zu nutzen, ihre Angst kann ihnen helfen zu spüren: wie viel kann ich mir jetzt noch zutrauen, wo ist meine Belastungsgrenze? So kann sich der Bergsteiger in Begleitung seiner Ängste weiter vorwagen. Die Muskeln des Körpers werden stärker, das Gespür für den Fels nimmt zu und die Koordination wird aufgebaut, so wird aus dem ständig sich übenden Bergsteiger ein Könner, jemand, der Angst erst bei immer schwierigeren Situationen spüren wird. Reinhold Messner und viele andere Bergsteiger sind lebende Beweise, welche Möglichkeiten Menschen haben, um über sich selbst und die eigenen Ängste hinauszuwachsen. Auch in der Schule könnten Kinder über ihre Gefühle sprechen, ihren Körper spüren lernen. Damit wäre ein Anfang gemacht, dass sie auch später als Erwachsene ihre Wut, ihre Ängste, ihre Wünsche und ihr Versagen besser spüren und steuern können, adäquatere soziale Reaktionen und wertschätzendes Sozialverhalten erlernen. In der heutigen Schule wird kaum nach Ängsten, Überforderung oder individuellen Belastungen gefragt. Die Lehrer wissen nicht, ob sich das Kind wohl fühlt, Hauptsache es funktioniert, lernt, schreibt gute Noten und verhält sich im Schulalltag ordentlich. Ob das Kind sich zuhause und in der Schule geschützt und angenommen fühlt, ist im heutigen Bildungssystem keine Frage. Das einzige, was gemacht wird, wenn das Kind nicht funktioniert: das Kind aus dem Unterricht oder der Schule ausgeschlossen oder es wird zum Psychiater geschickt.

Gefühle wie Ängste, Unsicherheit und Aggressionen sind angeboren oder werden auch erlernt. Wir erlernen positive soziale Gefühle durch Wertschätzung, Respekt, Achtsamkeit und Fürsorge. Wir erlernen jedoch auch negative Gefühle durch Erniedrigung, durch Beschämung, durch Bedrohung und Angst vor Strafe. Wenn Kinder häufig negative soziale Gefühle erleben, reagieren sie auf Strafen mit Angst und vermeiden bestraft zu werden. Kinder, die negativen sozialen Gefühlen anderer ausgesetzt sind, lernen den Schmerz der Erniedrigung, der Schläge auszuhalten und werden entweder renitent, überangepasst oder gefühlstaub. Kinder können sich nicht unabhängig von ihrer Umgebung entwickeln. In Kriegsgebieten lernen Kinder als Kindersoldaten zu kämpfen, in Ländern in denen Kinderprostitution geduldet und als Wirtschaftsfaktor anerkannt wird, lernen Kinder Liebesdienste zu erweisen und in Ländern, in denen die Armut groß ist, lernen Kinder zu betteln. In reichen Elternhäusern lernen Kinder sehr gut zu wirtschaften oder das Geld zu verprassen. Wir verurteilen andere Menschen oft, weil sie sind wie sie sind. Denken Sie bitte auch immer daran: was hat dieser Mensch gelernt, was hat er schon alles erlebt, welchen Erziehungsbedingungen war der andere ausgesetzt, so dass er so geworden ist, wie er gerade ist? Die größte Chance, dass eine Person sich verändern kann, ist, wenn wir sie oder ihn bedingungslos akzeptieren. Das heißt noch lange nicht, dass wir akzeptieren, wie sich ein anderer verhält oder was uns ein anderer antut. Oft kann unser Gegenüber erst durch Grenzen und ehrliches Ansprechen erkennen, welche unvernünftige Denkmuster und Verhaltensweisen er oder sie gelernt hat. Und mal ehrlich, ertappen wir uns nicht immer wieder dabei, dass wir Fehler machen oder Dinge genauso tun wie die Eltern oder Bezugspersonen, obwohl uns dieses Verhalten stört? Verhalten und Gefühle sind ansteckend und wir ahmen gern und vieles nach. Wir versuchen heute so viel in die Entwicklung von Überwachung und Kontrolle zu stecken, wäre es nicht viel wichtiger Kinder vor Machtmissbrauch zu schützen, damit sie ehrliche und wertschätzende Gefühle lernen? Im Feld der Gefühle haben wir keine Überwachungskameras, weder für uns selbst noch für andere. In das Feld der Gefühle schauen wir nicht so gerne und so genau, dabei sind gerade verletzte und traumatisierte Gefühle die Brutstätten der Gewalt von heute und morgen. Unsere Staatschefs kümmern sich sehr um die Wirtschaft, um Steuereinnahmen um kognitive Ausbildung, Kinder sind die Steuerzahler von Morgen. Dass wir heute weltweit Kinder in Gewalt, Armut, Prostitution und alle möglichen Abhängigkeiten erziehen interessiert unsere Gesellschaften nicht. Dass wir hilflose Kinder weltweit vor körperlichem, emotionalem und sexuellem Missbrauch schützen, das erscheint nicht so wichtig. Wenn einige Täter bestraft werden, glauben wir, das reicht. Dabei sind Kinder die Erwachsenen von Morgen, die wir durch ungünstige Umgebungsbedingungen wieder zu neuen Tätern und wehrlosen Opfern sozialisieren, ideal für Indoktrination in Kriegen und Diktaturen, ideal für kriminelle Machenschaften in mafiösen Strukturen, missbraucht als Sexualobjekte, instrumentalisiert in Rebellengruppen als Kindersoldaten. Kinder sind Erwachsenen ausgeliefert, sie können nicht unterscheiden, wer es gut mit ihnen meint und wer nicht. Sie ahmen nach, was vorgelebt wird. Jedes Kind möchte anerkannt und geliebt sein, ohne diese Liebe können Kinder nicht überleben. Deshalb verbiegen sich Kinder wie krumme Bäume, um den Anforderungen und Wünschen ihrer Umwelt zu genügen. Gott sei Dank gibt es natürlich auch viele liebevolle Elternhäuser, sehr gute Lehrer und einfühlsame Erwachsene, die gut mit Kindern umgehen können. Es gibt Erwachsene, die Kindern Rechte einräumen, eine kindgerechte Umwelt gestalten und Kinder in ihrer Würde achten und wertschätzen, als Geschenke des Lebens. Es gibt die hilfreichen Eltern, die ihre Kinder beschützen, ohne sie zu bevormunden oder all zu sehr zu bemuttern. Es gibt die begnadeten Eltern, die die Begabungen ihrer Kinder erkennen und fördern, ohne sie nach eigenen Wünschen in eine Richtung zu drängen. Es gibt die befreiten Eltern, die Ihren Kindern Freiräume gewähren, ohne sie in eine Ideologie oder ein Soll-, Denk- und Gefühlsgefängnis einer Weltanschauung einzusperren. Es gibt die großzügigen Eltern, die selbst genügend gelernt und verstanden haben, dass sie den Kindern eine tolerante Welt ohne Bevormundung zeigen können. Es gibt Eltern, die die Natur achten und den Kindern erlauben die Welt zu entdecken und die Ihnen zeigen, wie es geht, achtsam mit der Natur zu leben. Es gibt die liebevollen Eltern, die es schaffen mit ihrem Partner eine liebevolle Beziehung zu leben, die den Kindern zeigen können wie schön es ist zu lieben und geliebt zu werden. Haben Sie sich wohl und geliebt gefühlt als Kind? Waren Sie Streit, Beleidigungen, Wutausbrüchen, Bedrohung oder Schlägen ausgesetzt? Waren ihre Eltern krank oder gesund, großzügig, ehrgeizig, anspruchsvoll, sparsam oder geizig? Erwachsene sind sehr häufig auch als Erwachsene noch das Opfer ihrer Kindheit, weil sie nicht das Leben leben, das sie gerne leben möchten, sondern das tun, was andere von Ihnen erwarten. Kennen Sie das? Wenn die Eltern das Kind immer lobten: Du bist unser guter Junge, unser gutes Mädchen; so hat das Kind gelernt, das zu tun, was der gute Junge und das gute Mädchen macht. Das Kind lernt dabei nicht, eigene Gefühle und Empfindungen zu spüren und sich am eigenen Gefühl und der eigenen erlebten Situation zu orientieren, sondern es orientiert sich an den Erwartungen der anderen. So lernen Kinder in ihren Familien völlig unterschiedliche Muster. Und selbst in einer Familie werden Kinder oft sehr unterschiedlich behandelt. Es gibt die geliebten verwöhnten Kinder und die unbeliebten, deren Verhaltensmuster, Begabungen, und Gefühle nicht so ins Erwartungsbild der Familie passen.

In früheren Zeiten waren die Familien darauf angewiesen, dass Kinder in der Landwirtschaft mit arbeiteten. Früher empfanden die

Menschen und vielleicht auch die Kinder diese Mithilfe nicht als Ausbeutung, es war einfach selbstverständlich. Mit der Industrialisierung und der Gewinnoptimierung, aber auch mit der Unterwerfung der Kinder unter Staaten, Religionen und Kulturen, wurden Kinder von der häuslichen Arbeit befreit, dafür gezwungen, sich an industrielle Strukturen anzupassen. Kinder lernten, dass sie nur durch harte Schule, durch frühes Arbeiten in den Betrieben und demütiges Befolgen der Vorschriften überleben konnten. Heute unterwerfen wir Kinder nicht mehr der Arbeit, sondern dem Diktat des Konsums, den Marken, der Mode, der Entfremdung von der Natur. Ist das die Lösung? Immer schon waren Machthaber interessiert, Kinder schon sehr früh zu instrumentalisieren, um später Arbeitskräfte, Soldaten und gebärfähige Frauen zu haben. Heute werden die Kinder instrumentalisiert später möglichst viel zu konsumieren. Wer sind heute unsere Machthaber? Fühlen wir uns in dieser Konsumwelt frei? Früher wussten wir, wer die Macht hat, der König, der Bürgermeister... Heute fühlen wir uns unfrei, warum? Wir wissen nicht mehr wer die Macht ausübt, die Verflechtungen der Machtinteressen sind nicht mehr durchschaubar.

Wer hat Macht über Sie? Das Gefühl von Macht und Ohnmacht schleicht sich in unsere Denken und Fühlen ein, meist ohne dass wir es bewusst bemerken. Sehr interessant ist in diesem Zusammenhang wie Machthaber, dies als Methode nützen. Hitler und seine Helfer hatten intensiv daran gearbeitet, um sich bereits Kinder gefügig zu machen. Die Ärztin und Autorin Johanna Haarer verfasste den Erziehungsratgeber: »Die deutsche Mutter und ihr erstes Kind«. In diesem Ratgeber, beschreibt Haarer, wie Kinder einer systematischen Dressur unterworfen werden und damit gefügig gemacht werden, um später hart wie Krupp-Stahl dem Regime zu dienen. Das Buch »Die deutsche Mutter und ihr erstes Kind« wurde übrigens auch nach 1945 mit dem Titel »Die Mutter und ihr erstes Kind« veröffentlicht. Inzwischen kursieren chinesische und andere Erziehungsratgeber, die erklären wie Kinder zu gefügigen Staatsbürgern gemacht werden, zu neuen fremdbestimmten

Arbeitsmaschinen. Erstaunlich ist, dass Bildungssysteme die Forschung bezüglich Ausbildung und Schulung der Eltern nicht als Bildungsziel erkennen. Nur in einem vernünftigen Zusammenwirken der elterlichen Erziehung und der gesellschaftlich angebotenen Bildungsangebote wird ein Kind die Orientierung finden, die es als stimmig erleben kann. Bisher werden die Kämpfe der Gesellschaftsschichten, der Einstellungen bezüglich Erziehung, die Generationskonflikte in die Schulen getragen und von dort wieder schuldhaft an die Eltern zurückgegeben. In einem Bildungssystem, in dem Schulen für die kognitive Bildung zuständig sind und Eltern für die sozial-emotionale Entwicklung, sind Spannungen und Konflikte vorprogrammiert. Manchen Eltern sind auf Grund eigener Defizite, Erkrankungen, Armut oder anderer Belastungen kaum in der Lage, ihren Kindern körperlich und seelisch die nötigen Voraussetzungen zu bieten, um für ein gesundes Aufwachsen und für Bildungsunterstützung der Kinder zu sorgen. Im Gegensatz dazu werden andere Kinder mit Überbehütung, Überversorgung, Verhätschelung und Konsumismus überschüttet. Diese Kinder neigen später dazu wenig Verantwortung für das eigene Leben zu übernehmen. Ich wünsche uns allen, dass wir die pädagogischen Machtspiele erkennen, hinterfragen und überwinden, damit wir in der Schule, in der Zeit des Aufwachsens viele schöne Erfahrungen machen und dieses Potenzial an die nächste Generationen weiter geben können.

Individuell /

Kapitel 4

STRESS-MUSTER UND TRAUMA

Sozialer Stress

Der soziale Stress beginnt bereits im Mutterleib oder sogar bei der Zeugung. Kinder entstehen nicht immer aus einem Akt der liebevollen Zweisamkeit; Kinder werden auch in Beziehungen gezeugt und hineingeboren, die nicht aus Liebe geschlossen und gelebt werden, sondern auf Grund von Machtspielen geführt und aufrecht erhalten werden. Diese familiären Formen der Dominanz und der Unterwürfigkeit wurden meist bereits in der Ursprungsfamilie erlernt, oft schon über Generationen weitergegeben. Konflikte, Streit und Gewalt, aber auch Formen des kalten Schweigens, der gegenseitigen Verurteilung bilden die Formen der Kommunikation im familiären Machtspiel. Kinder brauchen viele liebevolle Blicke, Wertschätzung und Angenommen sein, um sich frei und gelassen entwickeln zu können. Wird dieser stressfreie Raum nicht gegeben und auf das Zuwendungsbedürfnis des Kindes nicht geachtet, steigen die Stresshormone im kindlichen Gehirn: Frustration, späte Resignation und vielfältige Formen der Aggression gegen andere oder Formen der Autoaggression sind die Folge. Ähnliche Auswirkungen haben Streit und Missstimmungen der Partner untereinander oder der Eltern und Großelterngeneration. Das Kind möchte beide Eltern lieben, ist aber durch Streitsituationen oft gezwungen, dem einen oder anderen Elternteil zu helfen, es glaubt unterstützen zu müssen, Streit schlichten zu müssen. Eine fatale Entwicklung, da dieser psychosoziale Stress sich im Hormonsystem des Kindes abbildet und nicht mehr umkehrbar ist. Kinder, die unter Formen von psychosozialem Stress und chronischen Bindungsstörungen leiden, haben später Schwierigkeiten, liebevolle Beziehungen zu gestalten und können nur eingeschränkt kollegiale und gesellschaftliche Beziehungen aufrechterhalten und gestalten. Es gibt weltweit zahlreiche Kinder, vor allem in Kriegsgebieten, die durch Vergewaltigungen gezeugt wurden. Die Massenvergewaltigung von Frauen in Kriegsgebieten ist eine besonders schwere Form der Demütigung, Entmenschlichung und Entwürdigung bei kriegerischen Auseinandersetzungen. Diese sozialen Wunden wirken oft noch Generationen nach und verursachen erhebliche Traumatisierungen und Verwerfungen des persönlichen und privaten Lebens.

Paradox: die Familie kann zugleich Ursache und Folge von Stressbelastungen sein und damit zu einem Teufelskreis werden. Streit führt zu Stresssituationen und gestresste Familienangehörige geraten leichter in Streit. Das ganze Familienleben kann sich durch ständig sich aufschaukelnde und immer wieder kehrende Konflikte vergiften. Es wird dann versucht, die Vergiftung des Familienklimas durch äußere Lösungen wie Scheidungen, berufliche Neuorientierung oder Umzüge zu bewältigen. Die Annahme, wenn wir das Äußere ändern, ändert sich auch das Innere stimmt nur bedingt. Wird nur die eigene Konfliktfähigkeit verbessert, die eigene Hilflosigkeit gegenüber Stresssituationen jedoch nicht, führt die dauernde Kompensation zu Überforderung, körperlichen und psychischen Krankheiten. Wenn ein Kind in der Familie häufig Stressbelastungen ausgesetzt ist, wird es auch in der Schule leichter gereizt sein, nicht so gut aufpassen können und häufiger Konflikte mit Mitschülern austragen. Durch ungelöste Konflikte, unterschiedliche Lebenseinstellungen, durch Unvereinbarkeit von Strategien der Lebensplanung und Lebensführung entstehen in Familien und sozialen Gruppen Entfremdungsprozesse und Sprachlosigkeit. Dieser soziale Stress wird mit der Zeit zu dem Stress, der sich in unseren Aufgaben niederschlägt.

Aufgabenstress

Schon in der Kindheit lassen sich Unterschiede in Begabung, Geschicklichkeit, in Sprachfähigkeiten, Robustheit, Kreativität usw. beobachten. Kennen Sie das noch aus ihrer Kindheit, dass andere schnell waren, sich gewandt ausdrücken konnten oder sehr gut mit anderen umgehen konnten? Die Begabungen und Fähigkeiten sind sehr unterschiedlich verteilt. In der Gesellschaft werden vor allem kognitive Leistungen als lobenswert und als anerkennenswert bewertet. Die Schulnoten bewerten Rechenleistungen, Sprachfähigkeit und die Merkfähigkeit der Kinder. Künstlerische, sportliche, kreative und musische Begabungen werden wenig gefördert und honoriert; eventuell kann Anerkennung und Förderung für diese Fähigkeiten gewährt werden, wenn ein Schüler sehr herausragende Fähigkeiten in einem dieser Bereiche aufweist. Erinnern Sie sich noch an ihre Schulzeit? Waren Sie eher überfordert oder unterfordert, eher interessiert oder gelangweilt? In den meisten Regelschulen werden durchschnittliche Begabungen im Angebot des Lehrplans gefördert. Für die Kinder mit mittlerer Durchschnittsbegabung ergibt sich damit ein Anforderungsniveau, das diese Schüler nicht über- oder unterfordert. Kinder mit Hochbegabung bleiben in der Regelschule unterfordert, Kinder mit geringerer Begabung, mit Teilleistungsstörungen oder mit Spezialbegabungen werden durch den Unterricht und die geforderten Leistungen überfordert. Viele Kinder lernen nicht, die eigenen Kräfte einzuteilen, sich an den eigenen Leistungsgrenzen zu orientieren, sie lernen nicht die eigenen Begabung und Fähigkeiten zu entwickeln und Freude daran zu finden. Häufig wird im Laufe der Schule aus dem lustvollen Lernen ein Lernen mit Frust. Wen wundert es, wenn so viele Menschen später Abneigung gegen Lernen entwickeln, wenn sie sich als Erwachsene nicht weiterbilden, sondern einem Tempo hinterher hecheln, das als normal vorgegeben wird. Sind Sie schon mal mit einer Gruppe gelaufen, die viel schneller war als Sie oder viel langsamer, das ist ganz schön nervig. Auch wenn Studien schon lange belegen, dass die Intelligenz, das Auffassungsvermögen, die Fähigkeiten und die Interessen der Kinder sehr unterschiedlich sind, wird in den Schulen und auch später in der Arbeitswelt so getan als könnten alle Menschen gleich schnell und gleich viel leisten. Das führt bei ca. 30% zu Formen der Über- und Unterforderung. Personen, die das vorgegebene Anforderungsniveau gut schaffen, können anderen leicht vorwerfen, sie sollten sich nicht so anstellen, das sei doch alles leicht zu schaffen. Auf diese Weise entstehen Ungerechtigkeiten, Frustrationen und Enttäuschungen im Schul- und Arbeitssystem. Gerade die Maßnahmen, die dazu führen sollten, Gerechtigkeit, Vergleichbarkeit und Chancengleichheit zu schaffen, führen damit zu einer Gleichmacherei, die nicht selten krank macht. Wenn Systeme nicht das leisten, was sie leisten sollen, werden sie im technischen Bereich sehr schnell überprüft und verändert. Im sozial-emotionalen Bereich wird das Thema Überforderung und Unterforderung hingenommen, selbst wenn die Zahl der psychisch Kranken steigt, und stressinduzierte Erkrankungen Leid und wirtschaftliche Kosten verursachen. Selbst bei Krankheiten werden Diagnosen und Therapiepläne vereinheitlicht abgerechnet und der Achtzigjährige mit Herzinfarkt erhält die gleiche Aufenthaltszeit, wie die Vierzigjährige Sportlerin. Der Mensch wird in unserer Gesellschaft verwaltet wie eine Maschine. Er wird als Nummer geboren, in verschiedenen Untersuchungen vermessen. Bei körperlichen Schmerzen werden Schmerzmittel verabreicht, damit die Maschine Mensch wieder funktioniert, wie sich ein Mensch dabei fühlt, interessiert niemanden in der Leistungsgesellschaft, Gefühl ist keine messbare Leistung. Wie viele Amokläufe, wie viele schwere Zugunglücke, wie viele Selbstmorde, wie viele Beziehungsdramen, psychisch Kranke und leistungsunfähige Menschen brauchen wir noch, um zu verstehen, dass Gefühle der Über- und Unterforderung eine ganz wichtige Wegweiser der Gesundheit sind.

Überforderung wird gesellschaftlich erst anerkannt, wenn das verletzte und überforderte Gefühl so sehr beeinträchtigt ist, dass ein Mensch eine messbare diagnostizierbare Krankheit vorweisen kann und nicht mehr arbeitsfähig ist, oder wenn die Autoaggressionen und Aggressionen so zunehmen, dass ein Mensch sich selbst und andere gefährdet oder tötet. Überforderung, Unterforderung, ein zu gehetztes oder zu gebremstes Tempo macht den Menschen auch im Zusammenleben große Probleme. In der Wahrnehmung und Beurteilung von anderen gehen die meisten Menschen davon aus, so wie sie selbst fühlen oder wie sie selbst eine Situation einschätzen, so erleben es auch die anderen. Wir haben gelernt, dass wir eine gewisse erwartete Norm erfüllen müssen und dieses »Müssen« erwarten wir dann auch von anderen und sehr schnell gesellen sich Vorschriften und Forderungen zum eigenen Gefühl: so wie ich fühle müssen die anderen auch fühlen. Das führt sogar dazu, dass sich viele Menschen gar nicht mehr eingestehen, dass sie sich überfordert oder getrieben fühlen. Ach das geht schon, wird dann die eigene Überforderung verharmlost und heruntergespielt. Umgekehrt gibt es auch die gebremsten Menschen. Wenn hochintelligente, begabte oder lebhafte Kinder immer von den Eltern und der Umgebung gebremst werden: »Das darfst du nicht, das kannst du nicht, was bildest du dir ein, glaubst du was Besseres zu sein?«, dann geben die Kinder möglicherweise den eigenen Lebensantrieb, die eigene Begeisterung auf und versuchen halbwegs dem gewünschten Leistungs- und Anforderungsniveau zu entsprechen. Und so marschieren viele Menschen in einem gebremsten oder gehetzten Mittelmaß durch das Leben. Eine Unehrlichkeit wird gelebt und breitet sich aus, nach dem Motto: »es geht doch« und »wir schaffen das«, auch wenn sich einige halb zu Tode schuften und andere sich zu Tode langweilen. Solange die Zahlen stimmen passt es. Wenn die Selbstmordraten nicht zunehmen, die Kriminalitätsstatistik keine größeren Ausschläge aufweist und das Bruttosozialprodukt die richtigen Zahlen zeigt, was kümmert uns da das Gefühle eines Individuums? So wird dieser Schein des »Es geht doch« aufrechterhalten. Oft wird sogar noch eins drauf gelegt, es geht noch mehr, statt G9 geht auch ein G8, statt drei Überstunden pro Woche gehen auch zehn. Statt in der Pflege drei Menschen in einer Stunde zu waschen gehen sicher auch vier, wenn die Arbeit von zwei Personen erledigt werden kann, schafft es vielleicht auch einer. Arbeitsverdichtung nennt man dieses Zauberwort, das Humankapital, sagt die Wirtschaft, muss ausgeschöpft werden. Wen wundert es, wenn Arbeitnehmer an Überforderung krank werden oder sich alle möglichen Formen der Arbeitsverweigerungen einfallen lassen. Aber nicht nur Arbeitnehmer sind gefährdet, die eigene Balance zu verlieren, viele Firmengründer oder Manager verlieren sich im Sumpf und der Berg- und Talfahrt des Aufgabenstresses, zu viele Ziele werden angepackt, zu schnelle Routinen führen zu fatalen Fehlern und Verlusten.

Kapitel 4c
Gefährdungsstress

Jeder Körper ist mit lebenserhaltenden Mechanismen ausgestattet, daher erlebt jedes Säugetier und jeder Mensch Angst vor lebensbedrohlichen Situationen. In einer gewissen Dosis ist diese Angst jedoch auch reizvoll. Wie geht es Ihnen, erleben Sie gern mal ein Abenteuer, den Reiz der Höhe, der Tiefe, die Lust, etwas sehr Schweres oder sehr Gewagtes zu erleben? Viele Menschen reisen in fremde Länder, zahlen Geld für Achterbahnfahrten, fürs Bungee-Jumping. Gefahren zu erleben ist In. Gefahren gibt es jedoch nicht nur in Freizeit und Abenteuer. Wir übersehen als Menschen schlichtweg Gefahren, im Privat- und im Arbeitsleben. Der Mann, der bei der Firmenfeier fremdgeht und im Moment gar nicht an die Folgen denkt, riskiert die Scheidung. Ganze Firmen riskieren den Einsatz von Geldern, gewagte Geschäfte oder auch illegale Machenschaften. Neben privatem und öffentlichem Leben und der Gefahren in der Arbeitswelt tragen die Menschen immer noch archaische Formen von Abenteuer und Naturkräfte in sich. Menschen wagen sich auf höchste Berge, in engste Schluchten und Höhlen. Im Sport werden extreme Leistungen gefordert, die moderne Mobilität ermöglicht es, Gegenden zu erreichen, die früher als unerreichbar galten. Der Mensch hat gelernt, extremste Formen von Hitze und Kälte, von Weite und Höhe zu beherrschen. Und es war nicht genug, die Menschen wollten mehr: Maschinen wurden erfunden, die Leistung wurde gesteigert und es werden weiter immer neue Grenzen überwunden. Hilfsmittel wie Mikroskope, Teleskope, Mikrophone und Megaphone erweitern die menschlichen Wahrnehmungsräume. Geräte für Mobilität ermöglichen die Überwindung räumlicher Grenzen und Technik, Biologie und Chemie erlauben es, die Naturgesetze zu überwinden. Gibt es überhaupt noch Grenzen im Höher, Schneller, Weiter? Wann sind bei Ihnen Grenzen erreicht? Wann setzen wir uns selbst und anderen Grenzen? Unsere Gefühle von Unwohlsein, von Überforderung und Unterforderung könnten das Signal sein, um Stopp zu sagen. Stopp, es wird zu viel, Stopp, es wird zu gefährlich. Wenn wir als Kinder lernen, unsere Gefühle nicht mehr zu achten, dann können wir auch später keine Grenzen spüren und gefährden uns dadurch. Jedes Auto braucht eine Bremse, damit es nicht zu schnell wird, wenn eine Kurve kommt. Erkennen und spüren wir die Kurven des Lebens noch? Spüren wir noch, wenn das Tempo zu schnell wird, die Entfernung zu weit, das Risiko zu groß ist? Wenn wir immer mehr verlernen, unsere Gefühle und Grenzen zu spüren, dann beginnen wir uns selbst und anderen zu gefährden und zu schaden.

Kapitel 4d

Stress durch Schaden

Stress entsteht oft auch durch Schaden, Krankheit, Verluste, Tod, oder Kündigung. Derartig plötzliche Ereignisse lösen oft eine enorme Hilflosigkeit aus. Wird in dieser Hilflosigkeit Hilfe verweigert oder ist von der Person nicht erlernt worden, dass man um Hilfe bitten kann, potenziert sich die Not: Existenzängste, Verzweiflung, Hoffnungslosigkeit sind die Folge. Nicht selten gesellen sich in dieser dunklen Stimmung Aggressionen oder andere selbstschädigende Verhaltensmuster dazu. Schaden entsteht durch Angriffe, das Wegnehmen von Eigentum, das Wegfallen von Lebenschancen, körperliche Verletzungen, Verluste, Tod, aber auch Rufschädigung und Rufmord. Auch wenn überall auf der Welt versucht wird Menschen vor Schäden zu bewahren, passieren diese Schädigungen immer wieder. Hatten Sie schon Erfahrungen mit Schaden, Verlusten, Gewalt? Weder Königreiche, noch Nationalstaaten, weder Familien noch Religionen waren bisher in der Lage, Schaden zu vermeiden, den Menschen erleiden oder einander zufügen. Stattdessen wird versucht, den Schaden im Nachhinein durch Verurteilung und Bestrafung wieder gut zu machen. Wurden Sie schon bestraft, verurteilt? Es ist interessant zu beobachten, dass es Menschen gibt, die wenig Schaden erleiden und selten in Schadensfälle verwickelt sind, bei anderen dagegen häufen sich negative Vorfälle. Zudem sind manche Situationen und manche Räume weniger anfällig für Gewalt und Schädigungen als andere. In den einzelnen Staaten lassen sich sehr unterschiedliche Kriminalitätsstatistiken feststellen. Es scheint also Möglichkeiten zu geben Schäden zu begrenzen. Warum ist es uns global so unwichtig,

Schäden zu vermeiden? Warum laufen wir blind allen möglichen Formen der Vergeltung nach, verfolgen die Möglichkeit, Schäden für teures Geld zu reparieren, statt Schäden in der Entstehung zu erkennen und zu verhindern? Warum schaffen wir es nicht achtsamer und wachsamer zu sein? Stumpfen wir ab gegenüber Schädigungen, werden Schäden als normal empfunden, unangenehme Gefühle werden ignoriert oder tapfer ausgehalten? Der Psychologe Martin Seligman nannte dieses Phänomen: Die erlernte Hilflosigkeit. Eine andere Form, Schäden und Gewalt zu verarbeiten ist das Risiko, neue Frustration und neue Schäden zu erleben. Betroffene Personen schildern ihre Erfahrungen mit dem Satz: »Alles Schlechte passiert immer mir.« Traumatisierung führt zur Schädigung der Hormone und Botenstoffe im Gehirn und sogar zur genetischen Veränderungen und Schädigung der Zellstrukturen. Nach Traumatisierungen breiten sich Gedankenmuster und Szenarien der Bedrohung aus und es werden ständig Strategien des Schutzes und der Abwehr geplant. Vor allem bei einer posttraumatischen Belastungsstörung tauchen immer wieder die traumatischen Bilder auf, die weder am Tag noch in der Nacht gesteuert werden können; durch Gerüche, Farben oder Erlebnisse werden die Erfahrungen immer wieder ins Bewusstsein geholt und erinnern an schreckliche Bilder und schmerzhafte Erfahrungen. In den Gefühlen machen sich Ängste, Unsicherheit und Aggressionen breit und der Selbstwert sinkt. Durch die Beobachtung der Unterschiede der gewaltsamen und der friedlichen Milieus lassen sich durchaus Bedingungen herausfiltern, die Gewalt vermehren und reduzieren können. Schaden kann auch Krankheit bedeuten, Verlust von Körperfunktionen, Tod, oder Kündigung. Derartig plötzliche Ereignisse lösen oft eine enorme Hilflosigkeit aus. Erstaunlich ist, dass im Gesundheitssystem kaum Gelder für Prävention und Erforschung von Krankheitsentstehung investiert werden, jedoch Unsummen investiert, um Krankheiten zu heilen. Wäre es nicht wesentlich effektiver und schöner, wenn wir Krankheiten verhindern, statt sie später mehr schlecht als recht zu heilen.

Jeder Schaden erzeugt auch Hilflosigkeit, diese Hilflosigkeit löst Sehnsüchte aus und irrationale Wünsche. In dieser Verwirrung der Unwägbarkeiten des Lebens suchen Menschen Heiler auf, sehnen sich nach mystischen, spirituellen, heilenden Zauberkräften, um wieder ein Stück Kontrolle zu finden, Kontrolle über die Ungewissheit des Lebens.

Kapitel 4e

Stress durch Gefühle und Wahrnehmung

In der Ungewissheit des Lebens lassen wir uns gerne von Intuition, Enthusiasmus, Sorge und Vorahnungen leiten. Die Psychologen Schachter und Singer konnten in einem Experiment feststellen, dass die körperliche Erregung, wenn Menschen Adrenalin injiziert wird, sowohl zu Gefühlen des Enthusiasmus und der Euphorie, als auch zu Gefühlen der Angst und Panik führen kann, je nach Umgebungsbedingung. Das Körpergefühl zeigt uns nur einen Erregung, die kognitive oder erdachte Interpretation dieser Erregung führt dazu, dass wir uns sicher wägen und ein Risiko eingehen oder dass wir uns an ängstliche Erfahrungen erinnern und vorsichtig werden. Durch diese Interpretation der Gefühle erscheinen Gefühle irrational. Gefühle sind jedoch auch unsere Seismographen: jede einzelne Erfahrung wird im Gehirn gespeichert und immer wieder neu mit bereits Erfahrenem verknüpft. Der erfahrene Bergsteiger spürt sehr genau, ob er sich diesen Aufstieg noch zutrauen kann, oder ob er eher umkehren soll. Sie meinen, wenn dieses Gefühlssystem funktionieren würde, würden keine Unfälle mehr passieren? Ja, vermutlich ist es so. Uns wurde jedoch die Fähigkeit, unseren Gefühlen zu vertrauen, abtrainiert. Wir haben verlernt auf unsere Gefühle zu hören. Deshalb können wir uns nur noch mit Kompass in der Prärie orientieren, deshalb brauchen wir alle möglichen Formen des industrialisierten Lebensstils um zu überleben. Wahrscheinlich wären wir ganz schön hilflos, wenn wir plötzlich wieder mehr in und von der Natur und ohne künstliche Intelligenz leben sollten. Wie oben bereits erwähnt, können Erregungen als Gefahren interpretiert oder als harmlos eingestuft werden. Stellen Sie sich vor, ein Kind wacht in der Nacht auf und entdeckt, dass der Schatten der Jacke wie der Wolf im Märchen aussieht, wahrscheinlich wird es sofort panische Angst erleben. Wenn Sie in der Nacht zu dem schreienden Kind gehen, das Licht einschalten und ihm zeigen, dass kein Wolf im Zimmer ist, lediglich der Schatten der Jacke, wird das Kind beruhigt weiterschlafen. Ähnliche »Phantomängste« gibt es auch bei Erwachsenen. Es gibt Menschen, die Angst haben zu verarmen, obwohl noch Millionen auf dem Konto sind. Andere sind ständig von Eifersucht geplagt, obwohl der Partner treu ist, wieder andere leiden an Krebsphobie, Verfolgungsgedanken. Gefühle können uns helfen, die Welt in einem rosa Licht zu sehen und Gefühle können uns trotz aktuell guter Umweltbedingungen, in ein Martyrium versetzten, wenn wir an frühere Traumata erinnert werden. Da wir nicht gelernt haben, mit Gefühlen umzugehen, sind wir diesen Gefühlen und der Tragweite der unbewussten Reaktionen relativ hilflos ausgeliefert.

»Wir haben verlernt auf
unsere Gefühle zu hören,
deshalb können wir uns
in der Prärie nur noch mit
Kompass orientieren.«

MACHT-SPIELE UND TRAUMA

Ausgrenzung von Gruppen

Menschen sind allein in der Natur kaum überlebensfähig. Deshalb ist eine der größten Urängste der Menschen allein zu sein, ohne Bezugsgruppe zu leben. Es wird nahezu alles für die Gruppe getan um den Schmerz, die Scham oder die Schande der Ausgrenzung nicht zu erleben. Menschen begehen Verbrechen, betrügen und lügen, verleugnen ihre Gefühle, um nicht aus der Gruppe verstoßen zu werden. Sie glauben das nicht? Warum glauben Sie, bleiben Personen in Gruppen, in denen ihre Rechte mit Füßen getreten werden, in denen Sie gefangen oder verletzt und getötet werden oder morden müssen? Warum trauen sich Sektenanhänger nicht auszusteigen, warum desertieren Soldaten in Kriegen nicht? Viele Gruppen arbeiten mit Methoden der Angst, der Beschämung und der Strafe, um die Gruppenmitglieder in ihrer Norm zu halten.

Die erste Bezugsgruppe der Menschen ist die Familie, die Nachbarschaft, Verwandtschaft, später Kindergarten und Schule. All diese Gruppen üben einen großen Einfluss auf die einzelnen Individuen aus, ermöglichen Zugehörigkeits- und Ablehnungserfahrungen und prägen Denken, Handeln und Erleben der Gruppenmitglieder nachhaltig. In welchen Gruppen fühlen Sie sich integriert, in welcher ausgestoßen? Fühlen Sie sich wohl in Ihrer Bezugsgruppe und verstehen Sie sich gut mit den einzelnen Mitgliedern?

Es gibt Personen, die sich in ihrer Bezugsgruppe sehr wohl fühlen, die sehr gut in die Gruppe passen und es gibt andere, die erleben ihre

Gruppe eher als Schicksalsgemeinschaft und haben das Gefühl sich anpassen zu müssen, und es gibt die Menschen, die Gruppen fürchten, sich distanzieren von der Gruppe, sie möchten lieber Individualität leben und erleben. Personen, die individueller geprägt sind, erleben sich weniger abhängig und es fällt ihnen wesentlich leichter, eine Bezugsgruppe zu verlassen, sie können sich leichter distanzierten und sind eher in der Lage, Bezugsgruppen zu wechseln oder eigene Gruppen zu gründen. Durch den Weggang einzelner Mitglieder oder das Dazukommen neuer Mitglieder müssen sich Gruppen immer wieder neu formieren oder sich mehr anpassen. Rigide und sehr konforme Gruppen dulden es nicht, wenn Mitglieder anders denken als der eng gesteckte Gruppenzweck es erlaubt. Kennen Sie das? Familien, in denen alles so laufen muss wie einer diktiert, oder von Diktatur geprägte Arbeitsgruppen, in denen sich jeder fürchtet, seine Wünsche zu äußern? Sie glauben, dass es das heute in Demokratien nicht mehr gibt? Dann gehen Sie in Gefängnisse, fragen Sie Kranke oder Pflegekräfte, Reinigungskräfte, LKW-Fahrer, Austräger, Menschen in Niedriglohnjobs, ... und erst Recht im Schattenbereichen der Gesellschaft im Sex-Geschäft, Pornofilmbereich, Zwangsprostituierte, Pädophilenmilieu und dem Dark Net-Bereich, dort tummeln sich Gruppen, denen niemand gern in der Realität begegnet, die sich jedoch hervorragend eignen um interessante spannende Krimis daraus zu machen. Krimis, die von Fernsehanstalten gezeigt werden, um Menschen interessante Abende zu ermöglichen, nachdem sie sich den ganzen Tag in öden Jobs herumgeschlagen haben. Sie meinen es müsste sich niemand vor den Fernseher setzen, niemand in solchen Gruppen aufhalten? Ganz so einfach ist es nicht! Ein Kind, das gelernt hat, dass allabendliches Fernsehen »normal« ist, wird geneigt sein selbst wieder jeden Abend fernzusehen. Und versetzen Sie sich mal in die Lage eines Kindes, das nicht der Ober- oder Mittelschicht angehört, ein Kind, das von Geburt an zu den Abgehängten der Gesellschaft zählt. Zum Beispiel ein Kind von obdachlosen, kriminellen oder drogenabhängigen Eltern: wie soll dieses Kind eine erfolgreiche Karriere in einem angesehenen Business starten? Ich befürchte, diese Kinder werden es schon in der Schule sehr schwer haben, wenn Sie überhaupt, die Möglichkeit erhalten, regelmäßig eine Schule zu besuchen. Vielleicht haben Sie das Gefühl, das ist nicht Ihr Problem, da soll sich die Politik darum kümmern. Natürlich wäre es schön, wenn alle Probleme für uns gelöst würden und es bleibt selbstverständlich Ihnen überlassen, ob Sie sich für Problembereiche der Gesellschaft interessieren und engagieren möchten oder nicht. Vielleicht liegt genau hier unser aller Problem! Es gibt Bereiche in unserer Gesellschaft, für die wir kollektiv kein Geld investieren wollen, Bereiche, wo alle gerne wegschauen. Die verlorenen, vernachlässigten und misshandelten Kinder von heute sind gefährdet, jene Erwachsenen von Morgen zu werden, die ins Drogenmilieu rutschen und Dealer oder Abhängige werden. Diese gefährdeten Kinder und Jugendlichen werden von Sekten und kriminellem Organisationen rekrutiert, sie sind leicht manipulierbar für kriminelle Machenschaften, instrumentalisierbar für Selbstmordattentate und verführbar für illegale Bereiche, in denen schnell und ohne jede Moral Geld verdient und gewaschen werden kann. Stellen Sie sich vor, ein Kind mit so einer Biographie würde es wagen, sich in einem seriösen Business zu bewerben, wahrscheinlich scheitert dieses Kind schon daran, die Bewerbung zu formulieren, abgesehen davon, dass es wahrscheinlich keine Schulabschlüsse vorweisen kann. Das Integrieren in eine Gruppe außerhalb der Herkunftsgruppe ist nicht leicht und ohne Hilfe von außen kaum möglich. Es geht für den Einzelnen nicht nur darum, welche Stellung, welchen Status eine Gruppe in der Gesellschaft aufweist, es geht vor allem darum, ob ein Mensch sich in seiner Bezugsgruppe wohl und angenommen fühlen kann. Geht Ihnen das auch so? Was würden Sie machen, wenn Ihre Bezugsgruppe morgen beschließen würde: Dich mögen wir nicht mehr bei uns haben? Oder wenn ihre Bezugsgruppe durch Unfall, Krieg oder Gewalt zerstört wäre? Wo würden Sie Zuflucht suchen und finden?

Wollen wir flüchtende Menschen integrieren, Gestrandete rehabilitieren, Kranke und Menschen mit Behinderungen in Organisationen eingliedern? Dann verlangen wir von Ihnen nahezu das Gleiche wie wir von Personen verlangen, die keine Integrationsmöglichkeiten in Familien und Gesellschaft hatten. Sind wir so unsensibel, dass wir nicht spüren, dass Menschen mehr als Wasser, Brot und Arbeit brauchen? Obwohl wir Menschen unterschiedliche Prägungen aufweisen, unterschiedliche genetische Voraussetzungen haben, ganz andere Belastungen tragen können, organisieren wir Gruppen, Arbeitsgruppen, Schulklassen und Gesellschaften, so als könnte sich jeder ganz einfach integrieren, als wären wir alle gleich. Gruppen haben die Tendenz, Macht auszuüben und manchen Personen gelingt es in Gruppen, Macht zu gewinnen. Durch dieses Machtgeklüngel in Gruppen gibt es immer wieder Personen, die in Gruppen Ablehnungs- und Ausgrenzungserfahrungen erleben. All diese Erfahrungen und Erlebnisse mit Gruppen prägen die menschlichen Gefühle nachhaltig. Als Kind vermittelt die Familie im Idealfall Geborgenheit und Sicherheit, ab dem Jugendalter können Jugendliche selbst entscheiden und lernen, welchen Gruppen sie sich anschließen möchten; sie können feststellen, welche Chancen sie haben, in eine Gruppe aufgenommen zu werden. Kinder und Jugendliche suchen Gruppen, die zu ihren Interessen, Möglichkeiten und Fähigkeiten passen. Ein Kind kann in der Familie oder der ersten Bezugsgruppe (z.B. im Kinderheim) schon sehr schlechte Erfahrungen machen, idealerweise findet es später eine passendere Bezugsgruppe, möglicherweise hat es auch lebenslang Probleme, sich in eine Gruppe zu integrieren. Solange die Integration in die jeweilige Bezugsgruppe gut verläuft und positiv erlebt wird, gibt es scheinbar wenige Probleme. Diese Gruppengesetze gelten für alle, auch für Kriminelle und Drogengruppen. Fälschlicherweise nehmen Außenstehende an, es wäre für Betroffene aus kriminellen Gruppen leicht, aus Familien oder Beziehungen auszusteigen: Dabei wird der Schmerz der Ausgrenzung völlig übersehen und die Herausforderung und Unsicherheit von einer anderen Gruppe möglicherweise auch nicht aufgenommen zu werden. Vor allem der Schmerz der Ablehnung und die Angst vor Ausgrenzung hält Drogenabhängige und Kriminelle in ihren destruktiven Gruppen. Unterschätzt wird außerdem, wie eng verbunden und konflikthaft verstrickt die Mitglieder von Gruppen sind– durch Mitwisserschaft, durch Loyalität und korrupte Seilschaften. Irrationale Gruppenphänomene betreffen alle Menschen, sie wirken in jedem Milieu, in allen herkömmlichen Schichten, in Verflechtungen von Justiz, Politik und Wirtschaft, in kriminellen Kreisen und in der Wirtschaftskriminalität. Es gibt Gruppen, die über wenig Schutzmöglichkeiten verfügen und sich deshalb wenig Verfehlungen leisten können, andere können sich durch Freikäufe, Immunität oder hochrangige Positionen und Beziehungen vor Zugriffen und Verfolgung schützen.

Gruppen haben bei aller Ähnlichkeit ganz unterschiedliche Regeln, Erwartungen und Rituale je nach Funktion der Gruppen. Gruppen können konstruktive Funktionen übernehmen, wie Hilfs- und Dienstleistungen, aber auch destruktive zerstörende Funktionen ausüben. Es gibt staatlich legitimierte destruktive Gruppen zum Beispiel Soldatengruppen, die in den Krieg ziehen, Guerilla-Kämpfer, die von Staaten unterstützt werden, oder Agentengruppen, die andere Gruppen ausspähen um Kriegshandlungen zu rechtfertigen. Während diese staatlich legitimierte Destruktion von den Beteiligten, der Politik und dem Volk legitimiert ist, gibt es andere Formen der Destruktivität, die staatlich verfolgt werden: Verbrechergruppen, die sich Vergünstigungen rauben, andere Personen oder Gruppen schädigen, Terroristen und Revolutionäre, die mit der Politik nicht einverstanden sind und glauben, Probleme mit Gewalt lösen zu können. Die Regeln, die sich in den einzelnen Gruppen und Staaten bezüglich des Zusammenlebens der Gruppen entwickelt haben, sind vielfältig, teilweise sinnvoll, aber auch fragwürdig, absurd und auch brandgefährlich. Da viele Personen in ihrer Abhängigkeit nicht das Gefühl haben, ihre Bezugsgruppen wählen oder verändern zu können, existieren kriminelle Gruppen oder Untergruppen mitten unter uns, ungeachtet der gesellschaftlichen Kontrolle. Viele dieser Gruppen geraten nie in den Fokus der Ermittlungen und geben ihre Destruktivität ohne Probleme weiter.

Kriege und Belagerungen

Kriege sind zugleich Ursachen und Folgen von Gewalt und Trauma. Umso erstaunlicher, dass die Menschheit bis heute derartig schädliche und selbstschädigende Verhaltensweisen aufrechterhält. Kriege scheinen trotz aller Destruktivität einem Muster und einem Nutzen zu folgen, welche rational kaum nachvollziehbar sind, irrational und emotional jedoch extrem wirksam sind. Kriege können nicht rational, sondern nur irrational erklärt werden, auch wenn sie längst in höchstem Maße rational vorbereitet, strategisch und rational geplant werden, rational argumentiert und sehr systematisch durchgeführt werden. Welcher Politiker, Industrielle, Kriegsstratege oder Soldat würde sich als irrational Handelnder verstehen, wenn zum Kriegs-Halali geblasen wird? Sie alle glauben, im höchsten Maße vernunftorientiert, logisch überlegt und klug zu handeln. Schäden werden erst nach dem Krieg sichtbar, nach dem »Fog Of War«, wie es die Experten nennen. Erst wenn der Nebel des Krieges sich lichtet, wird klarer, was geschehen ist, was alles zerstört ist, wer noch lebt, wer verkrüppelt weiterlebt... Oft können die Folgen eines Krieges erst von der nächsten Generation als Fehler eingestuft und erst in der Geschichte als unnötige, unheil- bringende Handlungen eingereiht werden. Selbst wenn einige Sieger nach Kriegen feiern, für die meisten Beteiligten und Betroffen bleiben Kriege ein großer Verlust. In der Situation der Kriegsplanung, der Konflikteskalation, der Vorbereitung und des Zwanges der Vergeltung nach Erstaggressionen, scheint es natürlich und angemessen, den Konflikt und die Eskalationsspirale zu verschärfen. Kennen Sie diese Formen der sich aufschaukelnden Konflikte? Aufschaukelnde Konflikte führen nicht nur zu Kriegen, sondern auch zu Erbschaftsstreitigkeiten, Familienfehden, Ehekrisen, Generationenkonflikten, Missbrauch, Verrat, Verleumdung... Warum finden die Menschen nicht den Ausschaltknopf für diesen destruktiven Mechanismus? Wenn Sie die Nachrichten und Medienberichte beachten, sehen und hören Sie sehr deutlich, wie sich die Konflikte aufschaukeln; der Bevölkerung wird die Notwendigkeit der Kriege in den drastischsten Farben verdeutlicht. Es entsteht der Eindruck, wenn wir uns jetzt nicht wehren oder angreifen, dann verlieren wir die Existenz. Haben Sie die Kriegsberichterstattungen der letzten Jahrzehnte verfolgt? Wie viele Kriege wurden argumentiert mit unbekannten Phänomenen, mit Falschaussagen, gezielten Desinformationen, Verrat und Lügen. Wenn Kinder so handeln, dann sagen wir, sie dürfen sich nicht so ungezogen verhalten. Es sind im Kriegsfall jedoch keine Kinder, die sich irrational verhalten, sondern Erwachsene. Erwachsene, vor denen die meisten Menschen sehr viel Respekt haben; Erwachsene, die zu Landesvertretern gewählt wurden, treffen solche irrationalen Entscheidungen. Das Volk ist meist sehr schnell einverstanden mit kriegerischen Interventionen, wenn genügend Menschen die Angst empfinden, dass sie in Gefahr geraten könnten. Und dann ist ja neben der Angst noch ein weiteres Gefühl, das die Kriegshysterie und die Lust am Krieg anregt – die Wut und der Hass, das Gefühl sich rächen zu müssen, die Impulsivität, sofort auf eine Unverschämtheit zu reagieren, alles sehr menschliche Phänomene. Wir kennen das alle, wenn unsere Gefühle durch andere verletzt werden, wenn uns andere öffentlich abwerten und beleidigen, dann sind wir verletzt, wir ziehen uns zurück oder schlagen zurück, verletzen ebenfalls, bestrafen den anderen. Haben Sie schon mal beachtet wie sich Politiker und Verantwortungsträger in den Medien tagtäglich gegenseitig beleidigen und abwerten? Da schont keiner den anderen im Gerangel um Macht, es werden Intrigen aufgedeckt, Affären veröffentlicht und die Medien ergötzen sich daran, wieder neue Schlagzeilen zu finden und neue Sündenfälle in die Arena der öffentlichen Schlammschlacht zu tragen. Es ist jedoch nicht nur ein Krieg, der zwischen den Staaten geführt wird, es finden täglich zwischenmenschliche Kriege zwischen den Reichen und den Armen statt, zwischen den Gebildeten und den Ungebildeten, zwischen den Starken und den Schwachen, zwischen Jung und Alt, zwischen den Kulturen und Nachbarschaften, zwischen Männern und Frauen, zwischen Arbeitgeber und Arbeitnehmer. Wir haben uns an diese Kriege gewöhnt, sie sind zur Normalität geworden. Viele Menschen leben von diesen Kriegen: Gerichte, Soldaten, Militärs, Waffenhersteller, Anwälte, Gefängnisse, Gewerkschaften, Politiker und alle medizinischen Berufe. Wenn wir das so betrachten, dann können wir den Kriegen ja fast dankbar sein, dass sie so einen großen Wirtschaftsfaktor darstellen, so viele Arbeitsplätze schaffen. Der Wirtschaftsbereich der Destruktivität floriert, wie kaum ein anderer. Hauptsache, die Zahlen stimmen und die Geldmaschine läuft. Fragt da noch einer nach dem Leid der Betroffenen? Es werden Einsätze angeordnet, die Piloten fliegen und werfen ihre Bomben ab, die Soldaten kämpfen, die Häuser brennen und werden zerstört, die Kinder weinen und sterben, Frauen werden vergewaltigt, Soldaten sterben, viele Menschen fliehen und der Kreislauf von Angst

und Terror setzt sich weiter fort, wieder verletzte Gefühle, wieder neue Argumente das Misstrauen voreinander zu schüren. Sie meinen, so schlimm ist es doch nicht, zumindest nicht bei uns? Wirklich nicht? Kommen nicht die ganzen Kriege über die Umwege von Flucht, Armut, Traumatisierung und Terror auch bei uns an? Und beginnen sich nicht auch hier die Menschen zu mobilisieren: Die Einheimischen gegen die Fremden, die Friedlichen gegen die Aggressiven, die Linken gegen die Rechten, die Nationalisten gegen die Liberalen, die Kapitalisten gegen die Kommunisten, die einen Fremden gegen die anderen Fremden... Es erscheint uns schon normal, dass wir all diese Kriege führen, dass wir gar nicht daran denken, diese Übel zu hinterfragen. Keine Krankheit der Welt tötet so viele Menschen wie die Gewalt. Gewalt wird dennoch nicht als Krankheit klassifiziert. Manfed Lütz hat diesen Gedankensprung in seinem Buch »Irre wir behandeln die Falschen, unser Problem sind die Normalen« gewagt.

Die Mitspieler sind die Normalen bei den Kriegen. Die Kriege brauchen viele Mitspieler, auch schon in Friedenszeiten, wenn Waffen angefertigt und Soldaten ausgebildet, wenn Waffen verkauft, geliefert und exportiert werden. Wenn den Kindern in der Schule und im Geschichtsunterricht Krieg als normaler Vorgang vermittelt wird, wenn neue Formen der Grausamkeit und Gewalt toleriert und erfunden werden und sich über Medien und Computerspiele ausbreiten, dann scheint das für viele nicht bedrohlich. Bei vielen Menschen muss die Bombe erst ins eigene Terrain fallen, damit sie sich gestört fühlen. Sie meinen, es wäre eine Utopie, daran zu glauben, wir bräuchten keine Kriege mehr? Sehen Sie, wie gefangen Sie selbst im Machtspiel sind? Das Machtspiel hypnotisiert die Menschen, an die Funktion dieses Spiels zu glauben. Das Machtspiel lähmt die Menschen auszusteigen, selbst in größter Destruktion bleiben viele den vernichtenden Spielen treu. Das Machtspiel bietet eine Faszination, eine Gemeinschaft, die gegen andere kämpft, eine Legitimation, um mit gutem Gefühl Böses zu tun. Bitte verstehen Sie mich nicht falsch, ich möchte niemanden verurteilen, der in die Fänge des Machtspiels geraten ist, was mich jedoch sehr freut, wenn immer mehr Menschen den Wunsch verspüren, aus dem Dilemma auszusteigen. Je weniger Menschen dieses Machtspiel mitspielen, desto uninteressanter und wirkungsloser wird es. Kriege können als irrationale Wahnvorstellung der Wirklichkeit angesehen werden. Ein transgenerational weitergegebenes Phänomen, das jeder Logik entbehrt, jedoch Gefühle verarbeitet, bedient und traumatisiert.

»Das Machtspiel bietet eine Faszination, eine Gemeinschaft, die gegen andere kämpft, eine Legitimation, um mit gutem Gefühl Böses zu tun.«

Machtspiele von kriminellen Vereinigungen

Ganz besonders makaber äußern sich die Machtspiele krimineller Vereinigungen. Das weitverbreitete Vorurteil ist dabei, dass kriminelle Vereinigungen sich in den Schattenwelten der Gesellschaft und im unteren Milieu der ärmeren Bevölkerungsschichten aufhalten, versteckt und unscheinbar. Richtiger ist viel mehr, dass es einigen Gruppen in der Gesellschaft gelingt, ihre korrupten, kriminellen und menschenverachtenden Geschäfte an den Gesetzen und den Hütern der Gesetze vorbei zu mogeln, geschickt und mit hoher krimineller Energie. Da viele dieser Gruppen und einzelnen Personen einen erheblichen Einfluss in der Gesellschaft gewinnen konnten, in Kulturen und Religionen Ansehen genießen und in einem perfiden Netzwerk geschützt werden, gelingt es nur sehr schwer, diese Intrigen und Machtspiele zu durchschauen und aufzudecken. Findige Journalisten, mutige Kriminalbeamte und einige Whistleblower haben in den letzten Jahren verschiedene Skandale aufgedeckt, die sich gut versteckt unter dem Deck- und Schutzmantel legaler Organisationen entwickeln konnten: Steuerskandale, Wirtschaftsbetrügereien, Zwangsprostitution, Umweltvergehen, Kindermissbrauch, Datenklau, um nur einige Beispiele zu nennen. Gerade kriminelle Vereinigungen, die sich hinter Politik, Wirtschaft, Religion, Kultur und Nationalstaaten verstecken können sind nur sehr schwer angreifbar und nachweisbar. Den Opfern dieser Machtspiele ist es oft nicht möglich ihre Rechte einzuklagen oder Anzeige zu erstatten, sie können den Schaden, der ihnen passiert ist, oft nicht belegen oder sind eingeschüchtert durch Drohkulissen dieser kriminellen Machthaber. Den Opfern wird nicht geglaubt, sie werden bedroht, erniedrigt und beschämt. So sitzen weltweit Menschen in Gefängnissen oder wurden ermordet, die kriminelle Vereinigungen aufdecken und zerschlagen wollten. Amnesty International, Menschenrechtsorganisationen, Journalisten und Umweltorganisationen berichten regelmäßig von Missständen und den Opfern solcher Vorfälle weltweit. Was man in kleineren Gruppen als bossing bezeichnet, eine Ausgrenzung, die vom Chef mitgetragen wird, passiert hier auf höchster kollektiver Ebene. Sicher haben Sie schon Sprichwörter gehört wie »Der Fisch stinkt vom Kopf her« oder »Es werden immer nur die kleinen Fische gefangen, die Drahtzieher bleiben unerkannt«. Warum ist es möglich, dass sich gerade in gehobenen gesellschaftlichen Kreisen unerkannt Kriminalität entwickeln kann? Machtspiele beginnen zum einen im Kleinen, zuerst ein kleiner Drogendeal, ein einzelner Kindesmissbrauch, einfache Scheinverträge, unauffällige Datendiebstähle, kleinere Umweltskandale. Jeder Mensch und auch jeder Politiker, Firmenchef, jede Führungspersönlichkeit möchte mit sauberer Weste gesehen werden. Deshalb werden diese Vergehen den obersten Führungskräften entweder nicht gemeldet, oder es traut sich niemand, eine hochrangige Person mit viel Macht und Ansehen und wenigen Beweisen anzuklagen. Zudem haben statushöhere Personen meist wesentlich bessere Mittel statusniedrigere zu beobachten und ihnen Vergehen zu unterstellen. Ist man über die ersten Hürden der Mitwisserschaft und Intrigen in die Netzwerke der kriminellen Vereinigung hineingeraten, ist es oft schwer, wieder einen Weg zurück zu finden. Die Abhängigkeit, durch geteilte Geheimnisse und die Gefahr, selbst mit einer kriminellen Vereinigung in Kontakt gebracht zu werden, ist zu gefährlich. Um wenigstens die eigene Haut zu retten und den guten Ruf, wird eine kriminelle Geschichte vertuscht.

Machtspiel der Geheimdienste und Agenten

Haben sie schon mal James Bond angeschaut? Faszinierend, wie Detektive, Agenten und Geheimdienste Verbrecherkreise entlarven, finden Sie nicht? Was in den Filmen so attraktiv aussieht, ist in der Wirklichkeit oft ein dunkles Geschäft. Feindbilder der politischen Gegner werden kultiviert, Tatsachen so dargestellt, dass dem Feind Schuld angelastet werden kann. Staaten und Systeme spähen sich gegenseitig aus, täuschen sich wechselseitig. Die jeweiligen Interessen der politischen Gegner werden so geschickt dargestellt, dass Kriege geführt werden, neue Feindbilder erschaffen werden können. Kriege, die bei der Bevölkerung keine Zustimmung finden würden, werden so im Meinungsbild der Öffentlichkeit legitimiert, und wer in den Fokus von Geheimdiensten gerät, hat meist nicht viel zu lachen: Landesverrat, Terrorismusverdacht, Folter, Abschiebung in andere Länder, in die Psychiatrie oder in Gefängnisse, ohne dass der Betroffene sich wehren kann. Je machtorientierter ein System sich behaupten kann, desto perfider sind die Praktiken der Geheimdienste. Aus der Geschichte wissen wir, dass in Diktaturen Regimekritiker massenweise verschwunden sind, inhaftiert wurden. Auch heute noch arbeiten Diktaturen mit diesen Methoden, um eine Opposition zu verhindern. Falls Sie das Thema interessiert, besuchen Sie mal das »Deutsche Spionagemuseum Berlin«, dort wird gezeigt, wie Geheimdienste früher und heute noch arbeiten.

Individuell /

Kapitel 5

GEWOHN-HEIT UND VERÄN-DERUNG

Tagesstruktur

Die Tagesstruktur der Gesellschaft ist durch feste Tageszeiten des öffentlichen Lebens vorstrukturiert: Schulbeginn, Dienstbeginn, Essenszeiten... der Rhythmus wird vom gesellschaftlichen Leben vorgegeben und steht oft in Konflikt zum Biorhythmus der Natur. Wir wissen, dass Menschen und Tiere in unterschiedlichen biologischen Rhythmen leben. Die Menschen der westlichen Industrienationen haben sich daran gewöhnt, nicht mehr auf biologische Bedürfnisse zu achten. Sicher kommt Ihnen das bekannt vor: Sie sind »hundemüde«, müssen aber noch zahlreiche Aufgaben erledigen. Was machen Sie dann? Funktionieren oder achten Sie auf die eigenen inneren Bedürfnisse? Entscheiden Sie sich dauerhaft für das Unterdrücken der eigenen Müdigkeit, sind Sie auf dem besten Wege, Schlafstörungen und andere Krankheiten zu entwickeln. Entscheiden Sie sich jedoch häufig dazu, die biologischen Bedürfnisse zu beachten, werden Sie schnell als arbeitsunwillig eingestuft, erhalten schlechte Arbeitszeugnisse und werden nur schwer Erfolg haben. Selbstständige können teilweise den Tagesablauf selbst gestalten, nichtsdestotrotz führen die zahlreiche Verpflichtungen in der Selbstständigkeit und die geringe Sicherheit zu einer so hohen Arbeitsbelastung, dass biologische Bedürfnisse oft gar nicht mehr wahrgenommen werden. Auch Beziehungen sind geprägt von dem Konflikt der Rhythmen des täglichen Lebens. Der Frühaufsteher möchte am Wochenende früh aufstehen, während es der Spätaufsteher gemütlich angehen möchte. Die Planung von Wochenendausflügen wird dadurch nicht gerade einfach. Gerade anfällige und belastete Personen sind sehr empfindlich, wenn der eigene Biorhythmus nicht mit der gesellschaftlich geforderten Taktung der Arbeit zusammen passt. In der Arbeitswelt wurde in einigen Bereichen, z.B. im Schichtdienst, schon Verbesserungen erreicht, die gesundheitliche Belastung der Arbeit konnte dadurch reduziert werden. Der Schichtdienst wurde so verändert, dass die Folgen für den Organismus nicht mehr so belastend sind. Zudem können sich ältere Mitarbeiter und Mitarbeiter, die chronisch krank sind, vom Schichtdienst befreien lassen. Auch flexiblere Arbeitszeiten führen dazu, dass Mitarbeiter mehr Gestaltungsmöglichkeit von Arbeit und Freizeit haben. Wir wissen heute, dass es für das Immunsystem wichtig ist Vitamin D aufzunehmen. Vitamin D wird durch den Kontakt der Haut mit Sonnenlicht gebildet. Sind Personen, vor allem im Winter, tagsüber den ganzen Tag in der Arbeit, gehen sie am Morgen bei Dunkelheit außer Haus und kommen am Abend bei Dunkelheit zurück, dann erhalten sie kein Sonnenlicht. Nicht nur unpassender Biorhythmus und Lichtmangel machen das tägliche Leben anstrengend. Haben Sie sich in den Stoßzeiten schon durch Innenstädte gedrängt? Es ist manchmal ein wahres Abenteuer, rechtzeitig die Arbeit zu erreichen und unbeschadet wieder heimzukommen. Das Theater der Machtspiele im Tagesverlauf beginnt schon am Morgen. In den meisten Familien beginnt der Kampf damit: wer kann als erster ins Bad, wer frühstückt was, haben die Kinder alle Schulsachen, sind die Kleider in Ordnung, cool genug, stimmt die Marke um angesehen zu sein? Die morgendlichen Absprachen finden nicht selten in genervter Atmosphäre statt. Wenn dann endlich alle nach dem morgendlichen häuslichen Gerangel außer Haus sind, beginnt das Machtspiel der Öffentlichkeit. Das alltägliche Gerangel im Verkehr, die Fahrer sind gestresst, genervt, wechseln abenteuerlich die Spuren, Hupen, drängeln, schimpfen... Geschwindigkeitsbegrenzungen lassen sich anordnen und messen, die Wertvorstellung der Autofahrer weniger. Im Verkehr sind sehr unterschiedlich versierte Autofahrer mit unterschiedlichsten Fahrstilen unterwegs. In den öffentlichen Verkehrsmitteln drängeln sich die Fahrgäste mit befremdlichen Gerüchen aneinander, Husten, Niesen... Es ist ziemlich ungemütlich in den Stoßzeiten so dicht gedrängt zu stehen, eine Nähe zu fremden Menschen, die nicht einfach ist. Vorurteile, Interpretationen, Fremdenfeindlichkeit und Feindseligkeit verstärken das Problem. Seit den Anschlägen in U-Bahnen, Gewalt in Zügen und Terror in den Bahnhöfen sind die Fahrgäste zusätzlich misstrauisch geworden. Die Menschen mustern einander teilweise skeptisch. Stress beginnt somit nicht erst in der Arbeit, die meisten Menschen kommen bereits gestresst in die Arbeit, die Kinder gestresst in die Schule. Entspannung ist jedoch auch jetzt nicht in Sicht. Es muss viel geleistet, hart gearbeitet werden, dass Bruttosozialprodukt, Steuern, Verkaufszahlen, Börsenbilanzen, Pisa-Werte, Noten, Beurteilungen stimmen. Und abends nach der Arbeit - wenn es ein »nach der Arbeit« gibt - beginnt der Freizeitstress: Einkauf, Kochen, Haushalt, Hobby, Disco, Sport, Konzerte, Fortbildungen, Elternabende, Kino, Einladungen, Krimi und Alkohol zur Entspannung...

Wen wundert, dass der erholsame Schlaf sich nach solchen Tagen nicht einstellt. So mancher Albtraum des Tages verfolgt Kinder und Erwachsenen auch nachts. Was ist, wenn diese sehr anstrengenden Tage zusätzlich durch Krankheit, Alter, Schicksalsschläge, finanzielle Belastungen, Todesfälle, Unfälle belastet werden?

Kapitel 5b

Lebenslauf

In den 8oer Jahren gab es eine Theorie des Soziologen Martin Kohli, die eine normierte Dreiteilung des Lebenslaufs in westlichen Industrienationen beschreibt: Schule, Beruf, Rente. Dieser normierte Lebenslauf ergibt sich durch die gesellschaftlichen Bedingungen und die Institutionalisierung von Bildung und Arbeit: Schulpflicht, Arbeitsleben und Rentenleistungen. Längst kann von dieser Vereinheitlichung als Norm nicht mehr ausgegangen werden. Die Bildungssysteme sind durchlässiger geworden und Fort- und Weiterbildung geht weit über die schulische Bildung hinaus. Firmen bieten häufig nicht mehr die dauerhaften Arbeitsplätze, die Arbeitsanforderungen verändern sich rascher. Überforderungen in der Arbeitswelt führen zum Rückzug aus manchen Berufen z.B. werden Pflegekräfte nicht mehr ausreichend wertgeschätzt, mit zu viel Arbeit überhäuft und schlecht bezahlt dann suchen sich Pflegekräfte eine Arbeit mit besseren Bedingungen. Die zahlreichen Möglichkeiten und Angebote lebenslanger Bildung ermutigen Menschen, sich weiter zu qualifizieren, eine höhere Karriere anzustreben und sich beruflich zu verändern. Umzüge von Firmen, Firmenpleiten, Übernahmen, Umstrukturierungen von Betrieben, internationale Vernetzung der Betriebe, Veränderungen der Organisationen in Teilbereichen der Unternehmen führen zu einem veränderten Bedarf an Arbeitskräften, zu Entlassungen und Neueinstellungen von anders qualifizierten Mitarbeitern. Welche Veränderungen erleben Sie in Ihrem Lebenslauf, die Sie nicht geplant hatten? Hatten Sie früher andere Vorstellungen von ihrem Leben als heute? Nicht nur die Verwerfungen in der Arbeitswelt und die Einführung von neuen Technologien führen zu Veränderungen des persönlichen Lebens, auch Heirat, Krankheit, Familiengründung, Moden, Freunde, Konflikte und eigene Wünsche führen dazu, dass sich Lebensläufe heute weniger ähneln, als es früher noch der Fall war. Jede Biographie ist letztlich auch eine sehr individuelle Biographie, selbst wenn Biographien durch normierte Bedingungen der Gesellschaft geprägt werden. Das Leben lässt sich nicht einzwängen in Formen und Gesetze, in Vorstellungen, Religionen und Nationalstaaten. Es kommt trotz staatlicher, religiöser Normierungen oder kulturellen Verboten zu Heiraten und Liebschaften von Menschen aus unterschiedlichen Religionen und Nationalitäten. Kriege und Konflikte führen Menschen auseinander und andere wieder zusammen. Grenzen werden überwunden und Gesetzte übertreten. Erfindungen verändern und prägen die Lebensläufe ebenso wie die wachsende Mobilität und internationale Beziehungen. Plötzlich ergeben sich Kontakte, Freundschaften, Verbindungen und Errungenschaften, die vorher nicht denkbar waren, wie zum Beispiel nach dem Fall der Berliner Mauer. Wer glaubt, die eigene Biographie oder die Geschichte von Staaten und Organisationen aus dem jetzt Vorhersehbaren planen zu können, irrt gewaltig. Wir können Weichen stellen und versuchen, dass der Zug des Lebens uns dort hinbringt, wo wir hin wollen, aber ob wir wirklich dort ankommen, da spielen zusätzlich noch viele andere Faktoren eine Rolle. Trotz aller Gesundheitsvorsorge und Unfallverhütung haben wir keine absolute Kontrolle, ob wir gesund bleiben. Trotz Fleiß, Tüchtigkeit und Freundlichkeit haben wir keine Garantie, dass wir die Arbeit, die wir heute machen, auch morgen noch leisten werden. Und wenn wir uns noch so sehr um Beziehungen bemühen, haben wir doch keinen Einfluss, darauf, dass der andere unsere Bemühungen auch erkennen und schätzen kann und dieses Bemühen vielleicht ganz anders interpretiert. Und auch wenn wir ein ethisch korrektes Leben anstreben, werden wir Zwangslagen und Fehleinschätzungen erleben und Fehler machen, unvorsichtig sein, oder gute Chancen nicht nützen. All das bedeutet Leben. Und zusätzlich sind wir auch heute, trotz aller Aufklärung, noch der Destruktivität von menschlichen Machtspielen ausgesetzt. Wir können lernen, diese Machtspiele zu erkennen, zu durchschauen und können uns in gewisser Weise vor ihnen schützen. Wir können diese Machtspiele jedoch nicht verbieten, Machtspieler lassen sich nicht zwingen, diese Machtspiele nicht mehr zu spielen, sie führen eher Kriege und inszenieren Unterdrückungsszenarien. Und wenn wir gegen Machtspieler anfangen zu kämpfen, verirren wir uns bereits selbst wieder im Labyrinth der Macht. Eine Tatsache ist sehr hilfreich zu wissen und lässt sich in allen Biographien beobachten: Machtspiele enden dort, wo das Leben beginnt, sich die archaischen Kräfte der Natur zeigen. Machtspieler wissen das und haben Angst vor diesen archaischen Kräften, die sich nicht bewusst steuern lassen und sich in alle Biographien einschleichen. Von weisen aber auch von dämonischen Menschen können auch die unbewussten und archaischen Kräfte genutzt und inszeniert werden. Deshalb wurde in der frühen Neuzeit mit aller Macht versucht, Menschen zu vernichten, die über intuitive Fähigkeiten verfügten und archaisches Wissen verstanden. Sie wurden als Hexen und Hexer verachtet und am Scheiterhaufen verbrannt. Geschichten wie Faust, Romeo und Julia aber auch moderne Geschichten wie Harry Potter oder Star Wars faszinieren Menschen gerade deshalb, weil sie zeigen, dass es Kräfte gibt, die sich der rationalen Planung in der menschlichen Biographie entziehen. In der rationalen Welt, in der Bildung und Wissenschaft werden diese Kräfte und Energien einfach ausgespart, ignoriert, verboten, verspottet oder lächerlich gemacht. Wenn die archaischen Kräfte in der menschlichen Realität nicht mehr leben dürfen, dann leben sie wenigstens in den Geschichten. Im Sprichwort: »Der Mensch denkt und Gott lenkt« drückt sich diese menschliche Lebenserfahrung aus, die besagt, dass archaische Kräfte sich unserem Denken, Planen und Handeln weitgehend entziehen. Menschen versuchen, diese archaischen Kräfte zu unterdrücken, zu bekämpfen und zu besiegen, weil sie Kontrolle und Macht auch über die Natur, über Zeit und Ewigkeit gewinnen wollen. Gerade in diesem Punkt sind Machtspiele wirklich grotesk. Gerade dann, wenn wir etwas unbedingt erzwingen wollen gelingt es nicht. Unfälle lassen sich nicht planen. Erdbeben, Wetter, und Gefühle von Menschen sind in ihrer Dynamik und Intensität nicht vorhersehbar, selbst für die handelnde Person nicht. Wir wissen nicht, wie wir heute den Tag verbringen werden, wie ein anderer unsere Handlung interpretiert, wann er sich angegriffen fühlt, ob er sich rächen will, obwohl wir ihm nichts Böses wollen. Und umgekehrt denken wir manchmal, da möchte ich mich zur Wehr setzen und der andere reagiert total nett und entgegenkommend. Soziale Interaktionen, Verschiebung von Konflikten, Missverständnisse lassen sich nicht planen, sie passieren ungewollt, auch dann, wenn ein Mensch herausragende soziale Kompetenzen erworben hat. Energetische Schwankungen zeigen sich in Schicksalsschlägen, Materialermüdung, Wechselwirkungen von Umständen, Potenzierung von Wirkungen, Faktoren, die in unseren Berechnungen nicht enthalten sind. Viele Faktoren des Lebens kennen wir noch nicht und lassen sich daher nicht planen. So bleibt die Biographie einer Person ein gewisses Mysterium, eine Lebenswelt mit eigenen gestalteten Elementen und mit plötzlichen Ereignissen, mit Überraschungen und einem Zusammenwirken von erkennbaren und nicht erkennbaren Phänomenen. Das Zusammenspiel von Person und Umwelt ist nur bedingt der rationalen Steuerung unterworfen. Jede Entscheidung ist wie das Einsteigen in einen Zug in eine andere Richtung, jedes Stehenbleiben wie ein Verharren und Erstarren in bestimmten Gewohnheiten. Wir brauchen beides, die Veränderung und die Ruhe, wie Einatmen und Ausatmen, wir brauchen den Rhythmus des Lebens, Wellen der Lebendigkeit. Eines der großen Schwierigkeiten von uns Menschen ist, dass wir in einer Situation Entscheidungen treffen müssen, in der die Folgen unserer Entscheidungen noch nicht absehbar sind. Treffen wir diese Entscheidung nicht zur richtigen Zeit, ist die Chance vertan. »Wer zu spät kommt den bestraft das Leben« sagte Gorbatschow und hat dabei für viele Lebenssituationen ein weises Wort gesprochen. Oft gelingen Dinge erst nach langem Üben, beim zweiten oder dritten Anlauf, wir müssen lernen, üben es wieder und wieder versuchen um erfolgreich zu sein. Viele erfolgreiche Menschen glauben den Erfolg der anderen beeinflussen zu können. Jeder Mensch und jede Situation ist anders, das Leben gestaltet vieles sehr verlässlich, lässt aber auch immer Mutationen und Veränderungen zu. Auch wenn eine Person selbst ein Ziel beharrlich verfolgen möchte, kann es sein, dass andere oder gewisse Umstände die Person permanent an der Umsetzung hindern können. Andere Personen haben Glück und erhalten Rückenwind. Es können innere Blockaden hinter diesen Phänomenen stehen, es kann jedoch auch sein, dass einfach die Zeit noch nicht reif ist für eine Entwicklung und der geniale Erfinder geschmäht, verlacht und ausgegrenzt wird. Wie wurde König Ludwig zu Lebzeiten für den Bau seiner Traumschlösser angegriffen und heute reisen die Menschen aus aller Welt um gerade diese verwirklichten Träume zu besichtigen. Der Arzt Ignaz Semmelweis wurde von seinen Kollegen zu Lebzeiten für seine Errungenschaften in der Hygiene nicht anerkannt, und auch Einstein und Freud hatten mit Neid und Gespött der Kollegen zu kämpfen. Ganz zu schweigen von Nelson Mandela und Sophie Scholl, die ihr tapferes Engagement für eine menschlichere Gesellschaft mit Gefängnisstrafe und dem eigenen Leben bezahlten. Die Kunst des Lebens besteht letztendlich darin, mit klaren Zielen und der eigenen Intuition in eine völlig unbekannte Landschaft aufzubrechen und wie Kolumbus loszufahren, auch wenn wir dann erkennen müssen, dass wir an einem anderen Punkt als an dem Gewünschten gelandet sind. Gerade die Irrtümer helfen uns individuell und kollektiv wieder zu einem realistischeren Weltbild zu gelangen. Damit wir nicht zu euphorisch werden oder an den Unwägbarkeit des Lebens verzweifeln, können wir lernen uns selbst zu beruhigen. »Alles wird gut« sagt die Mutter zu ihrem Kind, auch wenn draußen die Stürme toben und eine Gefahr nicht auszuschließen ist. »Alles wird gut« das können wir uns auch selbst immer wieder als Mantra sagen. Die Wahrscheinlichkeit, dass es bald besser wird wenn wir leiden oder Angst haben ist sehr groß.

Wir können in der Rückschau auf Jahre und Jahrzehnte des Lebens immer wieder positive Seiten entdecken. Der Gestalt- und Sozialpsychologe Kurt Lewin beschreibt in seiner »Feldtheorie« Feldkräfte, die uns Menschen in der Umwelt anziehen und abstoßen. Wir entdecken in der Umwelt Dinge, die uns faszinieren und andere, die in uns Angst, Abscheu, Ekel erregen. Der unsichtbare Lebensfaden, der uns Gefühle der Lust und Unlust beschert, lässt sich nicht täuschen. Wir können die Welt noch so sehr berechnen, wir werden dennoch mit unserer Intuition, mit unseren Gefühlen, unserem Scheitern, den Erfolgen, mit Schicksal und unsichtbaren Mechanismen des Lebens durch Raum und Zeit geführt. Lewin nennt dieses Spüren und Handeln nach diesen Kräften des Lebens Lokomotion. Der Mensch durchschreitet in seiner Biographie Raum und Zeit, in dem er von den unterschiedlichen Kräften des Lebens angezogen und abgestoßen wird.

Machtspiele stören dieses feine Erspüren der eigenen Orientierung, die natürliche Balance des Lebens. Wenn Menschen zum sozialen Gehorsam erzogen werden, werden sie sich nicht mehr an den eigenen

Gefühlen, der eigenen Intuition orientieren. Sie werden sich nach den Reaktionen der anderen richten. Sie werden sich vor Strafen fürchten und alles tun um anderen zu gehorchen. Vielleicht ist es in der Zukunft nicht mehr der Gehorsam, sondern die Verführung der Machtspieler, die Manipulation, die Werbung, die Menschen dazu bringt, gegen ihren eigenen Willen, gegen die eigenen Gefühle, gegen eigene Ziele und gegen die eigenen Empfindungen zu handeln. Lesen wir Biographien von Menschen, zeigt sich, wie die Menschen fremdbestimmt durchs Leben irren, wie sie sich von Machtspielen befreien wollen und sich in neuen Machtspielen verirren, sich immer neuen Machtspielern unterwerfen. Vielleicht gelingt es bald immer mehr Menschen ihrem eigenen Willen, den eigenen Zielen zu folgen, der eigenen Intuition zu vertrauen, auf die eigenen Gefühle zu hören und mit dem Verstand die getroffenen Lebensentscheidungen zu beobachten und zu reflektieren. Gerade dadurch können achtsame Beziehungen entstehen und ein gelingendes Leben. Gelingt es uns auf diese Weise, unsere Leben geschehen zu lassen und zugleich achtsam zu gestalten, dann sind biographische Verwerfungen keine existenzielle Not mehr. In den guten Zeiten können sich Menschen gegenseitig gewähren lassen und in den schwierigen Zeiten können sie einander beistehen und sich unterstützen. Bereits in den alten Eheversprechen ist diese Glücksformel enthalten: »Ich will dich lieben, achten und ehren alle Tage meines Lebens, in guten und in bösen Tagen, in Gesundheit und Krankheit. Bis das der Tod uns scheidet.« Warum scheitern dennoch so viele Ehen, obwohl sich die Paare diesen Spruch gegenseitig gesagt haben? Die Tragik beginnt bei dem ersten beiden Worten: Ich will... Wie viele Menschen haben mir schon erzählt, dass nicht sie selbst es waren, die heiraten wollten. Ich musste wegen der Mutter heiraten, oder wegen des Vaters, ein Kind war unterwegs, ich musste wegen des Kindes heiraten, es wurde geheiratet, weil es üblich war, oder aus Gewohnheit, wir waren ja schon lange befreundet. Auch bis in diese intimen und persönlichen Bereiche der Biographie hinein reichen die menschlichen Machtspiele. Machtspieler glauben, ihr Urteil ist das alleinig gültige und richtige. Machtspieler verleiten andere Menschen dazu, die eigenen Gefühle nicht mehr zu spüren, sie verführen andere, nicht mehr dem eigenen Willen, den eigenen Idealen und Träumen zu folgen. Vielleicht wenden Sie jetzt ein: ich muss doch andere davor bewahren, sich falsch zu entscheiden. Ja, das ist richtig, wir sind verantwortlich, große Schäden zu verhindern. Wir können anderen Menschen unsere Sicht der Dinge schildern, wir können die Polizei holen, wenn andere Mord und Totschlag androhen; wir können uns verteidigen, wenn uns andere verleumden, Schadenersatz fordern, wenn andere uns schädigen, das heißt aber noch lange nicht, dass wir bestimmen können, wie sich andere verhalten, wie sie leben sollen, was sie sagen oder nicht sagen dürfen. Immer wenn Menschen einander dominieren und manipulieren wollen, sind sie in Machtspiel verstrickt. Lesen Sie Biographien von Menschen und sie werden erkennen, nicht der Mensch ist böse, sondern die Spiele, in die sich Menschen verirren und verwirren sind das Problem, in Machtspielen entsteht Schaden. Wenn Menschen einander, in ihrer Andersartigkeit gewähren lassen, verlaufen Biographien und Zeiten ruhig und harmonisch: Sie verstehen sich gegenseitig, sie wehren sich adäquat, ohne einander zu schaden und helfen einander in der Not. Wenn Menschen die Andersartigkeit des anderen achten und sich vor Machtspielen schützen können, haben Gewalt und Kriege keine Macht. Personen verstricken sich dann nicht mehr in diese Spiele, das sehen wir an langen Friedenszeiten und in vielen liebevollen Beziehungen, die immer wieder erreicht werden können. Da wir sowohl die Unterdrückung als auch die Befreiung in unseren Biographien immer wieder erleben, meinen die Menschen, Machtspiele seien eine natürliche Ordnung und ordnen sich bereitwillig in all die Machtspielregeln ein. Der fatalistische Kommentar: »Das ist halt so, da kann man nichts machen.« In Heiligenlegenden und Märchen können wir lesen, dass es Menschen gelingen kann sich aus den Verwirrungen der Machtspiele zu befreien. Ja, sagen Sie jetzt vielleicht, das sind Märchen und Heilige. Auch das ist eine Ausrede, weil sich viele nicht die Mühe machen wollen, den Mut nicht haben, die Machtspiele in der eignen Biographie zu hinterfragen und auszurotten. Nur wenn wir Machtspiele in der eigenen Lebensgeschichte erkennen, merken wir, dass wir Dinge machen, die sich nicht gut anfühlen. Wir bemerken Handlungen, die den eigenen ethischen Vorstellungen nicht entsprechen, die einem selbst und anderen schaden; erst wenn wir erkennen, dass wir gegen unseren eignen Willen handeln, uns dominieren lassen oder andere dominieren, erst dann kann es gelingen, uns schrittweise aus den Machtspielen zu befreien.

Kapitel 5c

Rituale

Rituale sind an sich neutral, sie sind ein rhythmisiertes gewohntes Handeln, die eine Regelmäßigkeit, Dauerhaftigkeit, Nachhaltigkeit herstellen. Rituale können nützlich sein oder schaden. Rituale werden tradiert, liebevolle genauso wie schmerzhafte Rituale. In afrikanischen Ländern, in der jüdischen und mohammedanischen Religion existieren bis heute Beschneidungsrituale von Kindern. Rituale werden in Märchen und Heiligenlegenden beschrieben, zum Beispiel das Wiederholen von Zauberformeln oder Gebeten, die Übung immer wieder wertschätzende und nützliche Handlungen zu wiederholen. Ritualisierte Handlungen werden auch von Machtspielern genutzt. Täter nützen Routinen, um anderen Gewohnheiten aufzudrängen, Befehle einzuüben, ritualisierte Strafen durchzuführen. Lesen Sie Berichte von Konzentrationslagern, dann erfahren Sie mit welchen ritualisierten Formen von Gewalt dort gehandelt wurde, um Menschen in Angst und Schrecken zu versetzen. Diese immer wiederkehrenden Formen von Gewalt und Schaden sind leider auch heute noch weit verbreitet in der Welt. Von rigiden Regimen werden Menschen, die für Meinungsfreiheit eintreten, inhaftiert, ermordet, ausgegrenzt und gedemütigt. Täter versuchen mit Ritualen ihre Opfer zu demütigen und zu verängstigen. Sekten und radikale Gruppierungen schüchtern ihre Mitglieder mit Ritualen ein. Wir finden diese Formen der ritualisierten Gewalt jedoch auch in Gesellschaftsbereichen, in denen wir das nicht vermuten würden, in Kirchen, in Klöstern, Parteien, Familien, versteckt, verschwiegen mitten unter uns. Die Fälle von Natascha Kampusch und Josef Fritzl sind weltweit sicher keine Einzelfälle.

Gott sei Dank gibt es auch sehr viele heilsame Rituale, denen wir als Menschen vertrauen können, in denen sich Personen Glück und Segen wünschen: Taufrituale, Geburtstagsfeiern, Jugendrituale, Eherituale, Krankenrituale und Sterberituale. Alle Religionen und Kulturen kennen Rituale im Zusammenhang mit der Natur: Kälterituale, Lichtrituale, Feuerrituale, Fruchtbarkeits- und Dankbarkeitsfeste. Jede Religion verfügt über eine Vielzahl dieser Rituale, die den Menschen helfen, sich im Leben, in der Natur und in der Gruppe zu orientieren, um Halt und Orientierung zu finden. In Ritualen erkennen wir Abläufe wieder und empfinden damit eine gewisse Vertrautheit. Rituale helfen sowohl den eigenen Alltag zu bewältigen als auch Paaren und Familien sich immer wieder zu vertrauen. Und auch im öffentlichen Leben wirken Rituale verbindend, sie erzeugen einen Wiedererkennungswert im zeitlichen Ablauf, im Sport, den Medien den Parteien und der Werbung. Rituale könnten damit als soziales Instrument bezeichnet werden, dass das Leben miteinander strukturiert und ordnet.

Leider existieren in Gesellschaften und Gruppen bis heute noch satanische Rituale, in denen Menschen verwünscht, verzaubert, verhext und geschädigt werden. Auch Kriege und die Vorbereitung von Kriegen werden von Ritualen begleitet, Rituale können genützt oder missbraucht werden.

Wie erkennen wir, wann ein Ritual als Machtspiel eingesetzt wird und wann es uns hilft, befreien und heilen kann? Rituale in Machtspielen sind mit Zwang und Drohungen, mit Gefühlen der Angst und der Erniedrigung verbunden: Mit Befehlen »Das musst du machen« mit Drohungen »wenn du das nicht machst«. Machtspieler fragen nicht: »Geht's dir gut, bist du einverstanden, dass wir das so machen, möchtest du mitmachen?« Rituale von Machtspielern befehlen, zwingen zum Mitmachen, indoktrinieren, manipulieren, verbreiten Angst, Lügen, Falschaussagen, unhaltbare Interpretationen und egoistische Wunschvorstellungen.

Möge es uns immer mehr gelingen, liebevolle und wertschätzende Rituale zu verbreiten, damit wir den Spuk der Gewalt, die kollektive Angst, Schrecken und Albträume überwinden können.

Kapitel 5d

Veränderungen

Der Wunsch, die Welt zu verändern, erwächst aus dem Gefühl, dass es nicht gut ist, so wie es ist: Leiden, Verletzungen, Unbequemlichkeiten, Ungerechtigkeit, Bedrohung, Ungleichheit, Machtmissbrauch, Missachtung gegenseitiger Rechte, fehlende Sicherheit usw. Die verletzten Gefühle, die durch Enttäuschungen entstehen, erzeugen individuelles und kollektives Leid, das immer wieder aufs Neue vergolten wird. Gerade die verletzten Gefühle führen dazu, dass sich einzelne Personen, Gruppen, Religionen, Staaten und Kulturen aufgerufen fühlen, die Welt zu verbessern, die Welt zu retten und mit ihrer eigenen Lebensstrategie die Anderen zu bekehren. Rechthaber glauben mit der Bewältigung einiger Probleme den Stein der Weisen gefunden zu haben. Diese eine

Lösung wird dann allen verordnet. Die Religionen glauben, Gott oder die Götter werden es richten, wenn sich die Gläubigen nur den Geboten der Religionen unterwerfen. Die Wirtschaft glaubt, wenn das Wachstum ungebremst weitergeht, eine Sättigung durch verfügbare Güter und Nahrung angestrebt wird, dann werden die Probleme der Menschheit gelöst. Techniker wollen mit technischen Lösungen die Welt von Arbeit, Kommunikationsschwierigkeiten, Begrenzungen und der organischen Abhängigkeit befreien. Die akademisch Gebildeten sind der Meinung, wenn nur alle Menschen gebildet wären, wäre die Welt in Ordnung. Künstler glauben, die Welt wäre wieder in Ordnung zu bringen, wenn die Menschen mehr Sinn für Ästhetik entwickelten. Die Politik versucht es mit Gesetzen zu schaffen, die Justiz versucht mit Einhaltung der Gesetze die Welt zu richten. Jeder glaubt, in seinem Teilbereich der Gesellschaft, in seiner Rolle die Lösung gefunden zu haben. Und an welche Lösung glauben Sie? Wie würden Sie die Welt verändern?

Möglicherweise liegt das Problem nicht so sehr in der Lösung, vielleicht ist gerade die Lösung selbst das Problem, der Versuch, die eigene Lösung als allgemeingültige Wahrheit zu sehen. Paul Watzlawick hat zu diesem Thema: »Wenn die Lösung das Problem ist« eine interessante Rede gehalten, die Sie heute noch bei YouTube hören und sehen können. Vielleicht liegt unser Problem vor allem darin begründet, dass wir inzwischen viel zu viele Lösungen und Methoden haben, jedoch kein System, das all diese Lösungen prüft und ordnet. Die einfache Einteilung lautet bisher: Gute Lösung und schlechte Lösung. Die Welt ist jedoch wesentlich komplexer und die Probleme vielfältiger. Möglicherweise ist es auch so, dass sich Lösungen selbst wieder mit anderen Lösungen verbinden und damit zu weiterer noch nie dagewesenen Situationen und Irritationen führen: neue Probleme, neue Fragestellungen, die wieder neue Lösungen erfordern. Eine unendliche Geschichte? Zusätzlich fällt es uns Menschen schwer zu unterscheiden, welche Probleme wir selbst lösen können, welche Probleme ein anderer lösen kann, welche Probleme wir miteinander lösen können und welche Probleme mit bisherigen Lösungen unlösbar sind. Welche Probleme haben Sie schon gelöst? Gab es einfache Lösungen und schwierige? Da wir Menschen aus Not und Ungeduld Probleme oft sehr schnell lösen wollen, fehlt uns die Genauigkeit und die Ruhe, ein Problem genauer zu hinterfragen. Das entstandene Chaos wird mit neuen Änderungswünschen und Lösungsansätzen geflutet, die sich in Informationsflut, Überforderung und Stress äußern. Chaos gepaart mit Kontrolle, Stress und Überforderung führt zu Meinungsverschiedenheiten, Streit, Kämpfen und Gewalt, letztendlich zu Mord- und Totschlag. Nicht so sehr der Wunsch, dass sich Dinge verändern, ist ein Problem, sondern die Ungeduld, der Machtanspruch, die Gier, das erwartete große Geld führt zu Konflikten, Spannungen und Gewalt. Ähnlich wie bei einem Gewitter kann sich die Spannung der mitmenschlichen Konflikte so aufladen, dass sich die aufgestauten Energien mit Gewalt entladen. Vielleicht sind gerade unsere verzweifelten Versuche, die Welt zu verändern und zu kontrollieren, das Problem. Möglicherweise ist die ganze Bemühung: »Ich weiß, was gut ist für dich und für all die anderen« das größte Problem. Wenn wir davon ausgehen zu wissen, wie die anderen handeln müssen, dann maßen wir uns an, zu spüren was der andere fühlt. Das können wir jedoch gerade nicht. Wir erkennen im Beobachten, wie der andere sich verhält, wir wissen jedoch weder was der andere denkt noch welche Erfahrungen er schon gemacht hat. Wir kennen die Motive nicht, die unsere Mitmenschen in sich tragen, wir spüren ihre Gefühle nicht, noch erahnen wir ihre Pläne und Strategien. Allein mit unserem eigenen Vertrauen und unserem Misstrauen glauben wir zu erkennen, was ein anderer plant. Dabei können wir erheblich irren. Wir können anderen Menschen fälschlicherweise vertrauen und können anderen misstrauen, obwohl sie es sehr gut mit uns meinen. Kennen Sie das aus ihrer Biographie, dass Ihre Menschenkenntnis Sie manchmal trügt? Wir interpretieren auf Grund des Verhaltens, wie sich die Person möglicherweise fühlt, was sie denkt, welche Erfahrungen sie gemacht hat. Wir machen uns jedoch meist nicht die Mühe, andere Menschen kennenzulernen, ein Vertrauen aufzubauen und wachsen zu lassen. Viel zu schnell sind unsere Vorurteile, welche Ideen im anderen schlummern. Trotz Magnetresonanzuntersuchungen, Computertomographie und Hirnstrommessung, die Gedanken einer Person werden wir nicht erfassen. Vielleicht stimmt es ja doch, dass die Gedanken frei sind, zumindest frei von der Beobachtung anderer. Und noch weniger können wir beurteilen, welche Gedanken noch ungedacht in der Person vorhanden sind, die Möglichkeiten aller Gedanken, die noch im Gehirn, den Gefühlen und Erfahrungen schlummern. Wir wissen als Außenstehende nicht, wie gesund die Person ist, der wir begegnen, wie lange sie noch leben wird, welche Möglichkeiten und Potenziale das Leben bereit hält... Mit den besten Prognosen irren sich Mediziner und Forscher immer wieder bei der Vorhersage von Lebenserwartung, der Einschätzung von Entwicklungschancen und Entwicklungsrisiken. Obwohl wir so vieles von einem anderen Menschen nicht wissen, gehen wir davon aus, beurteilen zu können, was für den anderen gut ist. Genau durch die Tatsache, dass sich die meisten Menschen nicht darauf konzentrieren, das eigene Leben zu meistern, sondern dauernd darüber bestimmen wollen, was für Andere gut ist, entsteht ein unglaubliches Durcheinander. Jeder empfiehlt und befiehlt etwas anderes für andere. Ein Mensch dirigiert den anderen, eine Gruppe weiß was gut ist für die anderen. Der eine Rechtsstaat versucht den anderen mit seinen Lösungen zu übertreffen, von seinen Idealen zu überzeugen. Die verunsicherten Menschen wenden sich an alle möglichen Ratgeber, weil sie ihren eigenen Gefühlen und Intuitionen nicht mehr vertrauen. Sie haben verlernt oder nie gelernt, auf ihre innere Stimme zu hören. Religionen versuchen sich gegenseitig von der Richtigkeit ihrer Religion und ihrer Gottesvorstellung zu überzeugen, Männer wollen Frauen überzeugen und Frauen glauben zu wissen, wie die Männer sein sollten. Im Meer dieser Rechthaberei entsteht ein völlig unübersehbares Schlachtfeld der Machtspiele. Es stellt sich die Frage: wäre es besser, wir würden die Welt nicht mehr verändern wollen? Was meinen Sie, soll alles bleiben wie es ist, oder wollen Sie etwas verändern? Es ist sicher richtig, dass wir Menschen, wie alle Lebewesen, versuchen, uns ein schönes angenehmes Leben zu machen. Das Problem ist, dass das Leben, in dem sich der eine wohlfühlt, nicht der Vorstellung des Lebens entspricht, in dem sich der andere wohlfühlt. Sicher werden wir Menschen unsere Lebensbedingungen immer wieder verändern wollen und können, das scheint einer unserer menschlichen Urinstinkte, unserer Überlebensstrategien und vielleicht auch unsere Aufgabe hier zu sein. Aber sind wir auch berechtigt, die Lebensbedingungen von anderen zu diktieren? Die Art und Weise, wie einzelne Personen und Gruppen dieser Welt die Lebensbedingungen der anderen korrigieren, manipulieren und gestalten wollen erscheint fragwürdig. In seinem Buch »Homo deus« schreibt der Schriftsteller und Historiker Yuval Noah Harari wie fatal sich der Glaube des Menschen auswirken kann, wenn er Gott spielen möchte. Sehen wir in unserer Hybris der Änderungswünsche, der Kontrollmöglichkeiten und all der Lösungen auch die Gefahren, die wir heraufbeschwören?

Laut Geschichtsbücher übernahmen die Frauen früher die sozialen Aufgaben in den Höhlen, später in den Dörfern, während die Männer für die Jagd und das Leben draußen zuständig waren. Nachdem die Nahrung regional durch Ackerbau erzeugt werden konnte, wäre es für die Männer nicht mehr nötig gewesen zu jagen. Der Jagdinstinkt ist jedoch geblieben und auch die Lust der Jagd, die Erfolge, die sozialen Belohnungen und die Trophäen. Später setze sich die Jagd fort in der Eroberung von Territorien, der Jagd in Kriegen, in Beutezügen, Jagdspielen im Kolosseum, bei Stierkämpfen, in der Jagd nach Reichtum und Wohlstand, in der Jagd nach Frauen. Und diese Jagd setzt sich bis heute fort in der Jagd nach Geld und Ansehen, im Konkurrenzstreben, in der Jagd nach Macht und Herrschaft. Dass wir Menschen überholte Verhaltensweisen aufrechterhalten, obwohl sie uns schaden und sich die Bedingungen längst geändert haben, erscheint fragwürdig, ist jedoch immer wieder zu beobachten: Der Drogensüchtige gibt seine Sucht nicht auf, obwohl sie ihm schadet, der Betrüger hört nicht auf zu betrügen, obwohl er schon zweimal inhaftiert war, die Frau die sich von ihrem Mann geschlagen wird, bleibt bei ihm, obwohl sie befürchten muss, eines Tages von ihm getötet zu werden. Der Übergewichtige hört nicht auf zu essen und der Bequeme bleibt auf der Couch, auch wenn ihn der Bewegungsmangel krank macht.

Verhaltensmuster zu verändern ist eine große Herausforderung, andere Anreize, Motive und Belohnungen müssen gefunden werden, die stärker sind als die bisherige Gewohnheit. Wenn die Erde heute von einem Atomkrieg bedroht wird, könnte es sein, dass die Jagdinstinkte der Machtspieler, die sich so hartnäckig in der Welt halten, aufgeben werden. Es kann jedoch auch sein, dass wir uns zwar technisch revolutioniert haben, den Trieben des Jagdinstinktes aber weiter folgen. Wenn die Gefahr der Bedrohung nicht rechtzeitig erkannt wird, können viele Menschen der Versuchung erliegen, einen Atomkrieg aus irrationalen Gefühlen zu unterstützen, aus Rachegefühlen, Wut, Ärger, Vergeltung um nur einige zu nennen. Wir sind im Aufrechterhalten von Verhalten

und Gewohnheiten oft blind für die schädlichen, gefährlichen und töd-
lichen Folgen, die nicht hinterfragt werden. Die Möglichkeit, bisheriges
Verhalten zu ändern, ist jedoch ebenfalls mit Risiken verbunden. Veränderungen sind immer auf ein gewisses Tempo und die harmonische
Dynamik mit den Umgebungsbedingungen angewiesen, um wirkungs-
voll zu sein. Verändert ein Mensch sein Verhalten, während die anderen
noch am alten Verhalten festhalten, wird er schnell als neues Jagdobjekt
erkannt, das gefährliche neue Dinge macht. Es gibt die sozial tolerierten
Veränderungen und die sozial nicht tolerierten Veränderungen. Und
wenn es einem anderen nicht gefällt, wie sich der Mitmensch verhält
oder verändert, dann gibt es erhebliche Machtinstrumente ihn zu verfolgen; früher waren es Folter, Hexenjagd und Voodoozauber, heute
sind es Drohnen, Gift, seltsame Krankheiten, Verleumdungen oder
schlichtweg Unwahrheiten, die verbreitet werden um anderen zu schaden. Wird eine Veränderung verzögert, so lässt sich das Versäumte oft
nicht mehr einholen, geschieht eine Veränderung zu langsam, dann
wird sie von anderen Entwicklungen überholt. Das Tempo der Jagd in
der Neuzeit, die sich möglicherweise gerade selbst in ihrer Jagd nach
Neuem überholt, führt zu einem hierarchisch getriebenen Leben, das
Menschen, Tiere und Pflanzen krank macht und die Ökologie schädigt.
Viele Menschen bezahlen dieses Tempo und den hierarchischen Stress
mit Herzinfarkten und Schlaganfällen. Der Stress und die Kompensation
von Stress, die wir in stressbelasteten Zeiten suchen, kann zu verschieden Krankheiten führen: Süßigkeiten als Beruhigung begünstigt Diabetes; Rauchen zur Entspannung, erhöht das Risiko an Krebs zu erkranken.
Alkohol und Drogen, die helfen zu vergessen, führen als Rauschmittel
zu Unfällen und begünstigen Erkrankungen der inneren Organe; Essen
als Trost führt zu Übergewicht, Magen-Darm-Erkrankungen und Stoff-
wechselkrankheiten. Zudem entwickeln Menschen durch soziales
Getrieben-Sein Angst- und Schlafstörungen und Depressionen oder
fühlen sich existenziell so bedroht, dass sie an Aggressionsstörungen
leiden, leicht in Streit und Gewalt verwickelt werden. Die Selbstmord-
rate ist nicht zurückgegangen und es sterben heute mehr als doppelt

so viele Personen an Selbstmord als an Verkehrsunfällen. Haben Sie das gewusst? Die meisten Menschen kennen diese Zahlen nicht. Mit so etwas Geächtetem wie mit Selbstmord beschäftigen sich Menschen nur, wenn sie selbst in der Familie oder im Freundeskreis betroffen sind. Nach einem Selbstmord ist die Scham groß, die Betroffenheit der Umgebung führt zu Verdrängung und Schweigen, lieber nicht über dieses Thema sprechen lautet die Devise.

Sie sehen, es gibt genügend berechtigte Gründe, die Welt zu verändern, wenn jedoch gerade das Verändern zu noch größeren Probleme führt, ist die Frage: was sollen wir machen? Wir können unsere »Aufgabe die Welt zu verändern« nicht weiter so gedankenlos, selbstherrlich und selbstschädigend verfolgen, es könnte sein, dass wir es mit all unseren Veränderungswünschen schaffen, dass wir uns als Menschheit selbst ausrotten. Und wir können nicht einfach alles stehen und liegen lassen oder die Weltgeschichte zurückdrehen. Wie sollen wir mit der jetzigen kollektiven Unzufriedenheit mit all den Änderungswünschen umgehen? Sicher nicht mit der Strategie: »Einer weiß was für den anderen gut ist«, das haben wir schon lange genug gemacht, das hilft nicht, das erkennen wir langsam. Eigentlich könnte die persönliche und kollektive Veränderung einfach sein, wenn wir uns am Wohlbefinden orientieren. Wenn es uns allen gut geht, dann passt es wieder auf der Welt. Doch das geht nur dann, wenn jeder in seinem Leben damit anfängt, wenn jeder zuerst mal selbst in seinem Leben aufräumt und nach der Möglichkeit sucht: Wie kann ich mich wieder wohlfühlen? Wenn wir zusätzlich dem anderen zugestehen, dass auch er sich wohlfühlen darf, dann spüren wir: Es ist gar nicht so schwer, dass es uns hier auf diesem Planeten gut gehen kann. Wenn Sie, ja genau Sie, heute noch anfangen zu erforschen, was Sie sich vom Leben wünschen und wenn sie akzeptieren, dass sich der Partner, die Nachbarin, etwas anderes wünscht, dann ist der erste Schritt getan. Natürlich müssen wir im zweiten Schritt verhandeln, wie wir es schaffen können, dass möglichst viele deiner und meiner Bedürfnisse erfüllt werden. Wenn viele Wünsche, die zum Wohlbefinden beitragen, wahr werden, dann haben wir schon sehr bald eine veränderte Welt und zufriedenere Menschen. Warum machen wir das nicht? Wir trauen uns nicht an so einfache ursprüngliche Weisheiten zu glauben. Die Vertreibung aus dem Paradies, die Geschichte mit dem Apfel und der Schlange, die Angst, ein gnadenloser Egoist zu sein, nicht in den Himmel zu kommen hinderte die ältere Generation daran, nach den eigenen Wünschen zu leben. Viele in der jüngeren Generation sind materiell so gesättigt, dass eigene Wünsche gar nicht mehr gespürt werden, nur die Werbung bietet Anregung, sich neue Wünsche vorzustellen. Andere wiederum sind so verarmt, so verzweifelt, dass sie den Glauben verloren haben, Wünsche und Träume könnten sich erfüllen. Und dann gibt es noch die Ökonomen, die glauben, es ist nur einem Teil der Menschen vergönnt, in Wohlstand zu leben. Aber was bedeutet Wohlstand? Ist es nicht Wohlstand, wenn wir jeden Tag essen können, ein gemütliches Zuhause haben und liebevolle Beziehungen haben, wenn wir für einander arbeiten, eine Arbeit, die Freude macht und unseren Begabungen entspricht. Leben wir heute wirklich im Wohlstand? Ist es Wohlstand, wenn wir durch die Tage hetzen, unsere Beziehungen vernachlässigen, zu viel essen, uns zu wenig bewegen und eine Arbeit verrichten, die keinen Spaß macht, um sich ein wenig Rente zu sichern, die später nicht zum Überleben nicht reichen wird? Ist das wirklich Wohlstand? Wünsche und Wohlbefinden erscheinen heute für viele als unmöglich realisierbar. Dafür werden viele Ersatzwünsche kultiviert, das noch bessere Auto, die noch tollere Technik, das noch attraktivere Outfit, das Fußballticket, die Konzertkarte... viele Wünsche entspringen nicht mehr einer zu bewältigenden Not, einer möglichen Verbesserung, sie gedeihen viel mehr auf dem Boden der sozialen Ansprüche oder der Unzufriedenheit oder bedienen den Machthunger. Das Märchen vom Fischer und seiner Frau beschreibt diese Situation sehr deutlich. Die Fischersfrau wusste nicht so recht, was sie braucht, was sie sich wünscht, sie war chronisch unzufrieden. So wünschte sie sich nach der Hütte ein Schloss, dann wollte sie König, Kaiser, Papst und Gott werden. Als sich durch die Erfüllung all dieser Wünsche ihre Unzufriedenheit nicht besserte, fühlte sie sich ärmer und unzufriedener als je vorher. Manche Wünsche können Menschen, Tieren und der Natur schaden. Haben sich diese problematischen Wünsche erst einmal als Normen verbreitet, richten sie und ihre Erfüllung sich an ein falsches Selbst, das mit jedem Erfüllen eines Wunsches einen neuen Wunsch erzeugt und dennoch immer größere Unzufriedenheit entwickelt. Den einzelnen Individuen und der ganzen Gesellschaft fallen diese schleichenden Entwicklungen meist nicht auf, alle haben sich an die Normalität des Pseudowohlstandes angepasst, einer Kultur der Ersatzbefriedigung; wir halten diese Ersatzbefriedigungskultur aufrecht, auch wenn sie langsam immer schädlicher wird. Die Menschen in unserer sozialen Umgebung hindern uns daran, dass wir auf die eigenen individuellen Wünsche hören und dann reden wir uns immer wieder ein: sei angepasst, es machen ja alle... Und so laufen wir im Hamsterrad weiter und weiter. Wir begraben die eigenen, echten Wünsche um gesellschaftliches und soziales Ansehen zu erhalten; wir müssen erkennen, egal wie wir uns auch bemühen, wir bekommen das Ansehen nicht in dem Maße, in dem wir es uns wünschen. Gerade weil wir kollektiv die echten Wünsche verachten, spüren wir sie nicht mehr, wir lernen wir nicht dazu, wir entwickeln uns nicht weiter. Wir verharren sozial-emotional auf dem Niveau der Neandertaler und wollen technisch das Niveau von Göttern entwickeln. Wenn wir nicht erkennen, dass sich soziale Probleme nicht durch technische Errungenschaften lösen lassen, werden wir die Folgen spüren müssen: Wir entwickeln uns weder als Menschen, noch entfalten wir unser Potenzial. Wir trauen uns nicht so zu sein, wie wir uns fühlen und spielen uns gegenseitig etwas vor. Wir leben in einer gigantischen Show, prahlen mit sozialen Stellungen, die wir einnehmen und spielen ein großartiges Theater. Was unterscheidet uns Menschen noch von einer Marionette? Wer zieht die Fäden? Und warum begnügen wir uns mit einem Theater- und Marionettendasein als Ersatz für ein erfülltes Leben?

Kalender und Zeit

Wann haben Sie Zeit, wann nehmen Sie sich Zeit für sich? Wir sprechen über Zeit, als könnten wir die Zeit besitzen. Wir sagen: »Ich habe Zeit« oder »Ich habe keine Zeit« – haben wir die Zeit wirklich, besitzen wir die Zeit? Wir verkaufen unsere Arbeitszeit und kaufen unsere Freizeit. Bleibt uns damit ein Lebenstag mehr, oder versuchen wir eher in einer Welt zu überleben, die uns vorgaukelt, die Zeit zu besitzen? Warum langweilen wir uns oder hetzen durch die Tage? Manche Menschen können nichts mit ihrer Zeit anfangen und andere fühlen sich so gestresst, als würde Ihnen die Zeit gestohlen. Was ist das eigentlich, die Zeit? Ist Zeit Realität oder Fiktion? Haben Sie schon mal die Zeit beobachtet, während Sie beim Arzt warten mussten, im Stau standen oder bei einer langwierigen Zahnarztbehandlung? Kommt Ihnen diese Zeit länger vor als die Zeit, wenn Sie etwas sehr freudiges erleben oder einen Termin erreichen müssen? Bei freudigen Ereignissen oder wenn wir einen Aufgabe schnell erledigen müssen, sagen wir: »Die Zeit vergeht wie im Fluge«. Schon Einstein stellte fest, dass Zeit keine absolute Größe ist, sondern in Relativität zum Raum abweicht. Noch relativer wird die Zeit in Verbindung mit den subjektiven Gefühlen erlebt. Und dennoch kann die Zeit auch eine absolute Dimension erhalten. Wenn ein lieber Mensch gestorben ist, kann ich ihm nichts mehr sagen, oder wenn ein Unfall geschehen ist, lässt sich die Zeit nicht mehr zurückdrehen. Die Zeit ist eine Dimension, die im Leben eine wesentliche Rolle spielt und damit besitzt sie eine Realität. Und doch ist die Zeit auch etwas Unwirkliches, ein Konstrukt, eine Phantasie. Wir können in Gedanken in die Zukunft reisen, uns vorstellen, was in der Zukunft möglich sein wird. Wir können in der Erinnerung oder in Forschungen die Vergangenheit bereisen, in Museen alte Zeiten wieder aufleben lassen. In Fotos, Filmen, Büchern, Hörspielen und Erzählungen können wir durch Zeiten reisen, in unterschiedlichste Zeitdimensionen eintauchen. Wir können mehrere Zeitdimensionen miteinander verknüpfen, wir können eine gewisse Meta-Zeit einnehmen, über Zeiten nachdenken und sprechen, Zeit planen und in unterschiedlichen Zeitdimensionen handeln. Wenn der Architekt ein Haus plant, existiert das Haus nicht, es ist nur ein vorgestelltes Konstrukt, würde sich der Architekt die Zeit der Planung nicht nehmen, wäre der spätere Bau nicht möglich. Wahrscheinlich wären wir Menschen, ohne die Fähigkeit, Zeitdimensionen vielfältig wahrzunehmen, nie so erfolgreich geworden. Wir hätten als Menschen nicht gelernt zu fahren oder zu fliegen, wir könnten nichts Neues erfinden oder Altes erforschen. Ohne zeitliche Variabilität könnten wir keine Zusammenhänge ergründen, wir könnten keine Fotos machen oder auswerten, keine Filme drehen, wir könnten nichts optimieren und weiterentwickeln, Vergleiche von Jetzt, von vergangenen Zeiten und eine Antizipation der Zukunft wäre nicht möglich.

Obwohl die Zeit so eine wichtige Grundvoraussetzung des Lebens darstellt, haben wir auch größte Schwierigkeiten, die Zeit richtig einzuschätzen. In unsere Planungen können wir nicht einberechnen, was andere gleichzeitig planen. Wesentliche Entwicklungen setzen sich in einem gewissen Zeitfenster durch, wenn sich die Zeitfenster schließen, sind Veränderungen kaum mehr möglich. Auch deshalb fällt es uns schwer einzuschätzen, wie viel Zeit bleibt uns noch um dies oder jenes Projekt zu vollenden. Das geht dem Bauern so, der seine Ernte vor dem Gewitter einfahren muss, oder dem Feuerwehrmann, der einen Menschen aus dem brennenden Haus retten möchte. Auch Angela Merkel musste erkennen, dass sich die Zeit von Entwicklung in Europa nicht vereinheitlichen lässt und fasste den Begriff des »Europa der unterschiedlichen Geschwindigkeiten«. Und wir kennen diese relative zeitliche Endlichkeit in der Medizin, wenn sich eine Erkrankung nicht innerhalb einer bestimmten Zeit zurückbildet, ist sie häufig nicht mehr behandelbar. Ein Kind, das bis zu einem gewissen Alter nicht läuft oder spricht, wird diese Fähigkeiten nicht mehr erlernen. In dem Bereich der gesellschaftlichen und technischen Entwicklung setzt sich manchmal die schnellere, wenn auch schlechtere Lösung durch. Umgekehrt sind manche gefährliche Entwicklungen so langsam und schleichend, dass die Gefährlichkeit der Dynamik nicht erkannt wird und zu schweren Unglücken führt. Zudem lassen wir Menschen uns immer wieder von anderen in puncto Zeit dominieren. Menschen drängeln, hetzen, treiben andere an. Gerade die Arbeitswelt arbeitet mit der Dynamik, die Zeit zu kontrollieren. Wahrscheinlich war es kein Zufall, sondern eher eine Notwendigkeit, dass die Uhr erfunden wurde, als die Industrialisierung voranschritt und die Arbeitszeit in vergleichbaren Arbeitseinheiten gemessen werden sollte. Die Arbeitsstunde war geboren, eine vergleichbare Einheit der menschlichen Arbeit, die auch eine gerechte Entlohnung ermöglichen sollte. Bis heute wird Arbeitszeit und Verdienst aneinander gekoppelt und immer effektiver und rentabler angepasst. In den letzten Jahren spricht man von einer sogenannten Verdichtung der Arbeitszeit, das bedeutet, dass heute ein Angestellter und ein Arbeiter in einer halben Stunde leisten was früher zwei Arbeiter oder zwei Angestellte in einer Arbeitsstunde leisteten. Die Aufgaben werden effektiver strukturiert und das Tempo der Arbeit erhöht. Die Zeit war vor der Einführung der Uhren nicht an Stunden gebunden, sondern wurde in Tageszeiten, Tagen und in Jahreszeiten gemessen. Das Leben und Erleben der Menschen war mit der Natur verbunden. Die Arbeitszeit ordnete sich durch Sonnenaufgang und Sonnenuntergänge. Das landwirtschaftliche Leben erfordert eine Orientierung am Wetter und den Jahreszeiten. Reisen wurden früher nicht nach Längen der Strecken gemessen, sondern in Tagen, an denen Ziele erreicht werden konnten. Reiseziele waren eine Tagesreise oder zwei Tagereisen entfernt. Die Menschen versuchten, die Dimension der Zeit zu verstehen. Kalender und Zeitrechnungen wurden erfunden und damit glaubten die Menschen, sie könnten Herren der Zeit werden, so wie es Michael Ende in seinem Buch Momo beschreibt. Trotz der messbaren Zeit besitzen wir die Zeit nicht, wir können jeden Tag unsere Lebenszeit verspielen, Gelegenheiten versäumen, wichtige Entscheidungen verschieben, das unterlassen, was uns persönlich am Herzen liegt. Was soll das sein, werden Sie jetzt vielleicht fragen? Werden Menschen am Sterbebett gefragt,was sie in ihrem Leben versäumt hätten, sind folgende Antworten die häufigsten: Ich wünschte, ich hätte den Mut gehabt, mein eigenes Leben zu führen, nicht das Leben, das andere von mir erwarteten. Ich wünschte, ich hätte nicht so hart gearbeitet. Ich wünschte, ich hätte den Mut gehabt meine eignen Gefühle auszudrücken. Ich hätte gerne mehr Zeit mit meinen Freunden verbracht. Ich bedaure, dass ich mir nicht erlaubt habe, ein glücklicheres Leben zu führen. Erst wenn die Zeit knapp wird, spüren wir, was wirklich zählt. Insofern ist der Tod oft der erste, der erlaubt, die wahren unterdrückten Wünsche zu spüren und auszudrücken. Am Sterbebett werden tiefe und echte Wünsche erkannt und wie gern erfüllen wir einem Sterbenden seinen letzten Wunsch. Vielleicht wollen wir damit einen guten Abschied ermöglichen, eine Wiedergutmachung an versäumte, nicht genutzte und falsche genutzte Zeit.

Selbst in der Grausamkeit der Hinrichtung wird dem zum Tode verurteilten noch eine leckere Henkersmahlzeit präsentiert, vielleicht aus zynischen Motiven, vielleicht um die eigenen Schuldgefühle zu reduzieren: Die kollektive Schuld, dass wir es bis heute nicht geschafft haben, menschliche Grausamkeit zu überwinden.

Der weise Mensch geht achtsam durchs Leben, er nutzt jeden Tag um Gutes zu tun und glücklich zu sein. Er bringt den Trauernden Trost, den Hoffnungslosen Mut, den Hungernden Essen, er arbeitet, was zu tun ist und liebt seine Mitmenschen und das Leben. Er braucht am Ende des Lebens nichts mehr zu wünschen, er hat alles erreicht. Warum nehmen wir uns hier auf Erden nicht die Zeit diese Fähigkeiten zu lehren, zu lernen?

»Der Weise Mensch geht achtsam durchs Leben und nutzt jeden Tag um Gutes zu tun und glücklich zu sein.«

MACHT-SPIELE DER TRA-DITION

Machtspiele der Religionen

Religionen hatten seit Jahrhunderten viel Macht. Sind Sie religiös? Haben sie sich selbst zu dieser Religion bekannt oder wurden Sie in dieser Religion sozialisiert? Mit der Durchmischung der Weltbevölkerung, mischen sich auch Religionen und Glaubensvorstellungen. Die frühen Naturreligionen mussten die Naturgötter durch Opfergaben gnädig stimmen. Den Priestern und Priesterinnen wurde die Kompetenz zugeschrieben andere beeinflussen zu können durch Gebet, Opfergaben und Tänze. Die späteren Religionen wie das Judentum, der Buddhismus, das Christentum und zahlreiche andere religiöse Gemeinschaften waren damit beschäftigt, die Menschen zu trösten, Ihnen Sicherheit und Zuversicht zu vermitteln, ihre Schuldgefühle zu reduzieren und für Ihre Gesundheit zu beten. Je unselbstständiger, unsicherer und hilfloser die Menschen sind, desto wirksamer erschien die Religion. In Zeiten, in denen die Behandlung von Krankheiten schwierig war, entstanden Wallfahrtsorte, die den Menschen die Hoffnung gaben: Wenn wir an diesen Ort gehen und beten, dann könnten wir Heilung finden. Auch die Hilflosigkeit, Angst vor Tod, Sterben und Schicksal bescherte den Menschen so große Nöte, dass sie bereit sind und waren Gott oder Götter um Hilfe zu bitten. Welche Motive helfen Ihnen zu glauben, oder auch Religion abzulehnen? In den unterschiedlichen Kulturen entwickelten sich verschiedene Religionen, aus Überlieferung wurden sinnvolle Lebensregeln tradiert und Erfahrungen des Zusammenlebens. Natürlich bieten Religionen Leitlinien und Sinnstrukturen, sie ermöglichen Ängste zu reduzieren und sich in Gemeinschaften zu versammeln. Gerade die

Religionen konnten nach Kriegen, in schwierigen Krisen und unsicheren politischen Zeiten großen Teilen der Bevölkerung Hilfestellung bieten. Dennoch darf nicht übersehen werden, dass durch Religionen schwere kriegerische Auseinandersetzungen entstanden, Familien zerrissen wurden, Menschen beschämt und ausgegrenzt wurden und immer noch werden. Religionen können Hilfestellungen und reale Unterstützung für Menschen sein. Und Religionen können sich in Machtspiele entwickeln und verwickeln, Machtspiele, in denen Menschen unterdrückt, erniedrigt, ausgrenzt, missbraucht und getötet werden. Religionen sind aus diesem Grund wie alle anderen Machtspiele gut zu beobachten und wenn sie sich zu sehr verirren, mit Vorsicht zu genießen.

Kapitel Eb
Machtspiele der Kulturen

Ähnlich verhält es sich mit kulturellen Prägungen. Kulturelle Prägungen können nicht wie eine Religion verändert werden. In Religionen ist es möglich zu konvertieren, eine kulturelle Prägung lässt sich nicht so leicht abschütteln oder verändern. Kulturen wirken nicht nur im geistig, seelischen Bereich, Kulturen sind viel stärker körperlich verankert durch Essgewohnheiten, Kleidungsstile, Überlebenskunst, Fähigkeiten und Fertigkeiten, die teilweise seit vielen Generationen weiter gegeben wurden. In der Welt und in Staatengemeinschaften gibt es Kulturen, die sich besser und schlechter behaupten können, die beliebter und unbeliebter sind, und es gibt Kulturen, die von anderen erniedrigt, abgewertet und ausgerottet werden.

Welcher Kultur würden Sie sich zuordnen? Haben Sie erlebt, dass Sie oder ihre Verwandten auf Grund ihrer Kultur bevorzugt oder benachteiligt, oder sogar verfolgt wurden? Weltweit wird heutzutage darauf geachtet, dass Kulturen sich gegenseitig anerkennen, wir sind jedoch noch weit davon entfernt, dass sich unterschiedliche menschliche Kulturen achten. Während wir von einer Religion austreten und uns distanzieren können, lassen sich die Spuren der Kulturen nicht verwischen, sie prägen das Aussehen, die Körpergröße, die Verträglichkeit von Nahrung und den Umgang mit Umweltfaktoren, die Sinneswahrnehmung, körperliche und emotionale Zustände. Wenn Menschen ihrer Kultur beraubt werden, oder sie sich selbst von ihrer Heimatkultur entfernen, fühlen sie sich oft fremd und es dauert lange bis sie sich wieder in einer anderen Kultur zuhause fühlen. Personen, die kulturelle Veränderungen erlebten, bezeichnen sich oft als Menschen, in deren Brust zwei Herzen schlagen. Gerade bei Kulturen sind Feste und Wettkämpfe ein wichtiger Bestandteil des Jahres- und Lebensrhythmus.

Kapitel Ec

Machtspiele der Wettbewerbe und Feste

Wettbewerbe und Feste prägen neben dem Arbeitsalltag das Leben der Menschen sehr eindrucksvoll. Während Feste früher dazu dienten, Ernten, Jagdtrophäen und Erfolge zu feiern, sind Feste heute noch Restbestände aus vergangener Zeit, die mehr oder weniger weltweit kommerzialisiert werden. Religiöse Feste wie Weihnachten, Jahreswechsel oder auch individuelle Feste wie Taufen, Hochzeiten und Beerdigungen unterliegen zwar alten Traditionen, erfüllen jedoch heute mehr einen Show-Effekt: Kleider werden gekauft und gezeigt, Status wird zelebriert. Die Kaufhäuser locken die Kunden mit allerlei Angeboten, was angeblich zu den Festen gebraucht wird. Jedes Land, jede Kultur und jede Region begeht ihre Feste in unterschiedlichen Variationen und auch über die Geschichte hinweg verändern sich die Traditionen der Feiern. Durch Heiraten, Umsiedlung und Veränderungen der Traditionen und Moden werden Feste immer wieder anders gefeiert. Durch die Durchmischung von Traditionen und Festen ergeben sich wertvolle Bereicherungen aber auch Gefahren von Konflikten und Streit. Nicht selten führen die unterschiedlichen Arten zu feiern zu verschiedenen Sollte-Vorstellungen und damit zu Konflikten. Das Weihnachtsfest sollte so gefeiert werden, dass zuerst Abend gegessen wird und dann die Geschenke ausgepackt werden oder umgekehrt. Die religiöse Zeremonie ist richtig, wenn sie auf die erste überlieferte Art ausgetragen wird. So führen große Traditionen, wie Protestanten und Katholiken weltweit Machtkämpfe zum Fest, Schiiten und Sunniten streiten bezüglich ihrer Glaubens- und Festvorstellungen, alle möglichen Kulturen beginnen Streit bezüglich der Art ihrer Feiern. Die großen Auseinandersetzungen der Religionen entsprechen den Streitigkeiten in den Familien. So wird gerade an Feiertagen nach außen eine Harmonie zelebriert, während hinter den Kulissen so mancher Streit tobt. Die harmonischen Spiele im Vordergrund lenken von den Machtspielen ab, die sich hinter den Kulissen abspielen; schwere Familienkonflikte an Festtagen sind keine Seltenheit. Nach den Feiertagen, wenn die Zeitungen wieder erscheinen, zeigen sich so manche Abgründe, die berichtet werden, und der Wahnsinn des Machtspiels geht ohne die geschönte Harmoniekulisse in aller Macht weiter. Gott sei Dank gibt es natürlich auch viele Familien und Freundschaften, denen es während des Jahres schon gelingt, sich von Machtspielen weitgehend zu distanzieren. Die Feiertage werden dann für gemeinsames Kochen, Backen, Geschichtenerzählen, für Ausflüge und freundschaftliches Beisammensein genutzt.

Wann feiern Sie? Gibt es in Ihren Familien harmonische Feste? Welche Gerichte, Bräuche, Lieder, Kochrezepte oder Rituale kennen Sie?

Das Machtspiel der Feste findet nicht nur hinter der harmonischen Kulisse statt. Neben den traditionellen harmonischen Festen hat sich die Menschheit schon immer an Wettkämpfen ergötzt. Wer ist der Stärkere, wer hat den größeren und besseren Einfluss, die schnelleren Waffen? Diese Machtspiele überdauerten die Geschichte, sowohl in körperlichen Konkurrenzkämpfen wie der Olympiade, in technischen Battles wie der Formel 1 oder im alltäglichen Wettkampf: Wer bekommt den attraktivsten Mann, die attraktivste Frau, wer feiert die teuerste Hochzeit, wer erreicht die höchste Position, die höchsten Titel und Ehrungen in der Gesellschaft? Machtspiele, gerade bei Festen und Feiern, wirken für die Zuschauer wie Kinderspiele. Für die Protagonisten, die verbissen und angestrengt kämpfen, ist das festliche Machtspiel die Realität, gefühlte und erlebte Realität, eine harter Kampf mit ersehnter Belohnung.

»Neben den traditionellen harmonischen Festen hat sich die Menschheit schon immer an Wettkämpfen ergötzt.«

Individuell /

Kapitel 6

WEGE AUS DEN MACHT-SPIELEN

Identifikation von Mustern

Der Machtkampf wird so real wahrgenommen, weil sich Menschen weltweit mit den Mustern ihrer Kultur, ihrer Religion und ihrer Gruppenzugehörigkeit identifizieren. Schon in der Kindheit werden in den Bräuchen und Moden rituelle Handlungen vorgenommen, die Denken, Fühlen und Einstellungen prägen: Bei den Juden und Mohammedanern werden beispielsweise die Jungen beschnitten und es ist für die nächste Generation kaum denkbar das nicht zu tun. Ich habe Paare erlebt, deren Beziehungen an diesem Konflikt zerbrochen sind. Ähnliches passiert, wenn Menschen aus unterschiedlichen Schichten, unterschiedlichen Religionen, unterschiedlichen Nationalitäten heiraten: Hier müssen immer unterschiedliche Rituale vereinbart werden, unterschiedliche Lebens- und Glaubensvorstellungen integriert werden, damit in den Familien keine neuen Formen von destruktiven Machtspielen entstehen und etabliert werden. Wenn der eine Ehepartner glaubt, das Kind muss beschnitten werden, der andere jedoch darin eine Körperverletzung des Kindes sieht, wird es problematisch. Die aktuellen Debatten, wer sich an wen anpassen muss, welche Leitkulturen es geben muss, entstehen genau aus diesen unterschiedlichen Überlieferungen und Einstellungen. Jeder will in der Debatte Recht behalten. Beim Beispiel der Beschneidung glaubt jeder, Recht zu haben, der eine will das Kind vor Gottlosigkeit schützen, der andere will das Kind vor Körperverletzung schützen, jeder glaubt zu wissen was gut ist für das Kind. Ein Dritter wird vielleicht behaupten, das Selbstbestimmungsrecht des Kindes muss erhalten bleiben, das Kind darf solche Eingriffe nur selbst entscheiden, wenn es erwachsen ist. Ein vierter sieht es als Miss-handlung, wenn ein Kind ohne Anästhesie beschnitten wird, während ein fünfter dieses Ritual so versteht, dass es die Leidensfähigkeit des Kindes prüft. Wer hat hier Recht? Berthold Brecht beschreibt in seinem Stück »Der kaukasische Kreidekreis« dieses Dilemma sehr eindrucks-voll. Ein Kind wird beinahe zerrissen zwischen den unterschiedlichen Einstellungen und Lebensentwürfen der leiblichen Mutter, die ihr Kind weggegeben hat und der Ziehmutter, die das Kind aufgenommen hat und es liebevoll versorgt. In diesem Stück geht es um ein Kind und die Tragik ist unübersehbar, eine Familie, zwei Frauen und ihre gefühlten Rechte an dem Kind. Wie viel komplexer sind all diese Themen, wenn es nicht nur um einzelne Personen geht, sondern um die gesamten Nationen? Wer hat das Recht über wen zu herrschen? Wer hat das Recht über andere zu bestimmen? Oder ist es auch möglich, Gesellschaften zu etablieren, in denen das Selbstbestimmungsrecht der Bürger als Grundrecht verankert wird? Während sich die Menschen vor einigen hundert Jahren noch mit Themen der Religionskriege, der

Hexenverbrennungen und der Exkommunikation herumschlugen, geht es heut immer stärker um wirtschaftliche Teilhabe, Existenzfragen und Ungleichheiten. Das sind die Machtspiele der Moderne. Die Grausamkeiten haben sich verlagert, Folter und Todesstrafe nehmen ab, Integrationsfragen, interkulturelle und interreligiöse Konflikte nehmen zu und bereiten neuen Grausamkeiten den Boden: Zerbombte Städte, Flucht, Elend, riesige Menschenlager, Kindesmissbrauch, Machtausübung, Rechthaberei und Ausbeutung nehmen zu. Es stellt sich die Frage, kann die Menschheit eine Lösung finden, jenseits all dieser Kämpfe? Können die einzelnen Menschen sich noch selbst ernähren, behaupten, noch selbstbestimmt leben in diesen nationalen und internationalen Verflechtungen?

Kulturen und Religionen verbreiten und tradieren Geschichten, Moden, Ideale und Handlungsmuster, die sich auf Grund von Erfahrungen und der jeweiligen Machtinteressen institutionalisieren. Da weder die Natur noch die Menschheit statisch bleiben, passen erstarrte kulturelle, religiöse und nationalstaatliche Überlieferungen im Laufe der Zeit immer weniger zu der sich verändernden Welt und Zeit; die Kluft wächst zwischen den starren Mächtigen und den sich entwickelnden Menschen, ihren Umständen, ihren Ideen und den erlebten Geschichten.

Wann spüren Sie, dass in Ihrem Leben etwas nicht mehr passt? Ein Brauch wird altmodisch, die Kleidung erscheint grotesk, die Umgangsformen, der Ton, die Farben oder die Frisur wirken veraltet. An alten Fotos, früheren Filmen oder im Theater und der Geschichte wird deutlich, dass sich der Zeitgeist wandelt: Die Mode von vor 20 Jahren erscheint uns heute lächerlich, damalige Ansichten überholt, ja sogar weltfremd. Wie kommt es zu diesen Entwicklungen, die scheinbar so konträr verlaufen, ein Stehenbleiben auf der einen Seite, ein Zurückschreiten auf der anderen und wieder andere, die voranschreiten? Plötzlich und unvorhersehbar macht einer etwas anders, wird etwas Neues entdeckt, es entstehen neue Möglichkeiten, neue Erfindungen, manche

Menschen zeigen mehr Mut, berichten über andere Gefühle und Wahrnehmungen. Die Entwicklung schreitet voran und nicht immer wie geplant oder erwartet. Das macht vor allem den Menschen Angst, die sich etabliert haben oder in mächtigen Positionen sind. Menschen haben die Neigung, Bleibendes zu schaffen und in der Angst, das Geschaffene könnte vergehen, wird am Erreichten festgehalten. Es wird versucht, das Geschaffene so lange aufrecht zu erhalten bis es nicht mehr funktioniert. Und selbst wenn etwas Geschaffenes nicht mehr funktioniert, kann man noch Denkmäler setzen, um das Damalige nicht der Bedeutungslosigkeit hinzugeben. Menschen erleben das Überholen und Weiterentwickeln von eigenen Kreationen als Kränkung, eine Kränkung wegen der eigenen suboptimalen Kreation. Je größer diese Kluft zwischen den alten Überlieferungen, dem bisher Geschaffenen und den aktuellen Herausforderungen der Menschen ist, desto größer ist das Risiko und die Wahrscheinlichkeit von Zusammenbrüchen, von Unruhen, Revolution, Krieg und Terror. Während es einzelne Personen und ganze Gruppen gibt, die sich aus diesem Gefängnis der Religionen und Kulturen befreien wollen, fühlen sich andere berufen, die alten Strukturen zu erhalten. Das war bei Kain und Abel so und diese Dynamiken wird es auch heute bei Entwicklungen geben. So kämpfen Gruppen und Personen, die etwas erhalten möchten, mit Menschen, die etwas verändern möchten. Auf subtile Art werden die Erneuerer von den Traditionalisten gezwungen, sich an die bestehenden Systeme anzupassen. Rituelle und normierte Handlungen zementieren die traditionellen Systeme, Bildungsmaßnahmen sorgen für ein Bewahren von Normen und Gesetzen; passt sich einer nicht an, wird er durch mobbingartige Ausgrenzung wieder auf die Integrationsaufgaben verwiesen. Angst vor Neuerung, Angst vor Risiko, Angst vor Ausgrenzung, Angst vor Strafe leitet diejenigen, die bestehende Systeme aufrechterhalten, obwohl diese Systeme schon lange nicht mehr passen. Dieses sehr menschliche Verhalten, Altes festzuhalten und Neuem gegenüber skeptisch zu sein kennt jeder, wenn auch in anderen Lebensbereichen. Der eine hält an einem Beruf fest, der nicht mehr passt, der andere verfolgt ungünstige

Strategien, der dritte verharrt an einem Ort, der ihm schadet. Dieses starre Aufrechterhalten von Gewohnheiten beginnt schon im persönlichen Gebrauch von Gegenständen. Gehen Sie mal durch Ihre Wohnung, wie viele Gegenstände finden sie dort, die sie aktuell nicht mehr brauchen? Nein, entsorgen wollen und können wir die guten Stücke dennoch nicht. Das Besitzverhalten, das Streben etwas festzuhalten, beginnt bei den persönlichen Dingen, wird in der Familie fortgesetzt und in Gruppen und Gesellschaften tradiert. Es erfordert meist schmerzhafte Verluste, Zusammenbrüche oder Krisen, bis wir lernen, dass andere Gegenstände, neue Freundschaften und andere Werte und Denkmuster möglich, ja sogar nützlich sind. Treffen die rigiden Strukturen der einen Gruppe mit dem erstarrten Denken der anderen zusammen, dann kommt es zu interkulturellen und interreligiösen Konflikten. Rituelle und dogmatische Abwertung, Religionskriege und kollektives Mobbing sind die Maßnahmen. Jeder will dem anderen beweisen, wie wertvoll die eigenen geschaffenen Strukturen sind. Abtrünnige werden wieder in die Netze der Macht eingefangen. Das Gleiche geschieht, wenn Denker neuer Ideen die geschaffenen Traditionen aufbrechen, die Traditionalisten fühlen sich persönlich angegriffen, beleidigt und sehen sich gezwungen, Althergebrachtes zu verteidigen, im Ernstfall auch mit Waffen und Kriegen. Der Wert der Tradition, der Drang nach Neuerung, die eingebildete Vorstellung, wie die Welt zu sein hat, zählt mehr als die Gefahr der Zerstörung von Leib und Leben. Millionen von Menschen und Tieren, ganze Städte und Kulturen fielen diesen Mechanismen zum Opfer. Früher waren es die Kreuzzüge, die Religionskriege. Dann folgten Hexenverbrennungen, später die Verfolgung ethnischer Gruppen. Heute drohen ökologische Katastrophen und Wirtschaftskriege, wenn wir überholte Positionen nicht aufgeben. Menschen, die sich der kommunistischen Kulturrevolution nicht beugten, wurden genauso gnadenlos niedergemetzelt wie Juden, die in damaligen Zeiten die falsche Religion hatten. Und trotz aller Moderne wirken diese Mechanismen weiter. Die Staaten investieren unvorstellbare Summen an Gelder in Zerstörungsmaschinerien, um einem drohenden Wandel vorzubeugen. Polizei und

Armeen werden ausgebildet und massive Strukturen und Waffen bereitgestellt, um geschaffene Systeme zu verteidigen. Apparate von Politik und Bildung sorgen dafür, dass Tradiertes bestehen bleibt. Einzelne Personen können noch heute durch Todesstrafe vom Leben ausgeschlossen werden, durch Exkommunikation von der Kirche ausgegrenzt werden. Durch die Medien, Überlieferungen und Erzählungen wird den Menschen vermittelt, dass es kein Entrinnen vor dem Gespenst des Mitlaufens gibt. In der Folge schließen sich Personen verschiedenen Gruppierungen an, um der Gefahr des nicht dazugehörens zu entkommen. Der Preis ist hoch, nicht selten wird das eigene Fühlen und Denken dem Gruppenkonsens geopfert. Die eigenen inneren Konflikte brauchen im kollektiven Verbundensein nicht mehr angesehen und gelöst werden, die Sicherheit wird nicht mehr über das selbstverantwortliche Handeln erreicht, sondern über die Anpassung an die Gruppe. In dieser Abhängigkeit von der Bezugsgruppe sind Einzelne immer mehr geneigt, sich für die Gruppenerwartungen zu verbiegen. Trotz liberaler Gesetze fühlen sich viele Menschen auch in der Moderne unfrei: gegängelt durch Arbeitsvorgaben, Kämpfe und Streit in Familien, die Last, mit den allgemeinen Konsumvorstellungen mithalten zu müssen, Überforderung oder Monotonie in der Arbeit. In nahezu allen Kulturen, Religionen und Nationalstaaten existiert eine Kluft zwischen der versprochenen und der fühlbaren Freiheit und nahezu alle Bürger fühlen sich mehr oder weniger von den Systemen eingeschränkt. Diese Kluft entsteht jedoch nicht nur durch die Mächtigen, die Oberschicht und die Chefs. Der Druck entsteht ganz wesentlich durch das kollektive Mitspielen, durch die Ideen- und Mutlosigkeit der Einzelnen. Jedes Mitmachen, das sich nicht stimmig anfühlt, jedes Verkaufen und Kaufen von Ansehen führt dazu, dass wir unehrlicher, unechter werden. Immer mehr wird das persönliche Leben und das eigene Empfinden, die Authentizität aufgegeben, um dem Ansehen und den Erwartungen der anderen zu entsprechen. Die Bedürfnisse jedes Einzelnen zu befriedigen scheint unmöglich. Der Bürger, der Untergebene, die Gläubigen, die Führer der Staaten, die Religionsführer, Kultur und Traditionsverfechter werden nicht müde, immer wieder zu betonen, dass alles gut ist, so wie es ist. Steigende Burnout-zahlen, wachsende Krankheitskosten, stagnierende Gewaltstatistiken und gleichbleibende Suizidraten sind für bestehende Systeme kein Alarmzeichen, eher ein Beleg, dass keine drastischen Verschlechterungen stattfinden; ein Grund mehr, der Droge »alles weiter so« zu folgen und den Mythen der erkauften Moderne zu glauben. Die bestehenden Systeme üben heute keinen offensichtlichen Druck mehr aus, den Bürgern wird Freiheit suggeriert, die sie jederzeit nützen können. Nur sehr subtil argumentieren die Wortführer: Menschen, die sich integrieren, sind die Guten, und diejenigen, die sich nicht an die Systeme anpassen, sind selber schuld, wenn sie bestraft werden und nicht mehr dazu gehören. Diese subtilen Integrationskampagnen wirken nicht nur auf Fremde, sondern vermitteln auch den eigenen Staatsbürgern: strenge dich an, dass du dazugehörst. Freiheit ist nur theoretisch möglich. Wenn Sie sich jedoch nicht anpassen, dann spüren Sie sehr schnell, dass etwas nicht mehr in Ordnung ist. Haben Sie diese Gefühle schon zu spüren bekommen? Wenn ich mich so verhalte, oder kleide, werde ich nicht mehr akzeptiert, es wird hinter dem Rücken getuschelt, unwahre Geschichten werden erzählt... Wie geht es Ihnen mit der Anpassung? Gelingt es Ihnen, sich gut anzupassen, oder fühlen Sie sich manchmal schon ganz verbogen? Verbogen, weil es halt innerlich nicht passt, was andere von Ihnen erwarten? Es passt nicht, während wir leben, wir gewöhnen uns daran – so ist halt das Leben.

Und selbst im Sterben bei den Sterberitualen sind wir dem Dilemma des »Dazugehörens« ausgesetzt. Es existieren Gesetze bezüglich Grab und Sarg, Bestattung, Friedhofsgesetze. Es sind nicht alle Gesetze so nützlich wie die Hygieneverordnung. Sterbe- und Beerdigungsgesetze haben sich aus Bräuchen, Macht, Traditionen der Religionsführer, der Stadtväter entwickelt. Früher wurden Bestattungen nach Suizid im regulären Friedhof untersagt. Priester durften Menschen, die einen Suizid begangen hatten, nicht beerdigen, der Selbstmörder wurde als Schuldiger außerhalb des Friedhofs und ohne kirchliche

Ehre bestattet. Für die Hinterbliebenen eine zusätzliche Schmach. Der Priester ist nicht frei, selbst wenn er anders fühlt, kann er nicht frei entscheiden, er muss sich den Kirchengesetzen beugen.

Machtausnützung ist vertraut geworden, wir lernten uns vor den Mächten zu beugen, gewöhnten uns an den Schutz, an die Sicherheit, die unsere eigenen Fehler im sozialen Zusammenleben kaschieren. Die Wolken der Selbstzufriedenheit, die Nebel der Ignoranz und die Schleier der Verantwortungslosigkeit verstecken die Machtspiele vor dem Licht unserer Wahrnehmung. Blind spielen wir mit, frei von Kritik und Selbstreflexion, jeden Tag, jedes Jahr, jede Generation eine neue Runde.

Selbstbestimmung

Wir können aus den Spielen der Macht aussteigen: Wir fangen an, unser Leben selbst zu bestimmen, besteigen unser eigenes Lebensschiff. Aussteigen und Umsteigen geht nicht ohne neues Lernen. Ein junger Matrose wird nicht gleich ein Riesenschiff steuern, er wird zuerst die Bedingungen und Voraussetzungen prüfen, die er benötigt um das Schiff zu lenken, er lernt Fachausdrücke, lernt die Instrumente kennen, übt, wie sie zu beobachten und zu bedienen sind. Der Matrose bekommt ein Gefühl für sein Schiff, er spürt den Wind, die Wellen, den Seegang. Er spürt den Widerstand des Steuers und wie das Schiff auf sein Steuern reagiert. Er lernt, zu erkennen, welche Gefahren auf hoher See lauern, bei welchem Wetter und Wind die Segel zu setzen sind. Ähnlich ergeht es Menschen, die sich von Abhängigkeiten und Fremdbestimmung befreien; sie üben und lernen, wollen vom Matrosen zum Kapitän werden. Sie nehmen Mühen auf sich, um der Kapitän auf dem eigenen Lebensschiff zu sein. Menschen, die ein selbstbestimmtes Leben führen wollen, müssen prüfen, wer da noch mitfährt auf Ihrem Schiff, wer fährt auf den anderen Schiffen, wer ordnet etwas an und wer erfüllt die Befehle. Langsam erkennen wir als angehender Kapitän unseres Lebensschiffs die Sollte-Vorstellungen, Spielregeln und die eigene Position im Spiel. Sollte-Vorstellungen, führen dazu, dass wir immer danach schielen, wer etwas von mir erwartet. Kennen Sie dieses Gefühl, immer zu beobachten, was Sie jetzt tun sollten? Oder eher das Gefühl, Sie müssten die anderen steuern? Genau diese ängstlichen Blicke, oder das Gefühl, für andere verantwortlich zu sein, führen dazu, dass wir nicht wagen selber zu leben, lieber lassen wir uns von anderen lenken und steuern. Plötzlich wird uns klar, wir haben vergessen, wie es geht, selbst zu navigieren, wir hatten das Schiff auf Autopilot gestellt, sind mit den anderen gefahren, ohne zu spüren, ob die Richtung noch stimmt. Eines Tages erkennen wir, dass wir nicht das Leben führen, das wir wollen, sondern ein Leben von anderen bestimmt, im Hamsterrad des Funktionierens, auf Autopilot gestellt. Der Wunsch wird lauter, die Sehnsucht ganz klar: Ich möchte endlich mein Schiff selbst steuern! Oder zu mindestens möchte ich auf einem Schiff mitfahren, das mein Ziel anstrebt. Wir können als Menschen jederzeit in andere Schiffe umsteigen, wir können andere Kapitäne unser Schiff steuern lassen, wir können erkennen, wer das Schiff bisher steuerte, auf dem wir fahren. Wir können fragen: Will ich in diesem Schiff weiter mitfahren? Wir können prüfen, wo ich ursprünglich hinfahren wollte, in welches Leben, welches Glück, welche Gefühle. Bin ich durch Zufall hier gelandet und warum bin ich geblieben? Wenn wir uns wohlfühlen, werden wir nicht fragen: Bin ich richtig auf diesem Schiff, wir werden einfach weiterfahren. Wenn das Leben nicht mehr passt, es zu eng wird, zu bitter schmeckt, wenn es uns schwindelig wird, wir mit dem Tempo nicht mithalten können oder alles zu langsam geht, dann überlegen wir, ob wir umsteigen wollen. Wir halten Ausschau nach einem Hafen, an dem wir an Land gehen und schauen uns nach anderen Möglichkeiten um. Manchmal erkennen wir, dass dort wo mein Schiff hinfährt, gar nicht das Ziel ist, zu dem ich will, und wir fragen uns: Warum bin ich hier gelandet, warum erlaubte ich anderen mein Schiff zu steuern, warum hab ich nicht darauf geachtet, wie der Autopilot eingestellt war? Warum prüfe ich nicht selbst, wohin ich fahre? War es meine bewusste und logische Entscheidung, dass ich mich dieser Gruppe, dieser Organisation angeschlossen habe? Wir können auch spüren, was mich an der aktuellen Situation stört: Sind es eher die familiären Verpflichtungen, gesellschaftliche oder berufliche Soll-Erwartungen, oder sind es moralische Grundsätze, die ich von Religionen oder anderen Personen übernommen habe? Führe ich Gespräche, die mich weiterbringen, umgebe ich mich mit Menschen, von denen ich lernen kann? Wenn wir das Steuerrad unseres Lebensschiffes wieder selbst in die Hand nehmen, brauchen wir, ähnlich wie der Matrose, eine gute Ausbildung. Wir brauchen Menschen, von den wir lernen, von denen wir wissen, sie steuern ihr Lebensschiff souverän, sie fallen nicht auf Tücken herein, lassen sich von den Stürmen des Lebens nicht aus der Ruhe bringen, sie halten das Steuerrad sicher in der Hand, lesen den Kompass, fokussieren ihr Ziel. Das Schiff des Lebens selbst zu wählen und zu steuern ist eine große Herausforderung, wenn wir Selbstbestimmung als Kinder nicht lernen, dann stehen wir den Krisen und Unwägbarkeiten des Lebens ziemlich hilflos gegenüber. In unsren Familien und Schulen lernen wir kaum Selbstbestimmung. Deshalb kommen so viele Menschen mit dem Leben nicht zurecht und geraten in Krisen. Der erste Schritt, um die Selbstbestimmung wieder zu finden, ist die eigene Position erkennen und sichern. Wir können gute Lehrmeister suchen, die uns helfen, uns lehren, mit diesen scheinbar anormalen und ungewohnten Situationen umzugehen. Langsam Schritt für Schritt lernen wir, wie der Matrose, was Seefahren bedeutet, wo die einzelnen Schiffe hin fahren und welche Frachten sie geladen haben. Mit der Zeit lernen wir von den verschieden Leuten, den Segelteams, den Erfahrungen auf See, wir haben ein Bild, wie das Lebensschiff aussehen könnte, auf dem wir uns wohlfühlen, wir lernen Schiffe durch verschiedene Wetterverhältnisse, Meerengen, Gefahren und Gewässer, zu steuern. Wenn wir uns sicherer fühlen mit dem Leben da draußen, können wir die feineren Ebenen der Navigation erlernen. Wir studieren die Bedingungen der Balance. Wann verliert das Schiff sein Gleichgewicht? Wann droht es zu kentern? Wann liegt es wieder stabil im Wasser? Woher kommt der Wind, wird das Schiff abgetrieben oder bleibt es in der Flaute liegen? Wir müssen unser Schiff kennenlernen, die Bedingungen von Wetter, Meer, Versorgung und Crew. So lernen wir immer mehr unser Lebensschiff zu steuern; wir spüren, wann sich das Leben sicher anfühlt, wann wir Fahrt aufnehmen können oder das Tempo reduzieren müssen, damit wir uns selbst wohlfühlen und die anderen Schiffe nicht rammen. Selbstbestimmten Menschen gelingt es besser, die eigenen Höhen und Tiefen des Lebens zu meistern und sie leben meist in wertschätzenden Beziehungen, akzeptieren die Andersartigkeit der anderen. Egal, ob wir als Mannschaft auf hoher See oder als Bergkameraden selbstbestimmt und gemeinsam Durststrecken durchleben, wir lernen, was es bedeutet, sich zugleich auf sich selbst und auf andere zu verlassen, ohne jedes Wenn und Aber. Genau das bedeutet ein selbstbestimmtes und kooperatives Leben: Das Leben und alle Beziehungen sind geprägt von Respekt, Wertschätzung, Ehrlichkeit und Menschenwürde.

Kapitel 6c

Erkennen, Befreien und Erlösen von alten Mustern

Inzwischen berichten Medien kritisch über die wachsende Kluft zwischen reich und arm, zwischen Mächtigen und Ohnmächtigen. Das Machtspiel nimmt immer wieder neue Formen und Ausprägungen an. Zu welcher Gruppe zählen Sie sich, zu den Reichen oder zu den Armen? Zu den Mächtigen oder zu den Ohnmächtigen? Momentan erscheint die Welt der Reichen und Mächtigen wie zementiert, abgeschottet unzugänglich, »gated communities« bezeichnet man das Phänomen in der Fachsprache. Früher waren die Zonen arm – reich eher regional begrenzt, es gab die reicheren Regionen, die ärmeren Länder, insgesamt wurde die Welt in Erste, Zweite und Dritte Welt eingeteilt. Auch heute gibt es reiche und arme Regionen, die arm-reich Bewegung hat weltweit viel bewegt. Manche armen Menschen in ärmeren Regionen, sind durch gute Ideen und Geschäfte Millionäre geworden; es entstehen mitten in armen Regionen Bereiche von Superreichen, die mit Zäunen und Bewachung abgetrennt werden. Besonders deutlich wird das in Südafrika sichtbar, die Reichen leben in Luxusressorts mit Zäunen, Stacheldraht und Wachposten, von den Armenvierteln sichtbar abgegrenzt. Auch wenn Personen zu großem Vermögen gekommen sind, sind sie auf die Beziehung und den Kontakt zu anderen angewiesen. Sie können ihren Besitz nicht allein verwalten, wollen das Gefühl, wohlhabend zu sein, mit anderen erleben; und sie brauchen Männer und Frauen, die für sie arbeiten. Einige der schwerreichen Menschen meiden die Regionen und den Kontakt mit Armut und Elend. Sie möchten nicht an Themen der Krankheit, Vergänglichkeit oder Armut erinnert werden. Mit der Identifikation von Geld, dem Kontakt zu anderen Reichen, scheint die Gefahr gebannt, Gefühle der Frustration, der Enttäuschung und der Erniedrigung erleben zu müssen. Die Welt ist käuflich, so scheint es, auch die Welt der Gefühle, der Gesundheit, die Welt der Beziehungen. Klappt eine Beziehung nicht, wird sie ausgetauscht, droht Krankheit, werden die besten Spezialisten konsultiert und stirbt einer der Superreichen, so bleibt ihm zumindest posthum die Ehre unter den Wohlhabenden gelebt zu haben. Auf diese Weise werden in der jeweiligen Identifikation der Kategorie arm oder reich unterschiedliche Denkmuster und unterschiedliche Gefühle erlebt. Personen identifizieren sich gern mit Gleichgesinnten, zu denen sie sich zugehörig fühlen, so gesellen sich in manchen Gruppen die Reichen und in anderen die Armen. Es bilden sich arme Kreise mit den Gefühlen der Frustration, des Verlierens und dem Gefühl, sich enorm anstrengen zu müssen, um überleben zu können: Gerade arme Menschen leiden häufiger an Schmerzen, Trauer, Wut. Wut auch auf die wohlhabenden Menschen, die gar nicht erkennen können was sie als Arme gerade erleben. Gefühle der jeweils anderen sind kaum mehr verständlich. Teilhaber der reicheren oberen Schicht werfen den anderen vor, faul und unfähig zu sein, weil sie es nicht geschafft haben, mehr Geld und Wohlstand zu erwerben. Teilhaber der unteren und nicht so privilegierten Schichten werfen den reicheren Schichten vor, sie nicht teilhaben zu lassen, sie auszubeuten. Und je nach politischem Lager gesellen sich die Parteien zu der einen oder anderen Seite um Wählerstimmen zu gewinnen. Das fatale und problematische an der aktuellen Lage ist jedoch, dass sich viele Menschen inzwischen so ausgegrenzt und abgehängt fühlen, dass sie sich nicht mehr an Wahlen, nicht mehr an der Gestaltung der Gesellschaft beteiligen können und wollen. Die weltweite Kluft zwischen Arm und Reich wird nicht nur sichtbarer und spürbarer, sondern zeigt sich auch in gegenseitiger Abwertung, in Neid, Unehrlichkeit, Enttäuschung und Frustration. Reiche Menschen, die ihre Welt und ihr Leben je nach Lust und Laune ein- und verkaufen, spüren keinerlei Skrupel oder Schuldgefühle, sie haben sich durch Fleiß und Engagement dieses Leben erarbeitet, oder sie hatten Vorfahren, die sehr fleißig waren. Viele reiche Menschen sind kaum in der Lage, Mitgefühl für die Armen, die Abgehängten, Verstoßenen zu empfinden. Sie können und wollen sich nicht arm fühlen, auch deshalb nicht, weil sie selbst alles dafür tun um die Gefühle der Armut nicht erleben zu müssen. Armuts- und Ausgrenzungsgefühle werden von vielen Reichen verdrängt, ersetzt durch ein Sattheitsgefühle, überstrichen mit einem Wohlstandsgefühl, überzogen mit dem Zuckerguss der Unsterblichkeitsillusion und verziert mit dem Nimbus der Unangreifbarkeit. Statt Unzufriedenheit mit der ungleichen Verteilung der Güter wird ein Heldengefühl erlebt und kultiviert, ein Gefühl die anderen erretten zu müssen, die Welt neu zu ordnen und zu verbessern: Die Menschen verfallen der Hybris, Gott zu sein, sie maßen sich an, die Komplexität der Welt zu verstehen, die richtigen Lösungen zu haben. Haben sie schon mal den Film »Bruce Allmächtig« gesehen? Ein sehr schöner Film. Hier wird nur ein einzelner Akteur beschrieben, der von der Hybris, Gott zu spielen, besessen ist. Bei den Reichen und Superreichen, die glauben, Gott spielen zu müssen, sind es nicht Einzelne, sondern viele Menschen, ein Machtkampf fragwürdiger Weltenretter entsteht: Welcher dieser neuen menschlichen Götter ist der Größte, der Stärkste, der Potenteste? Im Film Bruce Allmächtig übernimmt Bruce die Rolle Gottes. Da er aber immer noch von menschlicher Eitelkeit betroffen ist und von dem Gefühl, die Dinge so zu ordnen, dass sie für ihn gut passen, bringt er die Weltordnung komplett durcheinander. Erst als sich alles zum absolut

Schlechten verwandelt, kommt er zu Besinnung und fängt an sich mit seinem Leben und allen seinen Gefühlen anzufreunden.

Es gibt nur selten wirklich ehrliche Beziehungen zwischen sehr reichen und sehr armen Menschen. Es gibt sehr treue Arbeitsverhältnisse, die beide schätzen. Die Kluft jedoch bleibt. Der Aufwand der Hobbys der Reichen, die Reisemöglichkeiten, die Sprache, das Wissen über Kapitalerträge, Kontakte in die Vermögenswissensstrukturen bleiben den relativ Armen, aber auch schon den Leuten aus der Mittelschicht verschlossen. Weder die ärmeren noch die reicheren Menschen erkennen, mit welchen Identifikationsmustern sie sich identifizieren. Die Reichen identifizieren sich mit der These »reich ist gut« und »arm ist schlecht«. Da die sehr vermögende Schicht gar nicht mehr auf die Idee kommt, dass sie selbst von Armut, Krankheit und Tod betroffen sein könnte, werden diese Bereiche oft solange ausgeblendet, bis sich Krankheit und Tod ereignen. Mir hat einmal eine sehr wohlhabende Patientin erzählt, bis zu ihrem 40 Lebensjahr dachte sie, zu den Privilegierten zu gehören, »arm und krank sind nur die anderen« war ihre Devise. Als sie dann mit 40 Jahren von einer sehr schweren Krankheit betroffen war und große Teile des Vermögens verlor, brauchte es noch einige Zeit bis sie ihr Identifikationsmuster der Unverwundbarkeit hinterfragen konnte. Es gelang ihr zu sehen und zu spüren, wie es sich anfühlt, von den Menschen ausgegrenzt zu werden und durchschaute, wie schwierig diese getrennten Gesellschaftserfahrungen sind. Sie lernte wertschätzende Beziehungen zu Menschen aus verschiedenen gesellschaftlichen Kreisen zu knüpfen und selbstbestimmter zu leben. Wenn die eigenen Lebensgrundlagen durch Krankheit und Unwägbarkeiten des Lebens immer mehr zerstört werden, bleibt uns die Chance, uns mit den anderen Wesen dieses Planetens zu versöhnen.

Die Versöhnung mit der Natur und den Tieren

Die Menschheit lebt seit tausenden von Jahren im Machtkampf mit der Natur, mit den Göttern, es toben Machtkämpfe unter den Stämmen, Kulturen, Religionen, unter Adeligen, Staaten und Organisationen. Die übermächtige Natur und die Wehrlosigkeit der Menschen waren die früheste Ursache für diese Machtkämpfe. Haben Sie sich schon mal verirrt, oder waren Sie schon hilflos Naturgewalten ausgesetzt? Sehr schnell spüren wir unsere Hilflosigkeit, wenn Naturgewalten toben oder wir abseits der Zivilisation Bedrohungen ausgesetzt sind. Wie gut fühlt es sich an, wenn wir Hilfe holen können und wieder zu unserer gewohnten Gemeinschaft zurückkehren, um sich vor diesen Naturgewalten zu schützen, um das Überleben zu sichern. Bei widrigen Umständen bildeten die Menschen Gruppen, Kulturen, Religionen und Überlebensvorschriften. In den Schriften der Bibel wird dem Menschen erlaubt, ja sogar geboten: »Macht euch die Erde untertan«. Sich die Erde untertan zu machen, entspringt der Vorstellung vom Sieg über die Naturgewalten, die scheinbare Erlösung aus der gefühlten Hilflosigkeit: Der Mensch erreicht durch das Unterordnen der Erde ein Gefühl der Sicherheit. In der zivilisierten Welt hat sich dieses Lebensgefühl bereits etabliert: Der zivilisierte Mensch fühlt sich nicht mehr als Opfer der Natur, im Gegenteil, er siegt über die Naturgewalten. Menschen herrschen über Böden und Felder, sie sichern sich Besitzrechte mit Hilfe von Gesetzen, sie regieren über Länder und Bodenschätze. In der Landwirtschaft werden Tiere domestiziert und gezüchtet, eine Vielzahl von Tieren wird durch Jagd und Baumaßnahmen ausgerottet. Menschen, die sich als Herrscher über die Natur fühlen, erlauben sich selbst zu entscheiden, welche Teile der Natur sie vernichten dürfen. So vernichten einzelne Personen und zahlreiche Organisationen viele Arten, Lebewesen und biologische Systeme durch Zivilisationsprozesse und Gewinnstreben. Würden sich andere Lebewesen so schädlich verhalten, Landschaften und Lebensgrundlagen zerstören, würden wir sie als Schädlinge identifizieren. Bei uns selbst jedoch begründen und interpretieren wir dieses Verhalten als Überlebenstrieb, oder sogar als von Gott gewollte Aufgabe.

Es existieren noch die anderen Religionen, in denen der Mensch den Göttern untertan ist, er muss Opfer bringen, muss Gott, den Göttern oder den Ahnen dienen. Das Gebot lautet dann: Menschen müssen sich in und mit der Natur so verhalten wie es die Götter oder die Ahnen wünschen und erwarten. Da es für uns Menschen oft nicht ganz leicht ist zu erkennen, was Gott, das Universum oder unsere Vorfahren von uns wollen, haben sich die Meinungen einiger wegweisender Personen in religiösen und kulturellen Kreisen durchgesetzt und die Gläubigen glauben, wenn sie sich verhalten wie diese besonders religiösen oder weisen Personen es empfehlen, dann sind sie gute Menschen. Zeigt dieses unterschiedliche Verhalten der Über- und Unterordnung gegenüber Gott, der Natur, den Tieren, den Pflanzen und den Menschen, nicht auch die kollektive Bandbreite des menschlichen Gefühlslebens? Sind unsere Gefühls- und Handlungsmuster ebenfalls durch die allgegenwärtige Form der Polarität geprägt, vom extremen Pol der Überheblichkeit und Stärke, bis zur abgrundtiefen Hilflosigkeit? Durch immer neue Vorschriften, Verwerfungen der Geschichte, Gesetze, Politik und Gebote der Religionen verliert der Einzelne immer mehr die Orientierung in der Natur. Wenn sich ein Mensch immer weniger auf die eigene Orientierung verlassen kann und das Kollektiv in der Natur kaum mehr Orientierung bietet, muss sich die einzelne Person eine Gruppe als Identifikationspunkt suchen oder Vorbilder, denen sie nacheifern kann. An welchem natürlichen Verhalten oder Verhaltensrichtlinien orientieren Sie sich? Oft sind es die Familien, Bräuche und Überlieferungen, an denen sich Menschen noch orientieren können. Durch Scheidungen, Mobilität und individuelle Lebensentscheidungen sind diese primären Orientierungsanker brüchiger geworden. Und so irren die meisten Menschen hilflos und überheblich, gestresst und genervt durch ein Leben, das sie nicht mehr verstehen, ein Leben in dem sie den Überblick verloren haben.

Jeder einzelne Mensch entwickelt selbst in unsicheren Zeiten ein Spektrum von »normalen« und »gewohnten« Gefühlen. Während es Statushöhere und reichere Menschen als »normal« empfinden, wenn sie über Gelder, Besitz und die Natur herrschen, entwickeln statusniedrigere Menschen eher das Gefühl, für Besitz hart arbeiten zu müssen, der Natur oder anderen dienen zu müssen. Diese Denk- und Gefühlsschemata sind an der Gruppe und dem Kollektiv, an der Kultur ausgerichtet und werden bereits von Geburt an erlernt. Alle Kinder brauchen Eltern, Erwachsene und Lehrer, die sie versorgen und um die Zusammenhänge der Welt zu erklären; Babys und Kleinkinder können ohne Hilfe nicht überleben und erst als größere Kinder und Jugendliche sind in der Lage zu lernen, wie das Zusammenleben funktionieren kann. Was lernen wir, was lehren wir unsere Kinder, was haben wir selbst gelernt? Haben Sie ein funktionierendes Zusammenleben von Menschen und Natur erlebt und gelernt? Oder lernen wir vielmehr im Geschichts- und Biologieunterricht, in Erdkunde und Sozialkunde von Kriegen, von Machtkämpfen, von Umweltzerstörung, wirtschaftlichen, religiösen und politischen Konflikten? Wir erleben und erlernen eine zerstrittene, kriegerische Welt, eine Welt, in der Menschen die Natur ausbeuten und die Tiere quälen. Wir erleben eine Welt, in der sich ein Teil der Menschen sehr schlecht benimmt und ein anderer, wesentlich größerer Teil, zusieht, frustriert und hilflos klagt, dass die Welt schlecht ist. Dieser größere Teil der Menschheit tut jedoch nichts, um die Situation zu verbessern. Vielleicht gehen noch einige auf die Straße um zu demonstrieren, um einen neuen Machtkampf anzuzetteln. Machtkämpfe zu führen, das haben wir gelernt. Einem Teil der Menschen, scheint der Zustand des Lebens und der Welt egal zu sein, sie machen Party, sie schauen nur auf das Schöne, das Lustige, andere versuchen, das Desaster der Welt mit Humor zu verarbeiten und ein verschwindend kleiner Teil der Menschheit macht sich Gedanken, wie eine bessere Welt aussehen kann, um dann von der großen Masse der anderen als Weltverbesserer verlacht zu werden. Wir kümmern uns um unsere Welt viel zu wenig, wir sorgen weltweit nicht dafür, dass es uns gemeinsam auf diesem Planten gut geht. Mit der Institutionalisierung der Religionen und des Kommunismus wurden Konzepte erdacht, um Menschen im Denken, Fühlen und Handeln gleich zu schalten, dadurch sollte eine bessere Welt erreicht werden. Wie blind sind wir Menschen der Natur gegenüber geworden? Wenn wir in und mit der Natur zusammenleben möchten, dann ist es gerade wichtig verschieden zu sein, in der Verschiedenheit zusammenzuleben, das ist das Erfolgsrezept der Natur seit Millionen von Jahren. Die Natur versucht nicht aus der Katze einen Hund zu machen und aus dem Vogel einen Baum. Wenn wir wieder von der Natur lernen, dann sehen wir, dass alle Wesen in der Natur sein dürfen wie sie sind und dennoch kooperieren können. Nicht das Durchsetzen der Fittesten, wie Darwin es postulierte sichert das Leben auf diesem Planten, sondern die Kooperation der verschiedenen Arten. Der Vogel nützt dem Baum, in dem er seine Samen verbreitet, der Baum nützt dem Vogel, weil er ihm Heimat und Schutz bietet. Alle funktionierenden natürlichen Systeme sind auf Kooperation der verschiedenen Lebewesen aufgebaut. Die Natur scheint keiner hierarchischen Führung unterstellt zu sein, die wir Menschen in unserem Denken und unserer Angst erschaffen haben. Der Löwe ist vielleicht schwerer und kräftiger als die kleine Maus, dafür kann die Maus sich versteckten, sie kann in jedem kleinem Loch Unterschlupf finden, das kann der dicke Löwe nicht. In der Natur ist die Maus nicht schlechter als der Löwe, beide sind ein gleichberechtigter Partner in der Natur. Nur wir Menschen schaffen diese Kategorien, dass der einen besser ist und der andere schlechter. In der Natur leben die Wesen einfach zusammen, ohne sich gegenseitig zu bewerten. Jedes Lebewesen versucht, sich bestmöglichst zu schützen. Alle Lebewesen versuchen voneinander zu profitieren, ohne sich dabei gegenseitig zu schaden. Sie werden jetzt einwenden, der Löwe schadet doch der Antilope, wenn er sie frisst. Ja, das stimmt und genau deshalb lernen die kleinen Antilopen von ihren Eltern, hier sind die Löwen, vor ihnen musst du dich schützen. Hier ist ein sicherer Ort und hier musst du dich in Acht nehmen. Die Antilopenmutter sagt nicht zu ihrem Kind, da drüben wohnen die bösen Löwen, wir müssen die Löwen ausrotten sie sind schlechte Tiere.

Die Antilopenmutter lehrt ihrem Kind nimm dich in Acht, das Tier da drüben ist groß und stark, es hat scharfe Zähne und manchmal großen Hunger und dann mag es gern Antilopen fressen. Also pass auf.

Das System der Natur funktioniert in seinem Zusammenspiel auf wundervolle Weise. Wir Menschen sind zu dumm und zu überheblich um dieses wunderbare Zusammenspiel zu erkennen. Und so versuchen wir als Einzelne und als Gruppen egoistische Ziele zu verfolgen, bei deren Verwirklichungen wir uns erbarmungslos bekämpfen und wir erkennen in all den täglichen Kämpfen nicht mehr wie wir uns selbst und der Natur schaden.

Warum wollen wir Menschen immer gegen etwas kämpfen statt mit miteinander zu leben? Warum kämpfen wir gegen die Natur, statt mit ihren Gesetzmäßigkeiten zu leben?

Wir können wieder damit beginnen, hier und heute, jeder einzelne. Wir können die Natur achten, wir können alle anderen Wesen achten, wir können uns vor denen schützen, die uns vernichten wollen und unsere Quellen des Glücks und die Quellen des Lebens suchen und finden. Der Hochschullehrer Jaak Panksepp hat die »Affektive Neuroscience« entwickelt. Er untersuchte jahrzehntelang Säugetiere und er stellte fest: Alle Säugetiere kommen mit einem neurobiologischen System auf die Welt, das unser Überleben schützt und sichert. Wir tragen in uns ein Bindungssystem, das uns hilft gute Beziehungen einzugehen, wir sind mit einem Wutsystem ausgestattet, das uns hilft, uns zu wehren, wir haben ein Angstsystem in uns, das uns vor Gefahren warnt und schützt; und jeder verfügt über ein Suchsystem, das uns hilft in der Natur unsere Lebensgrundlagen, unser Wohlbefinden zu suchen zu finden. Wir sind von der Natur hervorragend ausgestattet, um in der natürlichen Welt zu überleben. Wir wurden nicht dazu ausgestattet, um uns über andere zu erheben, noch um uns vor anderen zu bücken. In unserem Gehirn sind keine Strukturen vorhanden die dem einen die Freiheit geben und dem anderen die Knechtschaft. All diese Systeme haben wir Menschen erschaffen. Hier und heute können wir beginnen, diese von Menschen gemachten Systeme auf den Prüfstand zu stellen, jeder einzelne kann das und wir können es alle zusammen. Wir müssen nicht ein parasitäres, ungerechtes und schädigendes menschliches Zusammenleben pflegen und tradieren. Wir können, jeder für sich, beschließen: Ich fange hier und heute an, ein Leben zu führen, das mir selbst und all den anderen Wesen nützt. Keine Sorge, sie müssen das nicht sofort perfekt beherrschen. Schauen Sie die Natur an mit welcher Geduld und Ausdauer sie Lernprozesse ermöglicht. Wenn wir weiter leben wollen, müssen wir darauf achten, dass wir unsere Lebensgrundlagen schützen und damit alle anderen Lebewesen. Wenn wir weiter so blind an der Natur vorbeilaufen, dann zerstören wir unsere Lebensgrundlagen wie ein Parasit seinen Wirt und vernichten damit unsere Nahrung, die Böden, die Tiere, die Ernten, die Rohstoffe... Die Natur und ihre Gesetzmäßigkeit werden durch Parasiten nicht zerstört, die Parasiten verschwinden, wenn sie ihren Wirt und andere Wesen ausbeuten, wenn das biologische Gleichgewicht gestört wird, das zeigt uns die Natur immer wieder.

Vielleicht sollten wir, statt uns ständig zu bekriegen und die Natur zu stören, nach den Gesetzmäßigkeiten der Natur und des Universums suchen, nach ihnen forschen. Demütig wie die früheren Philosophen könnten wir sagen: »Wir wissen, dass wir nichts wissen«. Und gerade in diesem Nichtwissen versuchen wir zu verstehen, zu erforschen wie es gehen kann, dass Menschen und Natur wieder gut zusammen leben. Wenn wir diese Richtung einschlagen, dann sind wir auf dem Weg zurück ins Paradies und vielleicht machen wir es dieses Mal besser als Adam und Eva, durch die Irrwege der Menschen außerhalb des Paradieses und der ganzen Menschheitsgeschichte haben wir viel gelernt. Es gibt einige kleine Zonen auf der Erde, in denen das Zusammenleben von Menschen und Mensch und Natur sehr gut funktioniert, dort existieren seit Generationen gesunde Formen des Zusammenlebens, diese Regionen werden als sogenannte »Blue Zones« beschrieben. Die Einwohner dieser Zonen werden sehr alt, leben gesund und bemühen sich stets um ein wertschätzendes Miteinander und ein gutes Zusammenleben mit der Natur. Warum existieren, diese hilfreichen Strukturen des Zusammenlebens nur in einigen wenigen begrenzten Regionen dieser Welt?

Kapitel 6e

Entsorgung von dysfunktionalen Mustern

Wie räumen Sie Altes weg, das Sie nicht mehr benötigen? Verschenken Sie etwas, recyceln Sie, oder kommt es in den Keller oder auf den Dachboden? Entsorgen Sie alles auf einmal oder immer wieder das eine oder das andere Stück?

Das Aufräumen in der Wohnung ist ähnlich wie das Aufräumen im Kopf. Wir können immer wieder alte Gedanken und Verhaltensmuster prüfen und wenn sie nicht mehr funktionieren, können wir diese alten Muster und Gewohnheiten loslassen und durch neue, bessere, effektivere Muster, Gewohnheiten und Strategien ersetzen. Menschen, die sich nie verändern und in ihrem Kopf nicht aufräumen, können bald als ewig Gestrige nicht mehr am aktuellen Leben teilnehmen. Das ist keine Erscheinung der Neuzeit, das war schon immer so. Menschen waren und sind immer dabei, sich Lebensgrundlagen zu sichern. Das tut jedoch nicht nur jeder Mensch für sich allein, andere Menschen, die Tiere und die Natur entwickeln sich ebenfalls; so können wir überleben, auch wenn sich Lebensbedingungen verändern. Wollen wir uns immer wieder anpassen, müssen wir nicht nur Neues finden und entdecken, sondern auch Altes entsorgen oder verwandeln, genauso wie es die Natur uns vormacht. Um uns regelmäßig anzupassen, müssen wir jedoch nicht nur äußerlich aufräumen, sondern auch innerlich. Im Kopf fällt uns das Aufräumen ähnlich schwer wie in der Wohnung. An den Veränderungsprozessen des Lebens können wir teilnehmen, wenn wir uns informieren, anderen zuhören, das Leben aufmerksam beobachten, wenn wir alte überholte Informationen identifizieren und entsorgen. Warum fallen uns diese Anpassungsprozesse schwer? Zum einen sind wir Menschen Gewohnheitstiere, zum anderen wissen wir nicht, wie die anderen reagieren werden, wenn wir uns verändern und plötzlich ein bisher ungewohntes Verhalten zeigen. Das »Im Kopf aufräumen« erfordert daher wesentlich mehr Grips als das Aufräumen der Wohnung und es kann anfänglich recht unangenehm sein: Wir müssen uns den eigenen bisherigen Fehlentscheidungen und Irrtümern stellen, das mag unser eitles oder minderwertiges Ego nicht so gern. Wer gibt schon gerne zu Fehler zu machen oder outet sich, Irrtümern geglaubt zu haben. Die meisten Menschen denken gar nicht daran, wie viel Schrott sie völlig unreflektiert übernommen haben und zu welchen fatalen Fehlern das führt. Nehmen wir als Beispiel einen der bekanntesten Irrtümer, den Satz: »Du bist schuld«. Wie häufig denken und benutzen wir diesen Satz, wenn wir uns nicht gut fühlen oder etwas nicht klappt. Ich bin nicht schuld, dass das passiert ist; wenn XY das nicht gemacht hätte, wäre das nicht passiert. Es ist ziemlich einfach zu denken und zu sagen »du bist schuld«. Wenn Sie einem Menschen begegnen, der diesen Satz häufig gebraucht, dann wissen Sie erstens, dass das eigentliche Problem nicht gelöst wird und zweitens, dass sich der Sprecher dieses Satzes momentan nicht weiterentwickelt.

Eine Lernresistenz oder eine erlernte Hilflosigkeit erlaubt dem Sprecher dieses Satzes, die eigene oder kollektive Beteiligung an dem Geschehen zu leugnen. Kein Mensch kann allein an irgendetwas schuld sein, es sind immer Verkettungen, Mischungen von Ursachen, die zu Folgewirkungen führen. Kein Mensch lebt ohne Umwelt, daher ist die Umwelt, sind die Gruppen, die Familien, die kollektiven Vorstellungen und Wahrnehmungen, die Gehorsamsgebote, Ängste, Überlieferungen usw. an allen Fehlern, die weltweit passieren, mit beteiligt. Wenn wir Menschen das Phänomen der Schuld genauer betrachten, dann sehen wir vielmehr, dass es um Verantwortung geht. Jeder Mensch ist zuerst für sich selbst und für seine Handlungen verantwortlich, die Organisation seines wertvollen Lebens; wenn der Mensch sich darum kümmert, passieren die wenigsten Fehler. Leider haben wir uns jedoch kollektiv angewöhnt, uns um das Leben der anderen zu kümmern, wir wissen was der Nachbar anziehen müsste, was der Lehrer falsch gemacht hat, wie der Fußballer das Tor schießen sollte und wie der Bauer seinen Acker bestellen muss. Und wenn uns das Verhalten der anderen nicht passt und wir uns zugleich nicht wohlfühlen, dann kommt der Satz wieder »der ist schuld, dass...« Jeder, der diesen Satz denkt und ausspricht, gibt einem anderen die Macht über sich. Es ist meine Aufgabe, mich um mein Wohlbefinden zu kümmern, nicht die Aufgabe der anderen. Und wenn Sie sich selbst öfters bei dem Gedanken: »der oder die ist schuld« ertappen, dann könnte dieser Gedanke ein wichtiger Hinweis sein, anderen keine Macht mehr zu geben und aufzuräumen im Kopf. Niemand ist schuld, wenn ich mich schlecht fühle, außer ich selbst. Wenn ich mich schlecht fühle, ist es ein untrügliches Zeichen, dass in meinem Leben etwas nicht stimmt. Der nächste sinnvolle Gedanke auf ein schlechtes Gefühl ist: »was will und kann ich verändern, damit ich mich wieder besser fühle und wie kann ich das erreichen?« Wenn ich in eine ungünstige Situation gerate, kann ich genauso fragen, warum ist mir das passiert, wo habe ich nicht aufgepasst, hätte ich mich wehren müssen, was habe ich nicht bedacht, hatte ich zu viel oder zu wenig Vertrauen, zu viel Stress, was kann ich in dieser Situation lernen? War meine Strategie, die Verhandlung oder mein Verhalten ungünstig? Wenn mich andere ärgern, kann ich mich ebenso fragen, warum habe ich mich ärgern lassen und wie kann ich mich als Nächstes verhalten, damit es besser läuft und ich mich nicht mehr ärgere? Die erste wichtigste Aufgabe beim Aufräumen im Kopf ist, die Verantwortung für das eigene Denken, Fühlen und das eigene Handeln zu übernehmen. Wenn wir dem Irrtum erliegen, wir könnten andere verändern, werden wir immer wieder scheitern, geben anderen Macht über uns oder wir erzeugen neue Macht- und Unterdrückungssysteme. Das erste beim Aufräumen im Kopf ist zu erkennen, was nicht in Ordnung ist, das gilt für die Wohnung genauso wie im Kopf: Wer sich im Chaos wohl fühlt, wird sich nicht daran machen aufzuräumen. Daher ist bei jedem Aufräumen ein ehrliches Hinschauen, eine Analyse notwendig: Was ist nicht in Ordnung, was läuft nicht gut? Wie könnte es sich wieder besser anfühlen? Wie steht es um meine Beziehungen und meine Arbeit, was vermisse ich am meisten, wonach sehne ich mich? Wenn wir diesen ersten Schritt erfolgreich bewältigt haben, dann können wir weiterfragen: Was möchten ich erleben, alleine oder gemeinsam; welche Ziele will ich / wollen wir erreichen? Wenn wir im Kopf aufräumen, dann verfolgen wir nicht tausend Ziele gleichzeitig, sondern wir lösen die Probleme nacheinander, fokussieren ein Ziel nach dem anderen und arbeiten konzentriert und konsequent an den gesteckten Zielen. Wenn wir dabei mittelschwere Aufgaben wählen, uns nicht über- oder unterfordern werden sich immer mehr Erfolge einstellen. Statt das Leben fremdbestimmt und erfolglos zu führen, wird sich das Aufräumen im Kopf bald bezahlt machen: Beziehungen verbessern sich, berufliche Erfolge werden häufiger erlebt, die finanzielle Situation stabilisiert sich, die Gesundheit verbessert sich und der Sinn des Lebens steigt.

VISION DER BEFREI-UNG

Kapitel F

Intro

Wenn wir uns in den letzten Kapiteln die Dynamik der menschlichen Machtspiele angeschaut haben, fällt auf: Machtspiele wirken sich sowohl auf die Welt außerhalb unseres Körpers aus und sie betreffen durch persönliche Erlebnisse mit diesen Machtspielen auch unsere Erfahrungen und sie wirken bis in unsere innersten Gefühle, die durch Stresshormone und Neurotransmitter gesteuert werden. Es sind somit wahrscheinlich nicht die angeborenen Gehirnstoffwechselvorgänge und die Gene, die steuern, ob eine Person zu Depressionen neigt, gute Beziehungen pflegen kann, sich leicht gestresst fühlt, keine Angst kennt oder sich extrem rücksichtslos verhält. Vielmehr bilden unsere Erfahrungen und Gewohnheiten, die wir mit der sozialen Welt und der Natur gemacht haben eine Art Rückgrat der Gefühle. Und dieser gefühlte Raum ist bei jeder Person völlig unterschiedlich besetzt, je nachdem welche Erfahrungen, Traumata, Beziehungen, Machtstrukturen und Hilflosigkeit die Person in ihrer frühen Kindheit und der weiteren Biographie erfahren hat. Personen, die in Ihrer Kindheit Machtstrukturen als übermächtig erlebt haben, zu Gehorsam erzogen wurden und gelernt hatten, sich anzupassen, werden dieses Verhalten auch im späteren Leben so praktizieren. Es ist anzunehmen, dass in stabilen gesellschaftlichen Systemen ca. 60 % der Bevölkerung sich an die gegeben Strukturen anpassen, sonst würde es zu einem Systemwechsel kommen. Gehorsam und Anpassung ist bei diesen 60 % der Menschen das tragende Handlungsmuster. Nicht nur Eltern, sondern auch Bildungssysteme und Arbeitsstrukturen, auch die zugrunde gelegten Intelligenztests legen ihren Fokus auf Anpassungsleistungen. In den westlichen Industrienationen wird bei Bildungsangeboten der Schwerpunkt hauptsächlich auf Erwerb von bekanntem Wissen gelegt. Somit ist es dem größten Teil der Bevölkerung recht fremd die eigene Kreativität oder die eigene Intuition als Intelligenzleistung zu erkennen oder zu nützen und in neuen und anderen Kategorien zu denken. Die meisten Menschen verhalten sich damit wie Kopien von anderen und sie versuchen über die Kategorie »normal« Anerkennung zu finden. Nur vereinzelt tauchen somit in der Geschichte Genies auf, die es wagen Neues zu denken, Neues zu erfinden oder überholte Denksysteme in Frage zu stellen. Diesen Personen ist es meist in der Kindheit schon gelungen sich dem Druck der Anpassung zu entziehen oder sie waren durch traumatische oder sehr schwierige Lebensbedingungen gezwungen, andere Wege zu suchen.

Haben Sie es schon einmal gewagt, sich gegen den Mainstream zu stellen, in einer Gruppe eine andere These zu vertreten als alle anderen? Gruppen, vor allem machtorientierte und konforme Gruppen neigen dazu, einzelne zu zwingen, sich an die Gruppennormen anzupassen. Die Art dieses Zwangs ist oft nur sehr subtil und wird von den einzelnen Personen oft gar nicht als wirklicher Zwang wahrgenommen. Je machtorientierter sich einzelne Personen innerhalb einer Gruppe verhalten, desto mehr möchten sie von den Mitgliedern erreichen, dass sich alle Mitglieder gleich verhalten. Gruppen erreichen damit, dass alle wie der oder die Gruppenführer denken, oder es zumindest vorgeben so zu denken. Nur die wenigsten Menschen, die in machtorientierte Systeme hineingeboren oder sozialisiert werden, wagen es, diesem Mainstream etwas entgegenzusetzen. Nur so lässt sich erklären, dass machtorientierte Systeme sich derartig stark und nachhaltig reproduzieren. Aber nach welchen Handlungsmustern arbeiten diese Machtsysteme und warum erleben wir trotz aller Machtstrukturen immer wieder relativ machtfreie Räume und Zeiten?

Es sind die Handlungsparadigmen, die machtorientierte und machtfreie Räume und Zeiten unterscheiden. Machtorientierte Gruppen, Staaten und Systeme handeln vor allem mit den Paradigmen: Trennung,

Bestrafung, Besitzen. In machtfreien Räumen handeln die Teilnehmer von Gruppen, Familien und Organisationen nach den Paradigmen: helfen, teilen, lernen. Zur Verdeutlichung werden hier Beispiele für die unterschiedlichen Verhaltensweisen (machtorientierte und machtfreie Gruppen) gezeigt.

1. Machtorientierte Gruppen Paradigmen: Trennung, Besitz, Strafe

Im Paradigma der Trennung existieren die Guten und die Bösen, die Gesunden und die Kranken, die Reichen und die Armen, die Einheimischen und die Fremden, die Weißen und die Schwarzen, die Männer und die Frauen, die Erwachsenen und die Kinder, die Fleißigen und die Faulen. Machtaffine Personen neigen dazu, den anderen Handlungen zu befehlen, strenge Forderungen an ihre Mitmenschen zu richten und sich stets davon überzeugen zu müssen, dass Sie Recht haben. Sollte etwas nicht so funktionieren, wie sie es sich vorstellen, müssen diejenigen, die andere Vorstellungen haben beschämt, ausgegrenzt oder bestraft werden. Da sich mindestens 60% der Bevölkerung aus Angst vor Bestrafung diesen Machtstrukturen beugen, werden Machtkonstruktionen kollektiv wenig hinterfragt, sondern eher als schicksalhaft hingenommen. Machtorientiertes Denken und Handeln zeigt sich auch im Besitzen wollen, im Besitzen müssen. Nicht das Leben an sich ist für Machtorientierte wertvoll, sondern viel mehr der Status, der durch Geld, Ansehen oder Leistung erworben wurde und wird.

Der Besitz drückt diesen Status sichtbar aus, deshalb ist in machtorientierten Kreisen Besitz sehr wichtig. Bei der Arbeit ist nicht die Freude oder der Sinn der Tätigkeit wichtig, sondern vielmehr wie viel durch welche Handlung zu verdienen ist. Mittels der Besitztümer kann gezeigt werden, zu welchem Ansehen es die Person oder die ganze Gruppe gebracht hat, zudem lässt sich durch Beschämung der Armen noch ein weiterer Vorteil nutzen, man kann sich als machtvoller Besitzender sagen, arm und krank sind nur die anderen. Dass Armut eine

Bedrohung darstellt, wird nicht mehr wahrgenommen und der machtorientierte Wohlhabende erlebt sich damit nicht mehr in der Gefahr von anderen abhängig zu sein. Der Preis dieser Machtorientierung ist, dass machtorientierte Personen kein ehrliches Feedback mehr erhalten, sie haben keine echten authentischen Freunde mehr, sondern sind vorwiegend von hörigen Vasallen umgeben. Problematisch ist zudem, dass nicht alles über Macht und Reichtum kontrolliert werden kann, es bleibt ein Restrisiko für Tod, Armut, Alter und Krankheit. Diese Probleme lassen sich nicht mit Macht lösen. Das Zusammenleben in machtorientierten Systemen ist von strengen Hierarchien geprägt, es bilden sich Verhaltens- und Denkformen der Über- und Unterordnung. Auch hierarchische Systeme haben bestimmt ihren Sinn und sie funktionieren sehr gut, wenn Probleme schnell gelöst werden müssen, zum Beispiel in Notfall-Situationen oder Katastrophen. Im Team, in der Familie und in allen Gemeinschaften, die sich weiter entwickeln möchten, sind machtorientierte Systeme ungünstig, ja sogar schädlich.

Machtorientierte hierarchische Systeme können sehr gnadenlos und hart sein. Wenn Wohlhabende und Statushöhere in Armut, Krankheit und Alter abrutschen, dann sind sie plötzlich auf der anderen Seite der Gesellschaft der Gruppe, auf der Seite der abgewerteten. »Und wer den Schaden hat«, sagt ein wahres Sprichwort, »braucht für den Spott nicht zu sorgen.« Wenn eine Person nie erlebt hat, hilflos und abhängig zu sein, nie auf die Fürsorge, Unterstützung und auf das Mitgefühl der anderen angewiesen war, dann fehlen Strategien des Bittens und Dankens, der Wertschätzung gegenüber statusniedrigeren Personen, auf deren Hilfe und Unterstützung, auf die sie dann angewiesen sind. Und es ist die Frage, ob frühere Weggefährten den verarmten Reichen noch in ihren Kreisen haben wollen. Möglicherweise spürt ein machtbesessener Wohlhabender erst nach seinem Absturz, wie unbarmherzig machtorientierte Systeme sein können. Aus dieser Position heraus hat er jedoch wahrscheinlich keine Macht mehr diese zu verändern.

2. Machtfreie Gruppen: Paradigmen: helfen, teilen, lernen

Immer wieder erleben wir machtfreie Gruppen, machtfreie Räume und machtfreie Zeiten. Nach dem Krieg, als die Trümmerfrauen die Häuser aufbauten, die Männer noch im Krieg waren, die öffentliche Ordnung noch in Schutt und Asche lag, da gab es machtfreie Zeiten und Räume. Die Menschen hatten begriffen: wir haben die Hölle der kriegerischen Machtspiele überlebt, jetzt geht es darum, das Land wieder aufzubauen. Machtfreie Räume entstehen in Krisengebieten, in Gruppen, die ganz neu starten. Machtfreie Räume entstehen in der Jugend, in Bands, in außergewöhnlichen und neuen Situationen. In den 68er Jahren etablierten sich machtfreie Räume als Gegenreaktion zur Überreglementierung nach dem Krieg. Fragt man die Klienten in der Psychotherapie nach ihren glücklichsten Zeiten, so nennen sie meist machtfreie Zeiten, die zu den glücklichsten Stunden zählten, das »Frischverliebtsein«, eine Reise, das überwältigend Neue, die Freiräume in der Studien- und Ausbildungszeit, die ersten Jahre einer jungen Familie oder die Befreiung aus engen Strukturen, nach der Berufstätigkeit. Wir erleben auch in der Arbeits- und Berufswelt machtfreiere Gruppen und Betriebe. Es gibt Lehrer, die trotz aller Reglementierung, den Schülern ein Gefühl von Freiheit und Unbeschwertheit geben können. Es gibt in der Politik immer wieder Politiker, die Machtgrenzen durch ihre Visionen und ihre menschlichen und charismatischen Fähigkeiten überwinden. Es gab in der Geschichte Könige, die lange Friedenszeiten ermöglichten, durch ihre fairen, gerechten und wohlwollenden Handlungen. Es waren nicht die eitlen, überheblichen und machtorientierten Könige, die ihrem Volk Frieden brachten. Könige, die ihre Tätigkeit als Dienst an ihrem Volk verstanden, als Dienst an der Menschheit, gaben dem eigenen Land und der Region Wohlstand und Ordnung; sie waren keine Könige, die herrschten, sondern Könige, die hörten was die Menschen brauchten. Auch in den Betrieben und Organisationen gibt es sehr machtarme Institutionen, in denen sich die obersten Chefs weder arrogant verhalten, noch die höchsten Gehälter sichern. In diesen Betrieben gehen die Chefs und Manager zu den Mitarbeitern, zu jeder Reinigungskraft und sorgen dafür, dass es den Menschen während der Arbeit und mit ihrer Berufstätigkeit gut geht. Machtfreie Räume orientieren sich nicht in erster Linie an Börsenwerten und finanziellen Gewinnen, sondern zuerst daran, dass es den Menschen gut geht. Sie schaffen Bedingungen, in denen sich die Mitarbeiter und Kunden wohlfühlen und miteinander gut arbeiten. In einem so geführten Betrieb fragte ich eines Tages die überaus erfolgreiche Inhaberin nach ihrem Erfolgsrezept. Sie sagte mir: wenn ein Betrieb gut laufen soll, dann muss es zuerst den Menschen, den Tieren und der Natur in der Umgebung gut gehen, das Geld kommt dann wie von selbst.

Kapitel Fa

Vorstellung und Träume

Vorstellungen und Träume, wie die Welt sein könnte, sind sehr unterschiedlich. Während die einen technische Lösungen für Probleme suchen, setzen anderen auf biologische, chemische oder soziale Lösungen. Wenn wir die Wirkungsweise der verschiedenen Lösungen mathematisch berechnen, wird deutlich, dass jede Lösung in einer gewissen Weise eine günstige Wirkung zeigen kann, in übermäßigem Einsatz jedoch auch Schaden hervorrufen kann. Der Arzt Paracelsus beschrieb dieses Phänomen mit dem Ausspruch: »Allein die Dosis macht, dass ein Ding kein Gift sei«. Heutige Wissenschaftler bezeichnen dieses Phänomen als Grenznutzen. Nehmen wir beispielsweise den Besitz von Autos. Lange dachte man, das Problem der Mobilität ließe sich mit dem Besitz von möglichst vielen Autos lösen. Immer mehr spüren wir heute in den großen Städten, dass der Grenznutzen von Autos bereits überschritten ist. Wenn die Straßen nur noch im Stau befahren werden können, die Menschen in den Städten wegen der Luftverschmutzung erkranken und die Bevölkerung an verminderter Lebensqualität leiden, führt der anfängliche Vorteil der Mobilität des Einzelnen zu einem kollektiven Nachteil. Ähnliche Phänomene beobachten wir bei der Produktion in der Industrie, in der Arbeitswelt, in Medizin, Bildung, Sport und Konsum. Überall gibt es diesen Grenznutzen, eine Dosis, die nicht mehr hilfreich, sondern schädlich ist. Haben Sie diesen Grenznutzen selbst schon erfahren?

Wenn wir zu viel essen, erleben wir ein Völlegefühl und werden zu dick; wenn die Industrie sich nur noch auf künstliche Produktion von Gütern konzentriert, ersticken wir langsam am Müll. Arbeiten wir dauerhaft 150 % ohne Freude und Erfüllung, leiden wir schnell an Burnout. Personen, die einen ungesunden Lebensstil führen und sich nur noch auf Medizin und Medikamente verlassen, sterben nicht selten an Neben- und Wechselwirkungen von Medikamenten und Eingriffen. Wenn Kinder vor lauter Ehrgeiz und Gehorsam zu viel lernen, werden sie nicht schlauer, sondern lebensuntüchtig. Jagen wir im Sport immer höheren Leistungen hinterher, die nur mehr mit Doping und Lügen erreicht werden können, macht Sport keine Freude mehr. Und wenn wir so viel besitzen, dass Besitz zur Last wird, dann beginnen wir unter dieser Last zu leiden. Wir können den Grenznutzen berechnen; die Natur hat uns jedoch ein wesentlich klügeres und kostengünstiges Mittel zu Verfügung gestellt: wir können den Grenznutzen spüren. Wir können spüren, wenn wir satt sind, wenn wir uns überfordert fühlen, wenn uns der Konsum nicht mehr gut tut, wenn wir keine Lust mehr haben, wenn uns eine Tätigkeit zu viel wird, wenn wir es satt haben oder sogar Widerwillen empfinden, bestimmte Dinge zu tun. Warum haben so viele Menschen verlernt auf ihre Gefühle zu achten, warum geben Kinder und Jugendliche reihenweise ihre Träume von einem guten Zusammenleben auf und lassen sich von der Sucht des Konsums, des Spiels, der Drogen oder der Gewalt verführen ohne den eigenen und kollektiven Grenznutzen zu spüren.

Unsere Gefühle leiten uns oft nicht mehr auf natürliche Art, weil wir sowohl den Kontakt zu unseren eigenen Gefühlen als auch die Verbindung zur Natur und den Tieren verloren haben. Wir haben uns nicht nur von der natürlichen Welt draußen entfremdet, sondern auch von unserer inneren Welt der natürlichen Empfindungen. Wir sind abhängig geworden von der Konsumwelt und wir haben durch das Überangebot von Lösungen, die Fähigkeit, Probleme selbst zu lösen, verloren.

Langsam aber sicher spüren wir als Einzelne und kollektiv, dass wir etwas verändern müssen, um ein gutes Leben aufrecht zu erhalten und auf dieser Welt zu ermöglichen. Aber wie können wir das erreichen?

Am Beginn jeder Neuerung, jeder neuen Ära, jeder neuen Entwicklung entsteht, ein Wunsch, reift eine Idee heran. Keine Haus, kein Schloss, keine Park entsteht, wenn nicht vorher eine Idee, ein Traum, eine Vision so kraftvoll ist, dass mindestens ein Mensch beginnt, diesen Traum, diese Vision weiter zu verfolgen, diesen Traum nicht nur zu träumen, diesen Traum Wirklichkeit werden zu lassen. Und Wirklichkeit kann ein Traum nur werden, wenn wir einen Plan finden, wenn wir uns einen Plan machen, ein Bild finden, von dem wie es werden kann, wenn wir unsere Vision erreicht haben.

Planen

Haben Sie schon eine Urlaubsreise organisiert? Zuerst ist wichtig, dass wir planen wo wir hinfahren möchten. Ohne Ziel werden wir nicht aufbrechen können. Viele Menschen scheitern bereits an dieser Hürde. Ich weiß ja gar nicht was ich machen könnte, wohin ich fahren kann, in welche Richtung mein Leben sich entwickeln kann. Wenn ich nicht weiß wohin ich will, dann kann die Reise nicht losgehen. Und noch viel schwieriger ist es, die Reisen von vielen Menschen zu organisieren. Reiseveranstalter können sicher ein Lied davon singen, welche Verantwortung sie tragen, wenn sie so viele Menschen an unterschiedlichste Orte bringen und wieder zurückholen. Wir wollen und können nicht alle zur gleichen Zeit an die gleichen Orte fahren, das macht keinen Spaß und wäre auch sehr gefährlich. Und dennoch wissen wir aus dem Tourismus, dass es möglich ist, Reisen so zu organisieren, dass jeder sein Ziel erreicht. Warum sollte das, was bei Reisen möglich ist, nicht auch in unserem Leben möglich sein? Wir können in der Zukunft ein Leben führen, so wie wir es selbst gerne leben möchten und wie es sich für unsere Mitmenschen gut anfühlt. Wir hören mit den weit verbreiteten Machtspielen auf. Wir hören auf, den einen ein schönes Leben zuzusprechen, während wir andere ausbeuten, vernachlässigen, beschämen und unterdrücken. Wir lernen jeden Tag im Miteinander so zu leben, dass für mich selbst und zugleich für die anderen ein schönes Leben möglich wird. Wollen wir ein gerechtes und geordnetes Miteinander in unserem Zusammenleben erreichen, ist es wichtig zu wissen: Was will ich selbst und was wollen die anderen Menschen, was wollen wir gemeinsam erreichen, welche Gefühle und Beziehungen sind mir wichtig und welche Bedürfnisse haben die anderen? Es ist auch hilfreich zu überlegen, warum wir gewisse Ziele erreichen und erleben wollen. Ist es für uns alle nützlich, diese Ziele zu erreichen? Haben wir alle diese Themen erarbeitet und haben wir diese mit den anderen ausgetauscht, kann die Planung beginnen. Wie beim Hausbau kann jetzt der Rohbau und später die Feinarbeit ausgeführt werden. Welche Strategien waren bisher hilfreich, was wünschen sich meine Mitmenschen, wie viel Geld wird es kosten, Menschen auszubilden, um freundlich miteinander zu sein? Welche Schul- und Weiterbildungsmodule sind erforderlich, dass Menschen miteinander gut zusammenleben können. Welche Umwelt-schutz und Tierschutzmaßnahmen brauchen wir, um ein gemeinsames Leben auf diesem Planeten zu ermöglichen? Wichtig sind die einzelnen Prozesse und Arbeitsabläufe, auch damit Mitmenschen sich gegenseitig zu wertschätzendem Verhalten motivieren.

Kapitel Fc
Durchführung

Um einen guten Plan umzusetzen bedarf es Strukturen, ein gemeinsames Arbeiten, eine Koordination. Solange Menschen auf der Welt leben, die glauben, sie hätten selbst mehr Rechte, mehr Freiheiten, mehr Vorzüge als andere, wird es schwierig sein eine freie und freund-liche Welt zu gestalten. Zu sehr werden die rechthaberischen Gruppen auf ihrem Recht beharren, die feindseligen Menschen säen Angst und Zwietracht und die Zögerlichen streuen Zweifel. Es kommt darauf an, welche Gruppe die besseren Überlebenschancen nützen kann. Setzen sich die feindseligen, egoistischen und rechthaberischen Menschen und ihre Verhaltensweisen durch, kann es ihnen gelingen, die freundlichen auszurotten; in der Folge wird ein feindseliges, grausames Menschengeschlecht die Zukunft der Erde bestimmen. Es werden immer mehr Menschen und Tiere ausgerottet werden. Und es stellt sich die Frage, ob diese feindseligen und egoistischen Menschen genügend Lebensgrundlagen finden, um ohne Dienerschaft und Konsumwelt zu überleben?

Setzen sich jedoch immer mehr freundliche, selbstsichere und kooperative Verhaltensmuster durch, dann wird sich ein freundliches Menschengeschlecht entwickeln, das sich für Artenvielfalt einsetzt, die Umwelt achtet und die Lebensgrundlagen schützt und behütet, dann kann den Erdenbewohnern eine lange und friedvolle Zeit hier auf Erden bevorstehen. Wahrscheinlich kommt es auch hier wieder auf die gute Mischung, die richtige Dosis an, wie Paracelsus sagt. In der Zukunft brauchen wir den vielseitigen Menschen, der freundliche und liebevolle Beziehungen führen kann, humorvoll und tapfer die Schwere des Lebens überwindet und der bei Gefahren sich selbst und andere schützen kann.

Feiern

Immer, wenn im Leben etwas gelungen ist, wenn wir etwas geschafft haben, können wir uns angewöhnen, das zu feiern. Feiern bringt Lebensfreude, stärkt unsere Erfolgszuversicht, stärkt und macht Mut, wieder eine neue Herausforderung zu wagen. Wir werden nicht von heute auf morgen erreichen, dass wir selbst und die anderen Wesen dieses Planeten zu friedvollen und freundlichen Wesen mutieren, die miteinander glücklich leben. Wir können jedoch daran arbeiten, jeden Tag und immer wieder. Und wir können alle kleinen und kleinsten Erfolge feiern, in denen es uns gelingt die Welt zu einem besseren Ort zu machen. Wir können teilen, wann immer es geht, wir können voneinander lernen, wenn wir selbst nicht weiterkommen und wir können einander helfen, wenn einer in Not ist. Wenn wir immer wieder diese drei Handlungen wiederholen und üben, dann können wir bald die ersten Erfolge einer machtfreieren Welt feiern.

ÜBER-WINDUNG DER TREN-NUNG

Zum Abschluss möchte ich Ihnen eine kleine Geschichte erzählen, die mir aus meinem eigenen Leben in Erinnerung geblieben ist. Vor einigen Jahren traf ich einen jungen gut aussehenden und sichtlich sehr armen Mann. Er fragte mich sehr freundlich: »Bitte können Sie mir zwei Euro leihen, ich möchte sie gern morgen zurückgeben.« Ich antwortete: »Natürlich gern, ich möchte das Geld nicht zurück bekommen, aber ich habe eine Bitte an Sie.« Der junge Mann schaute verwundert und ich sagte: »Bitte können Sie für mich beten?« Ein Strahlen erschien in dem Gesicht des jungen Mannes, ein Gebet, das konnte er mir trotz seiner Armut schenken. Das Strahlen des jungen Mannes berührte mich tief, er umarmte mich herzlich und sagte: »Ja das mache ich gerne für Sie.«

Ich weiß nicht, ob ich es mir einbilde, dass der junge Mann wirklich für mich gebetet hat; auf jeden Fall ist mir diese Begegnung in Erinnerung geblieben und ich habe das Gefühl beschützter zu sein.

LITERATUR
& DANK

Literatur

Ganz herzlichen Dank an alle in der Litera turliste genannten Autoren. Sie waren mir mit Ihren Veröffentlichungen eine hilfreiche Unterstützung bei der Entwicklung der Thesen und Zusammenhänge in diesem Buch. Auch wenn nicht alle Titel und Autoren namentlich im Buch genannt werden, möchte ich sie hier erwähnen.

ADORNO, T.W.
Minima Moralia. Suhrkamp Verlag: Frankfurt a. M.: 22. Auflage, S.67, (1994)

BÖGLES, B.
Psychoanalyse in der Sprache Alice Millers. Königshausen und Neumann: Würzburg (1997)

BOURDIEU, P.
Die verborgenen Mechanismen der Macht. VSA Verlag: Hamburg (2005, unveränderter Nachdruck, Erstauflage (1992)

BOURDIEU, P.
Ökonomisches Kapital, kulturelles Kapital, soziales Kapital. In: Reinhard Kreckel (Hg.) Soziale Ungleichheiten (Soziale Welt Sonderband 2) S.183-189 Schwartz Verlag: Göttingen (1983)

BOURDIEU, P.
The Logic of Practice.
Stanford University Press. Stanford (1980)

BOWLBY, J.
Attachment and Loss.
Basic Books: New York (1982)

BRECHT, B.
Der kaukasische Kreidekreis. Verlag Suhrkamp Basisbibliothek (1940)

BRISCH, K-H.
Bindungsstörungen. Klett Kotta Verlag: Stuttgart (2009)

BRISCH, K.-H. & HELLBRÜGGE, T.
Bindung und Trauma.
Klett-Cotta Verlag: Stuttgart (2003)

DIRIE,W.
Wüstenblume. Verlag: Knaur (2018)

EISENBERGER, N. ET AL.
vgl. **Study of Social Exclusion.**
In: Science. 302, S. 290–292, (2003)

EISENBERGER, N., LIEBERMANN, M.
Why it hurts to be left out. S. 109-131. In: Williams, K. P. & Forgas, J.P. & Von Hippel, W. The social outcast. Taylor & Francis Group: New York (2005)

ENDE M.
Momo.
Verlag: Thienemann (1973)

ERIKSON, E.
Identität und Lebenszyklus. Suhrkamp Verlag: Frankfurt am Main (1966)

FATH, M.
Netzwerke zwischen Gewalt und Gewaltlosigkeit. LIT Verlag: Berlin (2010)

FATH, M.
Gewalt und Gewaltlosigkeit.
LIT Verlag: Berlin (2011)

FREUD, S.
Das Unbehagen in der Kultur.
Fischer Verlag: Frankfurt am Main (2010)

FUCHS, TH.
Das Gehirn – ein Beziehungsorgan. Kohlhammer Verlag: Stuttgart (2009, 2. aktualisierte Auflage)

GALLWITZ, A. & PAULUS, M.
Pädokriminalität weltweit.
Verlag deutsche Polizeiliteratur GmbH: Hilden/Rhld. (2009)

HARARI Y. N.
Homo Deus. Verlag: C.H. Beck (2017)

HELLBRÜGGE, TH.
Risiko und Schutzfaktoren in der kindlichen Entwicklung. S. 34-53. In: Brisch, K.-H. & Hellbrügge, Th. Bindung und Trauma. Klett-Cotta Verlag: Stuttgart (2003)

HINZ, A.
Psychologie der Zeit. Waxmann Verlag. New York (2000)

HÜTHER, G.
Die Auswirkungen traumatischer Erfahrungen im Kindesalter auf die Hirnentwicklung. (S.94-105) In: Brisch, K.-H. & Hellbrügge, Th. Bindung und Trauma. Klett-Cotta Verlag: Stuttgart (2003)

KAHNEMANN, D.
Schnelles Denken, Langsames Denken.
Verlagsgruppe Random House (2011)

KANIA, H.
Kriminalitätsvorstellungen in der Bevölkerung. URL: http://www.freidok. uni-freiburg.de/volltexte/3595/, URN: urn:nbn:de:bsz:25-opus-35958 (2004)

KERSCHER, K-H.
Auf dem Weg zur positiven Erziehung.
Grin Verlag: München (2010)

KRIEGER, W.
Gewalt und Geschlechterverhältnis aus Sicht der Jugendhilfe. In: Gahleitner S. & Lenz H-J. Gewalt und Geschlechterverhältnis. Juventa Verlag: Weinheim und München (2007)

LANDES, D.
Vom Wohlstand und Armut der Nationen. Siedler Verlag (2010)

LAZARUS, R.
Stress and Emotion. Springer Publishing Company: New York (1999)

LENZ, H-J.
Gewalt und Geschlechterverhältnis aus männlicher Sicht. In: Gahleitner S. & Lenz H-J. Gewalt und Geschlechterverhältnis. Juventa Verlag: Weinheim und München (2007)

LEWIN, K.
(Sammlung) Graumann, C-F. (Hrgs.) Band 4 und 6 Psychologie der Entwicklung und Erziehung. hrgs. von Weinert & Gundlach (1982) Hans Huber Verlag: Bern und Ernst Klett Verlag: Stuttgart (1982)

LIBET, B.
Haben wir einen freien Willen?
In: Geyer, Ch. (Hrsg.) Hirnforschung und Willensfreiheit. Suhrkamp Verlag: Frankfurt am Main (2004)

LÜTZ M.
Irre! - Wir behandeln die Falschen.
Unser Problem sind die Normalen.
Gütersloher Verlagshaus, Gütersloh (2009)

**MCCULLOUGH, C.P., SCHRAMM, E.,
KIM PENBERTHY, K.**
CBASP. Verlag Junfermann (2015)

MARKS ST.
Scham – die tabuisierte Emotion.
Patmos: Düsseldorf (2007)

MILGRIM, S.
Das Milgrim-Experiment.
Rowohlt Verlag (2012)

MILLER, A.
Am Anfang war Erziehung. Suhrkamp
Verlag: Frankfurt am Main (1983)

MILLER, A.
Das Drama des begabten Kindes. Suhrkamp Verlag: Frankfurt am Main (1983)

MILLER, R.
Lehrer lernen. Beltz Verlag:
Weinheim (2007)

PANKSEPP, J.
Affective Neuroscience. Oxford University
press: New York (2005)

PRECHT, R. D.
Die Kunst kein Egoist zu sein.
Goldmann: München (2010)

ROSENBERG, M.
Gewaltfreie Kommunikation. Junfermann
Verlag: Paderborn (2010, 9. Auflage)

SCHÄFER M. & HERPEL G.
Du Opfer! Wenn Kinder Kinder fertigmachen. Verlag: Rowohlt, Reinbek (2010)

SCHÄFER, M. & AL.
Bullying roles in changing contexts: The
Stability of Victim and Bully Roles from
Primary to secondary school. LMU-Mün-
chen: Department of Psychology (2004)

SCHRAMM, E.
Interpersonelle Psychotherapie.
Verlag:Schattauer (1996)

SMAUS G.
Das Strafrecht und die gesellschaftliche
Differenzierung. Nomos Verlagsgesell-
schaft: Baden-Baden (1998)

SPIES, E., ROSENSTIEL V., L.
Organisationspsychologie. Oldenbourg
Wissenschaftsverlag GmbH (2010)

SPYCHINGER M.
Die Rolle der Scham beim Lernen aus
Fehlern und beim Aufbau von Normen
und Fehlerkultur. In: Schwendemann W.
& Marks St. Erinnern und Lernen Band 3
Scham, Beschämung, Anerkennung.
LIT Verlag: Berlin (2007)

STECK. P.
Gewaltdelinquenz. In: Volpert R. & Steller
M. (2008) Handbuch der Rechtspsychologie.
Hogrefe Verlag: Göttingen (2008)

STERN, A.
...und ich war nie in der Schule.
ZS Verlag Zabert Sandmann (2013)

TAYLOR, M. & FATHALI, M.
Theories of Intergroup Relations. Green-
wood Publishing Group: Westport (1994)

TAZREITER, C.
Sovereign Power and the Shaming
of Citizens, Strangers and Enemies.
(S.229-S.239) In: Pontzen A. & Preusser H-P

(Hrsg.) Schuld und Scham. Universitätsverlag Winter GmbH: Heidelberg (2008)

WATZLAWICK, P. , BEAVIN, J. H., JACKSON D. D.
Menschliche Kommunikation.
Verlag: Hogrefe (1967)

WEBER, M.
Die protestantische Ethik und der »Geist« des Kapitalismus. Beltz Athenäum Verlag: Weinheim (2000, 3. Aufl.)

WEBER, M.
Wirtschaft und Gesellschaft, Grundrisse der verstehenden Soziologie. Zweitausendeins Verlag: Frankfurt am Main (2005, 3. Aufl.)

WELZER, H.
Täter: Wie aus ganz normalen Menschen Massenmörder werden. Verlag: Fischer (2007)

WERBER N.
»Torture or only Mistreatment?« Normativität, Normalismus, und Normenreflexion nach Abu Ghraib. S.239-S.252. (2008)

ZIMBARDO, P.
Der Luzifer-Effekt.
Verlag: Springer (2008)

ZUHORST, E-M.
Liebe dich selbst und freu dich auf die nächste Krise. Verlag Goldmann Arkana München (2007)

ZUHORST, E-M.
Liebe dich selbst und es ist egal wen du heiratest. Verlag Goldmann Arkana München (2004)

FILME
Wenn die Lösung das Problem ist.
Watzlawick

Bruce allmächtig. Regie: Tom Shadyak
Stress – SOS der Seele . National Geographic
Die Ente bleibt draußen. Loriot

INTERNETSEITEN
http://slaveryfootprint.org/
Gewalt gegen Männer, Frauen und Kinder: Spiegel online http://www.spiegel.de/kultur/gesellschaft/gewalt-der-taeter-ist-fast-immer-ein-mann-kolumne-a-1097493.html und Internationales Handbuch der Gewaltforschung: https://link.springer.com/chapter/10.1007/978-3-322-80376-4_35

ÜBERLIEFERUNGEN AUS MÄRCHEN NACH ERZÄHLUNGEN DER BRÜDER GRIMM
Aschenputtel, Schneewittchen, der Eisenofen, Das tapfere Schneiderlein

ÜBERLIEFERUNGEN AUS MÄRCHEN NACH ERZÄHLUNGEN NACH HANS CHRISTIAN ANDERSEN
Des Kaisers neue Kleider

ROMANE
Harry Potter. Rowling, J.K.

THEATER
Romeo und Julia. William Shakespeare

AUTOBIOGRAPHISCHE WERKE
3096 Tage. Natascha Kampusch

Die deutsche Mutter und ihr letztes Kind: Die Autobiographien der erfolgreichsten NS-Erziehungsexpertin und ihrer jüngsten Tochter. Rose Ahlheim und Johanna Haarer

LIED
Die Gedanken sind frei

GEDICHT
Die unmögliche Tatsache.
In: Palmström. Morgenstern, C.

Dank

Dieses Buch konnte nur durch die Zusammenarbeit mit vielen lieben Menschen entstehen, die mich begleiten und unterstützen. Besonders bedanke ich mich bei meiner Familie, bei meiner 90-jährigen Mutti und meinen Schwestern Mechthild und Hedwig für alle bisherige Förderung und Unterstützung. Ganz besonders herzliche bedanke ich mich bei meinen Kindern Katharina und Josef, durch euch und die Liebe zu euch durfte ich mich auf den Weg machen in ein Denken und Fühlen, in dem Macht überwunden wird und Gefühle der Freiheit und des Miteinanders Raum gewinnen. Dir lieber Thomas, meinem kleinen Enkel, möchte ich danken, weil du mir die Kraft, den Mut, die Hoffnung und Zuversicht entlockst, mich noch viel nachhaltiger als bisher für ein liebevolles Miteinander zu engagieren. Und ich bedanke mich bei meinen Freunden, die mich sehr unterstützen. Zuerst danke ich dir lieber Alf Gallwitz für die langjährige, liebevolle und herzliche Fernfreundschaft. Du vermittelst mir immer wieder mit Vorsicht und Nachdruck mein Weltbild zu überdenken, ermutigst mich stets, das Beste aus mir herauszuholen und bist immer da, wenn ich Fragen, Nöte oder Sorgen habe, du bringst mich zu Lachen, schenkst mir Gefühle der Leichtigkeit und begleitest mich virtuell auf meinen Radtouren. Bei dir lieber Christoph Moser bedanke ich mich für die jahrelange Freundschaft und die unermüdliche Unterstützung in unserem Verein »Frieden macht Schule e.V.«; durch dich ist unsere Arbeit heiter, angenehm und erfolgreich; dir liebe Petra Kunkel-Freiler danke ich für die langjährige, herzliche und ehrliche Freundschaft und die Leitung unseres kleinen Friedens-Chores; du bringst unsere Stimmen zum Klingen und suchst für uns so schöne Lieder aus, die wir für den Frieden und die Freude in der Welt singen können. Euch liebe MitsängerInnen danke ich für unsere frohen Chorstunden, die Treffen und das Singen bringen Freude, Ruhe und

Harmonie in meinen bewegten Alltag. Ich bedanke mich ganz besonders bei meiner lieben Freundin Inge Halrid; liebe Inge dir danke ich für die Bereitstellung der wunderbaren Bilder in diesem Buch und für das erste Lektorat, ich danke dir für deine unermüdliche Unterstützung und deinen Zuspruch, der mich sehr ermutigt. Ganz herzlich danke ich dir, liebe Birgit Spies, du begleitest mich seit Jahren, du unterstützt mich in der Weiterentwicklung, regst mich durch Literaturvorschläge und wertvolle Themen an, du hast das wunderschöne Layout für die Gefühle-Bücher gezaubert und lässt dein Nepalprojekt in Zusammenarbeit mit »Frieden macht Schule e.V.« wachsen. Dir liebe Franziska Neufeld danke ich für die jahrelange und wertvolle berufliche Zusammenarbeit, für die Weiterentwicklung von medizinisch-psychologischen Fragestellungen, die weit über unsere derzeitige Vorstellung von Realität und Lebenswelt hinausgehen und ich danke dir für die Lebensfreude, trotz aller Arbeit. Lieber Knut von Walter, ich danke dir für deine Geduld in der Web-Zusammenarbeit und deine wertvollen Anregungen bezüglich Buddhismus und Mitgefühl. Bei dir liebe Cora Kalenga möchte ich mich für das herzliche Zusammensein bedanken, das ich mit dir und deiner Familie erleben darf, für die tolle Zusammenarbeit im Senegal-Projekt und die Kontakte zur wunderschönen Ferieninsel Kreta. Liebe Petra Hammer, dir danke ich für unseren lange Freundschaft, den schönen Stammtisch mit Rose und Petra, den du angeregt hast und der sich immer so heiter und fröhlich anfühlt. Ich danke dir von ganzem Herzen, dass du dich bereit erklärt hast, das abschließende Lektorat für dieses Buch zu übernehmen, eine wirklich mühsame und sehr diffizile Arbeit, die ich sehr zu schätzen und zu würdigen weiß. Lieber Herr Wolf Mirus, Sie begleiten mich seit vielen Jahren in der Supervision, durch Sie sind mir viele Zusammenhänge, die ich in diesem Buch weitergebe, bewusst geworden, dafür danke ich Ihnen von Herzen. Liebe Silvia Tauchmann dir danke ich für die Unterstützung im Verein »Frieden macht Schule e.V.« und beim ersten Lektorat dieses Buches, du glaubst nicht, welche Erleichterung es für mich bedeutet, wenn die Arbeit sich türmt und ich dir etwas Arbeit weitergeben darf, danke auch für die gemeinsamen

Events, die sich durch die Vereinsaktivität ergeben und die wertvollen psychologischen Gespräche mit dir. Ganz herzlich möchte ich mich bei Ihnen Herr Eduard Kastner für das Sponsoring von »Frieden macht Schule e.V.«, für die wunderschöne Ausstellung im letzten Jahr, für die Einladungen zu Ihren Festen und die tolle Unterstützung durch Ihr Medienhaus bedanken. Ihnen Herr Lichtenegger, danke ich für die sorgfältige und gewissenhafte Ausführung aller Druckarbeiten meiner Bücher. Dir liebe Ingrid Trischler danke ich für das Lesen meiner ersten Entwürfe und für dein Vorbild; deine engagierte und liebevolle Arbeit mit dem Verein Tabor e.V. beeindruckt mich sehr, ich danke dir für viele Anregungen und dass ich die Gemeinschaft bei euch spüren darf. Ich bedanke mich bei dir Fabian und Joachim für die gemeinsame Arbeit in unserem Erfolgsteam, das regelmäßig wechselseitige Coaching ermutigt mich an der Arbeit dran zu bleiben und wichtige Dinge im Auge zu behalten. Lieber Helli, Joachim Hellinger, bei dir bedanke ich mich für die großzügigen Spenden für »Frieden macht Schule e.V.«, für deine wertvollen Anregungen und die tollen Events bei der EOFT. Last not least danke ich dir liebe Janne, du hast ganz spontan zugesagt, die Gestaltung des Layouts zu übernehmen, und es stellte sich heraus, dass es viel mehr Arbeit war als anfangs geplant. Ich danke dir für all die Arbeitsstunden, für die liebevolle Gestaltung, deine wunderbare Kreativität und für die Gewissenhaftigkeit mit der du diesem Buch einen ganz besonderen Charme verliehen hast.

Ich möchte mich bei allen Patienten und Klienten bedanken, die mir in den vielen Jahren der gemeinsamen Arbeit sehr tiefen Einblick in das Empfinden ihrer Lebenswelten gewährten und somit zur Sammlung des Stoffes in diesem Buch beigetragen haben. Es gibt noch viele Freunde und Bekannte, die mich begleiten und unterstützen, es würde den Rahmen sprengen sie alle zu erwähnen. Euch allen gilt hier mein herzlichstes Dankeschön.

Und ich möchte einen Ausblick wagen, Möglichkeiten zeigen, wie wir gemeinsam in eine bessere Zukunft gehen können. Wir können lernen, ehrlicher, wertschätzend und fair miteinander umzugehen trotz unterschiedlicher Meinungen und der Verschiedenartigkeit unter uns Menschen. Ich freue mich auf die gemeinsame Arbeit in den Projekten mit »Frieden macht Schule e.V.«, und mit dem online Magazin »we create a free and friendly world.« Hier können sich alle Menschen, die etwas bewegen wollen, mit ihren kleineren und größeren Projekten einbringen, für wertschätzendes Miteinander.

Und wir planen weitere Projekte mit Harald Gigga und Bernhard Frei zur professionellen Konfliktbewältigung und um Deeskalation zu lernen und zu lehren. Gemeinsam mit Josef Maiwald wollen wir Konsensprozesse für die Gesellschaft ermöglichen, so dass gegenseitiges Helfen Teilen und Lernen eine ganz selbstverständliches Element des sozialen Lebens werden kann.

Machtspiele waren gestern /

Dr. Gertrud Müller, am 9.5.1960 in Pfarrkirchen geboren, ist Soziologin, Verhaltenswissenschaftlerin, Psychoonkologin, Dozentin, Psychotherapeutin, glückliche Mutter und junge Oma. Hobbys: Natur, Sport, Schreiben, Reisen, Neues erleben und lernen, wertvolle gemeinschaftliche Erlebnisse... Der Schwerpunkt ihrer Arbeit und ihrer Träume liegt in der Überwindung von Gewalt und machtorientierten Strukturen hin zu einer verantwortungsbewussten, bedürfnisorientierten und nachhaltigen Kultur. Um sich diesem Ziel zu nähern wurde 2009 der Verein »Frieden macht Schule e.V.« gegründet.